교사가 이끄는 교실혁명

AI 디지털교과서 100% 활용하기

정제영 · 최정원 · 권순찬 · 김진관
유미 · 이종혁 · 전병제 · 황진명

박영story

머리말

우리는 디지털 대전환과 인공지능 기술의 급격한 발전으로 인해 사회 전반에 걸쳐 근본적인 변화를 경험하고 있습니다. 이러한 기술의 진보는 우리의 일상생활뿐만 아니라 교육 분야에도 지대한 영향을 미치고 있습니다. 학교교육은 교육의 내용, 교육의 방식, 학습의 접근성, 그리고 교육 평가의 내용과 방식의 변화를 요구받고 있습니다.

이 책은 교사가 교육 환경 변화에 따른 정책의 대상이 되어서는 안 된다는 관점에서 기획되었습니다. 저자들은 처음 이 책을 기획할 때, 교사가 교육 혁신의 주체가 되어야 하며, 모든 학생이 자신의 진로에 따라 학습에 성공할 수 있도록 교육이 이루어져야 한다는 점에 공감했습니다. 디지털 기술의 발전으로 인해 AI 디지털교과서를 활용하는 것만이 아니라, 교육의 성과를 위해 다양한 방법과 도구를 활용해야 한다는 것이 핵심입니다. 바로 '교사의 주도성'이 가장 중요한 교육 혁신의 요인이라는 것입니다.

이 책은 교육부가 추진하고 있는 정책인 '교사가 이끄는 교실혁명'을 지원하여 교사가 주도적으로 수업 혁신을 이룰 수 있도록 돕는 것을 목표로 하고 있습니다. 즉, 디지털 전환의 소용돌이 속에서 교사들이 주도적으로 교육 혁신을 이끌어가는 방안을 모색하는 것을 지원합니다. 이에 책에서는 디지털 기술과 인공지능을 활용하여 학생들의 학습 경험을 향상시키고, 교사와 학생 간의 상호작용을 촉진하며, 개별 학습자의 요구에 맞춤화된 교육을 제공하는 방법을 담고 있습니다.

저자는 1명의 교수와 7명의 교사로 구성되어 있습니다. 교육은 이론과 실제가 어우러질 때 지속적인 혁신이 가능하다고 믿고 있습니다. 숲을 보면서 나무 하나, 줄기 하나, 잎과 꽃에 이르기까지 전체를 담고자하는 큰 포부를 담아 저자를 구성하였습니다. 전체적으로 3개의 파트와 10개의 장으로 구성되어 있습니다.

Part 01의 Chapter 1은 정제영 교수가 집필하였습니다. 디지털 대전환과 인공지능시대의 도래에 따라 미래를 위한 학교의 혁신 방향을 제시하고 있습니다. 부분적인 개선은 학교 시스템의 혁신을 가져오지 못한다는 역사의 교훈을 담아 전체적인 시스템적 접근을 강조하고 있습니다. 그리고 교사가 이끄는 맞춤형 교육, 즉 하이터치 하이테크 교육의 방향을 제시하였습니다.

Chapter 2는 최정원 선생님이 디지털 기반의 교육 혁신에 대한 전반적인 정책에 대해 집필하였습니다. 교육 현장은 크게 학생, 교사, 교육 환경으로 구분지을 수 있습니다. 디지털 기반의 교육 혁신을 위해서는 이 3개의 요소가 함께 맞물려 효과적이고 효율적으로 제 역할과 기능을 할 수 있어야 하기 때문에 학생의 학습을 지원하는 교육과정 개편이 필요하고, 교사의 수업 전문성을 향상시켜야 하며, 교육 환경이 뒷받침되어야 합니다. Chapter 2의 내용들은 이러한 내용을 담은 교육 정책들의 흐름을 설명하고 있습니다.

Chapter 3은 최정원 선생님이 디지털 기반 교육 혁신의 한 획을 긋는 AI 디지털교과서에 대한 내용을 집필하였습니다. Chapter 2를 통해 정책 속에서 AI 디지털교과서 도입이 목표가 아니라 디지털 기반으로 교육의 혁신을 꾀하기 위한 커다란 흐름 속의 일부로 AI 디지털교과서가 있다는 것을 확인하였다면, Chapter 3을 통해서 AI 디지털교과서가 무엇이고 어떤 특징을 가지고 있는지, 기존의 교과서나 디지털교과서와는 어떻게 다른지, AI 디지털교과서가 추구하는 바는 무엇인지를 설명합니다.

Chapter 4는 전병제 선생님이 AI 디지털교과서 활용 교수학습 모델에 대해 집필하였습니다. TPACK 프레임워크는 테크놀로지, 교육학, 내용 지식의 통합을 강조하며, AI-TPACK으로 확장되어 AI 기술의 교육적 활용을 다룹니다. 하이터치-하이테크 모델은 첨단 기술 활용과 정서적 유대 관계 구축의 균형을 강조합니다. Chapter 4의 내용들은 이러한 내용을 담아 AI 디지털교과서를 활용하여 효과적인 교수학습을 위해 TPACK 프레임워크와 하이터치-하이테크 모델을 중심으로 설명하였습니다.

Part 02의 Chapter 1은 유미 선생님이 기존 서책형 교과서와 AI 디지털교과서가 어떻게 다른지 설명하고 AI 디지털교과서의 핵심 기능을 학생, 교사, 학부모의 주체별로 활용할 때 어떤 기능들이 있는지 설명하고 있습니다. 앞서 AI 디지털교과서 도입이 단순한 목표가 아닌, 디지털 기반 교육 혁신의 흐름 속 일부임을 확인했다면, AI 디지털교과서가 각 주체에게 어떤 기능을 제공하는지 AI 디지털교과서의 핵심 기능을 이해할 수 있도록 설명합니다.

Chapter 2는 전병제 선생님이 AI 디지털교과서를 활용한 수학 교과 수업 사례에 대해 집필하였습니다. 저자는 AI 디지털교과서 활용한 사례로 교육부에서 제시한 4가지 디지털 기술 활용 교수·학습 모델(기본모형, 예습모형, 복습모형, 집중케어모형)에서 AI 코스웨어를 활용한 사례를 소개합니다. '학생 주도성 수업', '학생 맞춤형 수준별 학습지 제작',

'최소성취기준보장 활동' 등으로 어떻게 활용할지에 대한 고민이 담겨 있습니다. 마지막으로, AI 디지털교과서 도입에 앞서 수학 교과에서의 고민과 기대, 그리고 주의점을 제시하고 AI 디지털교과서가 단순한 문제 풀이 도구를 넘어 수학적 모델링과 탐구 능력을 키울 수 있는 도구로 활용되어야 함을 강조하며, 교사의 역할이 지식 전달자에서 학습 촉진자와 수업 설계자로 변화해야 한다고 제안합니다.

Chapter 3은 황진명 선생님이 AI 디지털교과서를 활용한 수학 교과 수업 사례에 대해 집필하였습니다. 저자는 AI 디지털교과서가 수학 교과 수업에서 학생 맞춤형 학습에 큰 도움이 될 수 있다고 강조하며, 수학 교과에서 사용할 수 있는 AI 기반 코스웨어와 그 기능의 일부를 간략히 소개합니다. 또한 앞으로 AI 디지털교과서에서 제공되는 기능을 사용하여 실제 수학 교과 수업을 어떻게 구성하고 계획할 수 있는지에 대한 사례도 포함되어 있습니다. 끝으로 AI 디지털교과서가 교육현장에서 성공적으로 자리잡기 위해 필요한 몇 가지 제언을 덧붙입니다.

Chapter 4는 권순찬 선생님이 AI 디지털 교과서를 활용한 수업 사례를 공유한 내용입니다. 저자는 수업 방식의 변화에 따라 정보 교과 수업에서 AI 디지털 교과서의 필요성을 강조하며, 정보 교과에서 활용할 수 있는 AI 코스웨어를 간단하게 소개합니다. 이 장에서는 AI 코스웨어의 특징과 앞으로 AI 디지털교과서에서 제공되는 기능을 바탕으로 실제 정보 교과 수업에서 어떻게 활용할 수 있는지 사례를 담고 있습니다. Chapter 4를 통해 AI 디지털 교과서 도입을 준비하는 정보 교사들에게 실질적인 도움을 주고자 하며, 이를 통해 교사들은 AI 디지털교과서를 효과적으로 활용하고 학생들의 학습 경험을 향상시킬 수 있을 것입니다.

Chapter 5는 이종혁 선생님이 AI 디지털교과서를 활용한 영어 교과 수업 사례에 대해 집필하였습니다. 저자는 2002년부터 시작된 자신의 교직 경험을 통해 교육 환경의 변화와 기술의 발전을 설명하며, 영어 교육에서의 혁신적인 접근 방식을 소개합니다. AI 디지털교과서를 활용한 영어 수업 모델 개발을 위해 여러 가지 특징을 고려하여 프로토타입과 AI 코스웨어를 활용한 수업 사례를 제시하고 있습니다. 다음으로, 2022 개정 교육과정의 영어 교과 특징과 AI 디지털교과서의 기능을 설명하고, 이를 활용한 실제 수업 진행 과정과 평가 방법을 상세히 기술하고 있습니다. 마지막으로, AI 디지털교과서가 교사의 역할을 대체하는 것이 아니라 보완하는 도구임을 강조하며, 교사의 전문성과 AI의 장점을 결합하여 더 나은 교육 환경을 만들어갈 수 있음을 제안합니다.

Part 03의 Chapter 1은 김진관 선생님이 미래교육을 위한 교사의 역량에 대해 집필하였습니다. 개별 맞춤형 인공지능 활용교육은 단순히 기술을 도입하는 차원이 아님을 강조하며, AI 디지털 도구 기반의 교육 혁신의 근원적 이유이자 궁극적 목표는 곧 수업의 혁신이므로 기술이 교육에 효과적으로 통합되는 방안을 모색하는 데 중점을 두어야 함을 강조하였습니다. 교육 혁신의 핵심이자 주체로서의 교사의 역할을 강조하며, AI 디지털 교과서의 성공적 적용을 위한 제언을 통해 디지털 교육 대전환의 시대, 교사가 이끄는 교실 혁명의 방향성을 제공합니다. AI 디지털교과서를 활용한 교육 혁신은 기술의 도입을 넘어, 교사의 역량 강화, 교육과정과의 연계, 그리고 학습자 중심의 교육 환경 조성, 학생의 깊이 있는 학습과 역량함양에 특히 중점을 두어야 함을 강조하였습니다.

지금은 디지털 교육 대전환을 준비해야 할 골든타임입니다. 그러나 교실의 변화를 교육부의 정책만으로 이루어낼 수는 없습니다. 왜냐하면 실제 교실에서 수업을 진행하는 주체는 교사이기 때문입니다. 교사가 주체가 될 수 있는 방법은 따로 있는 것이 아닙니다. 가장 중요한 것은 교사의 주도성이고, 이를 지원하는 것입니다. 스스로 혁신하는 교사가 늘어날 때 대한민국의 교실에 변화가 생기고, 조그만 변화가 모여 혁명적 변화로 확산될 것으로 기대합니다.

교육 혁신에서 이론과 데이터에 기반한 정책의 수립은 매우 중요합니다. 하지만 이론만으로는 디테일이 부족하고, 성급한 일반화의 오류에 빠질 수 있습니다. 반면에 수업의 디테일만 강조하면 큰 방향을 놓칠 우려가 있습니다. 이론에 기반한 정책과 현장의 노력이 결합될 때 우리가 바라는 교실 혁명이 이루어질 수 있으리라 믿고 있습니다. 이 책이 교실혁명을 위한 작은 시작이 되기를 기대합니다.

이 책의 저자들은 교사가 이끄는 교실혁명을 함께 만들어가고자 하는 작은 소망으로 뜻을 모았습니다. 너무나 바쁘신 일정 중에도 열정적으로 함께 해주신 저자분들께 감사드리며, 언제나 한결같이 기획, 편집, 출판에 도움을 주신 박영스토리 대표님과 직원분들께 고마움을 전합니다. 디지털 교육 혁신을 소망하는 예비 교원과 현장 선생님들에게 조금이나마 도움이 되기를 희망합니다. 하지만 이 책은 완성형이 아니라 진행형입니다. 지속적으로 변화하는 환경과 기술에 맞추어 더욱 업그레이드해 나가기를 기대합니다.

2024년 4월

저자를 대표하여 **정 제 영**

차례

PART 01 디지털 교육이 온다

CHAPTER 1 교사가 이끄는 교실혁명 (정제영)

CHAPTER 2 디지털 기반 교육 혁신 정책 (최정원)

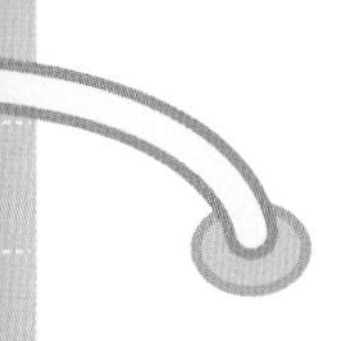

CHAPTER 3 AI 디지털교과서 (최정원)

CHAPTER 4 AI 디지털교과서 활용 교수학습 모델 (전병제)

차례

PART 02 AI 디지털 교과서를 100% 활용한 수업하기

CHAPTER 1 AI 디지털교과서 훑어보기 (유미)

CHAPTER 2 AI 디지털교과서 활용 수업: 수학 교과 사례 (전병제)

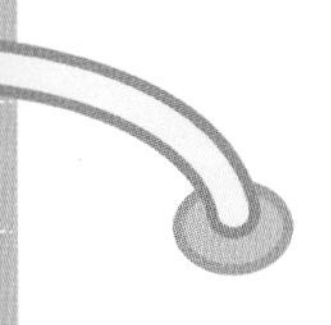

CHAPTER 3 AI 디지털교과서 활용 수업: 수학 교과 사례 (황진명)

CHAPTER 4 AI 디지털교과서 활용 수업: 정보 교과 사례 (권순찬)

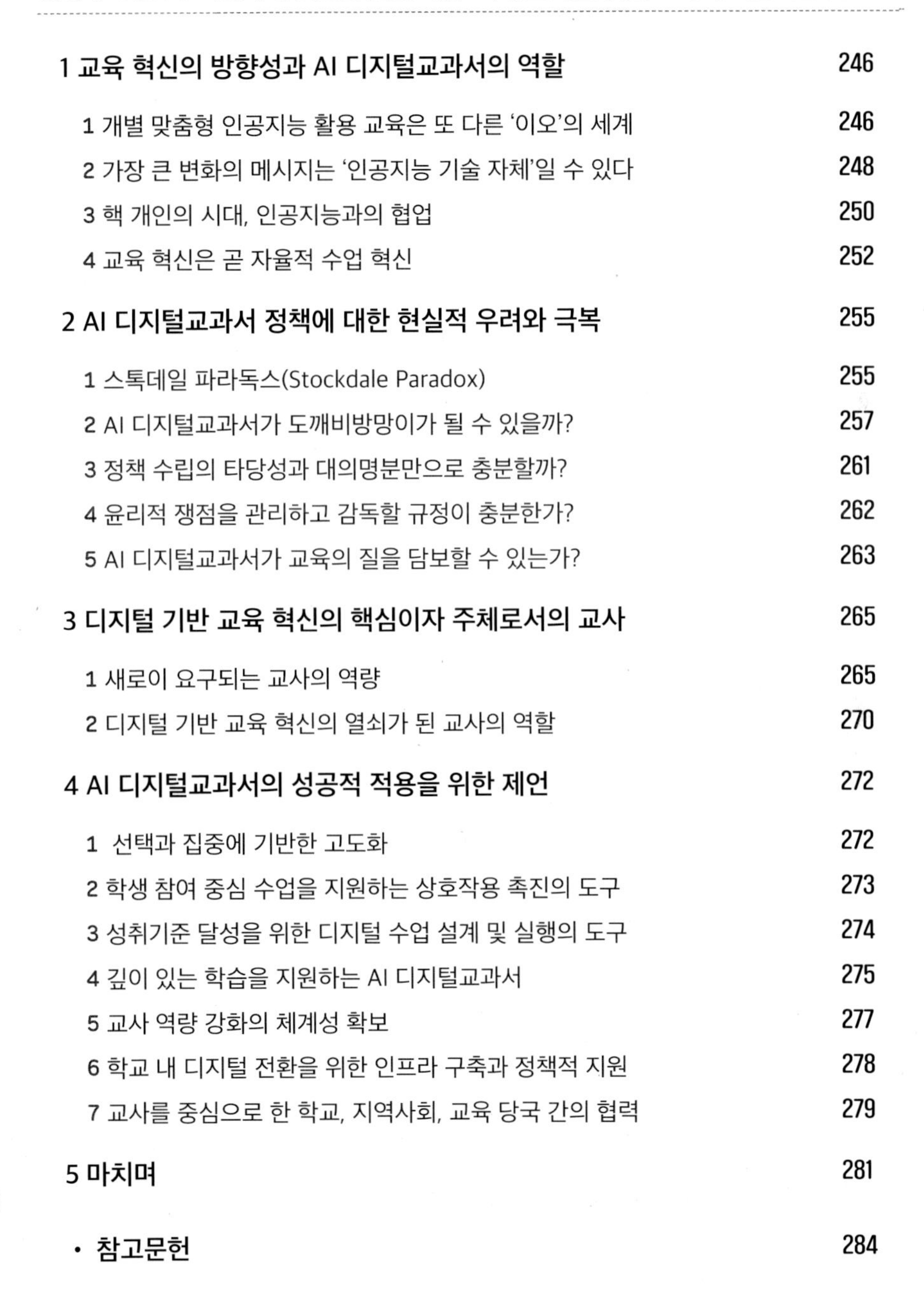

PART 03 교사가 이끄는 교실 혁명

CHAPTER 1 교사가 이끄는 교실 혁명: 미래 교육을 위한 교사의 핵심역량 (김진관)

PART 01 디지털 교육이 온다

CHAPTER 1

PART 01

교사가 이끄는 교실혁명[1]

정제영

1 디지털 대전환과 인공지능 시대의 도래

우리 인류는 지금 역사의 대전환점에 서 있다. 디지털 기술의 급격한 발전과 함께 인공지능(AI)이 우리 삶의 모든 영역에 깊숙이 스며들고 있는 것이다. 이는 단순히 기술적 변화를 넘어 경제, 사회, 문화 전반에 걸친 거대한 패러다임의 전환을 예고하고 있다.

18세기 산업혁명 이후 인류는 기계의 힘으로 물질적 풍요를 이루었지만, 이제 우리는 인공지능의 혁명을 통해 새로운 번영의 시대를 열어가고 있다. 인공지능은 단순 반복적인 작업뿐만 아니라 창의적이고 복잡한 인지 과제까지 수행할 수 있게 되었으며, 빅데이터 분석과 기계학습을 통해 스스로 진화하는 단계에 이르렀다. 이는 마치 인류에게 새로운 두뇌가 장착된 것과 같은 변화라

1 이 챕터의 내용은 "교사가 이끄는 교실혁명(초등편)"의 내용과 동일한 내용입니다.

할 수 있다.

디지털 대전환은 디지털 기술의 활용으로 비즈니스 모델이 확산되고 생산성이 향상되는 것을 의미한다. 초기에는 디지털 인프라 구축을 통한 전산화 단계에서 시작하여, 인터넷 상거래와 마케팅이 활발해진 디지털화 단계를 거쳐, 현재는 산업 전반을 혁신하는 디지털 대전환 단계에 이르렀다. 코로나19 팬데믹 이후에는 '디지털 우선(digital first)' 단계로 변화하여, 전 인류의 일상적 삶을 모두 바꿀 수 있는 '모든 영역의 디지털화(digital everywhere)' 라는 혁명적인 변화가 가속화되고 있다(송영근 외, 2022).

디지털 대전환의 핵심 요소는 클라우드 컴퓨팅, 빅데이터, 인공지능, 사물인터넷 등 신기술의 활용, 실험적 접근을 통한 조직문화의 변화, 데이터 기반의 의사결정 강조, 그리고 수요자 맞춤형 서비스의 확대 등으로 요약될 수 있다. 이러한 변화의 소용돌이 속에서 우리는 과거의 틀에서 벗어나 새로운 사고와 행동양식을 요구받고 있다. 디지털 네이티브로 불리는 새로운 세대는 이미 가상과 현실의 경계를 자유롭게 넘나들며 디지털 기술을 삶의 일부로 받아들이고 있다. 기업들도 디지털 트랜스포메이션을 통해 비즈니스 모델과 조직 문화를 혁신하고 있으며, 국가 차원에서도 디지털 경쟁력 확보가 최우선 과제로 부상하고 있다.

이러한 급격한 변화에 적응하고 이를 주도하기 위해서는 디지털 및 인공지능 소양이 필수적이다. 디지털 소양은 디지털 정보를 다루고, 디지털 기술을 활용하여 소통하고 창의적 산출물을 만들어내며, 디지털 세계에서 안전하고 윤리적으로 행동할 수 있는 종합적인 역량을 의미한다. 인공지능 소양은 인공지능의 기본 원리를 이해하고, 인공지능 기술을 활용하며, 인공지능이 야기하는 사회적·윤리적 문제를 비판적으로 사고할 수 있는 능력을 포함한다.

이러한 맥락에서 학교교육의 혁신은 선택이 아닌 필수가 되었다. 미래 사회를 이끌어갈 학생들에게 디지털 및 인공지능 소양을 갖추도록 하는 것은 교육의 핵심 과제이다. 이를 위해서는 단순히 기술 사용법을 가르치는 것을 넘어, 문제해결력, 창의력, 비판적 사고력, 의사소통 및 협업 능력 등 21세기 핵심 역량을 기를 수 있는 교육이 이루어져야 한다. 또한 교사들도 이러한 변화에 발맞춰 새로운 교수법과 평가 방식을 도입하고, 자신의 디지털 및 인공지능 소양을 지속적으로 업그레이드해야 한다. 나아가 학교는 유연하고 혁신적인 학습 생태계로 거듭나야 하며, 이를 위해 교육 정책과 제도, 인프라에도 근본적인 변화가 필요하다(정제영 외, 2021).

디지털 및 인공지능 소양은 단순히 기술에 대한 지식을 넘어, 우리의 사고방식과 행동양식, 그리고 가치관의 변화를 요구한다. 이는 미래 사회를 살아가는 데 있어 필수불가결한 핵심 역량으로, 교육과 직업 훈련, 그리고 평생학습을 통해 지속적으로 함양되어야 한다.

하지만 이러한 변화의 물결은 기회인 동시에 위기이기도 하다. 인공지능으로 인한 일자리 대체와 양극화 심화, 프라이버시와 보안 문제, 알고리즘의 편향성과 차별 등 우리가 직면한 과제들은 결코 가볍지 않다. 기술에 대한 맹신이 아닌 성찰과 지혜, 그리고 인간 중심의 가치관이 그 어느 때보다 필요한 시점이다.

디지털 대전환과 인공지능 시대는 이제 막 그 서막을 올렸다. 우리에게는 이 거대한 변화의 흐름을 주도하고 새로운 문명의 가치를 창조해 나갈 책임과 역할이 주어져 있다. 단순히 기술의 수혜자가 아닌 능동적인 창조자로서, 인간과 기계가 조화롭게 공존하며 모두가 행복할 수 있는 미래를 향해 나아가야 할 것이다. 우리가 어떤 선택을 하느냐에 따라 인류의 미래는 달라질 것이다. 지금 이 시대의 우리에게 주어진 역사적 소명을 깊이 새기며, 지혜롭게 대전환의 길을 헤쳐나가야 할 때이다.

2 미래를 위한 학교의 혁신 방향

❶ 미래 교육을 위한 시스템적 접근

미래 교육을 고려할 때 시스템적 접근은 유용한 방법 중 하나이다. 여기서 시스템은 여러 부분이나 여러 요소의 총체를 나타내며, 이 개념은 사회과학에서 조직을 유기체로 간주하여 이해하는 데 활용되고 있다(윤정일 외, 2015). 시스템 이론은 초기에는 생물학적인 개념으로서 유기체를 설명하는 데 사용되었지만, 이후 사회과학에서는 조직을 유기체로 보는 관점에서 활용되어 왔다. 시스템 이론은 시스템적 사고로 알려져 있으며, 시스템 내부의 구조와 작동 원리를 이해하기 위한 중요한 사고 방식으로 간주된다(Sterman, 2001). 다시 말해, 시스템적 사고는 시스템 내부의 구조적 변화와 작동 원리를 직관적으로 이해하는 데 도움이 되며, 이는 시스템을 효과적으로 변화시키기 위한 전략을 찾아내는 데 기여한다(정제영, 2018).

시스템적 사고는 학교를 여러 하위 시스템으로 이루어진 총체로 인식하고, 학교교육이 이러한 하위 시스템 간의 변환 과정을 통해 이루어진다고 이해한다. 학교교육 시스템은 '투입-전환-산출'의 과정으로 나눌 수 있으며, 환경과 긴밀하게 상호작용하며, 예상된 결과와 실제 결과 간의 차이에 따라 피드백이 발생한다. '투입'은 학생, 교원, 교육재정, 교육정책, 교육여건 등과 같은 인적 자원과 물적 자원을 포함한다. '전환'은 교육과정과 교육평가를 기반으로 교수-학습 활동이 진행되는 단계이다. '산출'은 학생들의 학업 성취도, 학교 만족도, 학업 지속, 교육의 질 등을 포함한다(정제영, 2016).

모든 조직은 추구하는 목적을 가지며, 이를 달성하기 위한 중요한 전환 과정이 존재한다. 학교교육 시스템에서는 교수자와 학생 간의 '교수-학습 활동'이 이러한 핵심 전환 과정이라 할 수 있다. 특히, 학생 주도의 학습 활동이 강조되며, 학교교육 시스템의 모든 하위 시스템은 주로 학생의 학업 성취를 촉진하기 위해 구성되어 있다.

그러나 많은 교육정책은 단일한 원인과 결과에 초점을 맞추며, 전체 시스템을 고려하지 않는 경향이 있다. 이러한 정책은 결과를 예측하기 어렵게 하며, 원인을 파악하기 위해서는 학교교육 시스템을 총체적으로 이해하는 것이 필수적이다(김창욱, 김동환, 2006). 이를 통해 교육정책의 부작용을 이해하고 해결하기 위한 방안을 모색할 수 있다.

Sashkin과 Egermeier(1992)의 연구에서는 미국의 교육개혁 정책을 분석하고, 이러한 개혁 접근의 한계를 제시하였다. 그들은 교육개혁을 '부분적 변화(fix the parts)', '교원의 변화(fix the people)', '학교의 변화(fix the school)' 세 가지 접근으로 설명하였다. 그러나 이러한 접근 방법은 성공적이지 못했고, 대안으로 '시스템의 변화(fix the system)'를 제안하였다. 이는 시스템 내 한 부분의 변화가 다른 부분에도 영향을 미친다는 개념으로, 전체 시스템의 모든 부분에 동시에 주의를 기울여야 한다는 것을 강조한 것이다.

Senge(1990)가 제시한 시스템적 사고에 기반한 학습조직 이론은 기업 분야에서 시작하여 교육 분야로 확장되었으며, 학습자의 성취도 향상을 위해 시스템을 어떻게 설계할지에 대한 이론적 기반을 교육자들에게 제공하였다. Banathy(1995)는 교육 분야에서 시스템적 사고에 대해 설명하며, 학교의 교수-학습 활동에서부터 조직 및 행정까지 하위 시스템이 복잡하게 연계되어 있으며, 이러한 하위 시스템 간의 깊은 상호 의존성을 이해하는 중요성을 강조하였다. Smith와 O'Day(1991)는 시스템적 변화를 위한 핵심 요소로 비전과 목표의 통합, 목표와 일치하는 일관된 교수 시스템, 학교 관리 시스템의 재구성을 강조하였다. Fullan(2010)은 학교의 개선을 위해 총체적인 시스템의 변화가 필요하다고 강조하며, 일곱 가지 중요한 과제를 제시하였다. 이러한 과제는 모든 학생의 학습 가능성을 고려하고, 목표의 우선순위 설정, 강력한 리더십의 필요성, 집합적 역량 강화, 전략의 정교화, 인지적 책무성의 중요성, 모든 하위 시스템의 개선을 포함한다(정제영, 2017).

이러한 시스템적 사고는 미래 교육의 혁신에 있어서도 매우 중요한 역할을 할 것으로 예상된다. 특히 급격한 기술 변화와 사회 변화 속에서 교육 시스템이 적응하고 진화하기 위해서는 전체 시스템을 조망하는 통합적 관점이 필수적이다. 미래 교육은 단순히 지식 전달의 장이 아닌, 학생들의 창의성, 문제해결력, 협업 능력 등 21세기 핵심 역량을 기르는 장으로 거듭나야 한다. 이를 위해서는 교육과정, 교수학습 방법, 평가 체계 등 교육의 전 과정을 아우르는 총체적 변화가 요구된다.

예를 들어, 인공지능, 빅데이터, 가상현실 등 첨단 기술을 교육에 접목하기 위해서는 단순히 기술을 도입하는 것을 넘어, 이를 효과적으로 활용할 수 있는 교육과정과 교수학습 방법의 혁신, 나아가 학교의 조직 문화와 인프라의 변화까지 종합적으로 고려해야 한다. 또한 미래 사회에 요구되는 역량을 갖춘 인재를 양성하기 위해서는 학교교육뿐만 아니라 가정, 지역사회, 기업 등 다양한 교육 주체들 간의 유기적 협력 체계를 구축하는 것도 중요하다.

우리나라의 학교교육을 개선하기 위해서는 하위 시스템들을 효과적으로 최적화하고, 이를 전체 시스템의 개선으로 연결시키는 시스템적 사고가 필요하다. 과거 학교 수준에서 이루어지는 교육 혁신은 주로 부분 최적화 전략을 사용하여 한계를 가지고 있었으며, 이로 인해 학교의 교육은 다양한 성과를 거두었음에도 불구하고 근본적인 혁신을 이루어내지 못한 상황이다. 미래 교육 전략을 수립하기 위해서는 '시스템적 사고'가 필수적이며, 학교교육을 지원하는 다양한 요소들이 유기적이고 종합적으로 고려되어야 한다. 이는 교육과정의 개선, 교육평가의 개선, 교육시설의 개선뿐만 아니라 교원 정책의 변화, 학과 구조의 개선 등 시스템적인 관점에서 총체적 교육 혁신을 추진해야 함을 시사한다. 수업을 중심에 두고 학교의 시스템을 총체적으로 혁신해야 학생들의 학습 성과를 높일 수 있다는 것이다.

결론적으로, 미래 교육의 혁신을 위해서는 시스템적 사고에 기반한 총체적 접근이 필요하다. 교육 시스템의 각 구성 요소들을 개별적으로 다루는 것이 아니라, 이들 간의 상호작용과 역동성을 이해하고, 전체 시스템의 변화를 이끌어내는 통합적 전략이 요구된다. 이를 통해 우리는 급변하는 미래 사회에 적응하고 선도할 수 있는 창의적이고 혁신적인 인재를 양성할 수 있을 것이다. 교육 혁신의 핵심은 바로 시스템적 사고에 있다.

❷ 디지털 기술을 활용한 교육의 혁신 방향

21세기에 접어들면서 디지털 기술의 발전은 교육 분야에 큰 변화를 가져오고 있다. 인공지능, 빅데이터, 가상현실 등 첨단 기술은 교육의 방식과 내용, 그리고 학습 경험 자체를 혁신할 수 있는 잠재력을 지니고 있다. 이러한 기술을 효과적으로 활용한다면 개별 학습자의 특성과 필요에 맞춘 맞춤형 교육, 시공간의 제약을 뛰어넘는 유연한 학습, 그리고 실제적이고 창의적인 문제해결 능력의 함양 등을 실현할 수 있을 것이다.

국내·외에서 미래학교로의 전환을 위한 다양한 교육적 실험이 진행되고 있다. 우리나라에서는 근대식 학교교육의 한계를 극복하기 위한 교육 혁신이 다양한 이름으로 여러 학교에서 시도되고 있다. 해외에서도 국가별로 미래 교육을 위한 다양한 노력을 기울이고 있다. 국내외에서 시도되고 있는 다양한 미래학교 사례를 분석해보면 다음과 같은 공통적 노력이 이루어지고 있음을 확인할 수 있다.

먼저, 개인별 맞춤형 교육이 강조되고 있다. 교수-학습의 형태가 기존 한 명의 교사가 다수의 학생을 대상으로 강의식 수업을 진행하는 대량교육 시스템을 변화시키기 위해 노력하고 있다. 빅데이터 기반의 인공지능 기술을 활용하여 개인별 맞춤형 학습(one-to-one tutoring)을 구현하고자 시도하고 있다. 우리나라의 미래학교 시범학교들이 이에 해당한다. 오랫동안 학교는 대량교육 시스템으로 운영되면서 사회구성원의 양성이라는 국가적 수준의 목표와 상급학교의 진학이라는 개인 수준의 목표를 지향해 왔다. 하지만 미래학교의 방향은 학생의 개별적 성장과 지속적인 학습 경험의 축적, 삶에 적용되는 실제적 지식의 습득으로 변화하고 있다. 개인별 학습 시스템은 학습자 개인의 목표와 능력을 고려하여, 개인에게 최적화된 학습의 기회를 제공하는 것을 목적으로 한다.

예를 들어, 인공지능 기술을 활용한 적응형 학습(adaptive learning) 시스템은 학습자의 학습 스타일, 선행 지식, 학습 속도 등을 실시간으로 분석하여 개인에게 가장 적합한 학습 콘텐츠와 경로를 제시한다. 이를 통해 학습자는 자신의 수준과 속도에 맞는 학습을 할 수 있으며, 부족한 부분에 대해서는 추가적인 설명이나 연습 문제를 제공받을 수 있다. 나아가 학습 데이터의 축적과 분석을 통해 개인의 학습 패턴과 성과를 종합적으로 파악하고, 이를 바탕으로 최적의 학습 전략을 수립할 수 있게 된다.

다음으로, 다양한 수준의 학생들을 국가교육과정이라는 일정한 틀에 집어넣었던 교육과정은 개인별 학습의 속도와 수준에 맞추어 유연하게 적용하고 있다. 많은 미래학교의 성공적인 사례들은 학생들의 개별화된 미래 설계를 위해 최적의 학습 환경을 제공하고 있다. 학습의 과정에서 학생들 스스로가 지니고 있는 꿈과 재능, 진로에 맞는 학습 기회를 제공하는 것이 중요한 점이다. 이를 위해서 획일적인 교육과정에서 벗어나, 학생들의 개별적인 학습계획에 따라 유연하게 교육과정을 운영하는 것이 중요하다. 학생의 나이에 따라 교육내용을 결정하는 학년제의 틀에서 벗어나, 학습의 수준에 따라 유연하게 교육과정을 구성하는 무학년제 교육과정을 지향해야 한다.

이러한 맥락에서 디지털 기술은 개인별 맞춤 교육과정의 설계와 운영을 용이하게 한다. 온라인 학습 플랫폼을 통해 다양한 수준과 주제의 교육 콘텐츠를 제공하고, 학생들이 자신의 관심과 필요에 따라 학습 내용을 선택할 수 있도록 한다. 교사는 학생 개개인의 학습 계획과 진도를 모니터링하고, 적절한 피드백과 지원을 제공하는 역할을 수행한다. 이를 통해 학생들은 자기주도적으로 학습을 설계하고 관리하는 능력을 기를 수 있다.

또한, 교수·학습 과정은 교사가 주도해 정해진 진도에 따라 지식을 전달하는 형태에서 벗어나서 개념적 지식 학습을 바탕으로 미래 사회에 필요한 핵심 역량을 갖추도록 하는 창의적 학습으로 전환할 필요가 있다. 지식의 암기와 이해 중심의 학습 방법을 첨단 기술 기반의 하이테크 교육으로 모든 학생이 이해할 수 있도록 지원하고, 교사는 창의적 학습이 이루어질 수 있도록 고차원적 학습을 지도하도록 하는 것이 필요하다. 다양한 미래학교 사례에서 블렌디드 러닝이나 하이브리드 러닝의 방식을 활용하는 것을 볼 수 있는데 이는 모든 학생들이 기본적인 개념학습의 과정에서 개별화된 지원을 통해 성공적인 학습을 하도록 하는 것이다. 더욱 중요한 것은 교사가 '프로젝트 학습(PBL: project based learning)'이나 '문제기반 학습(PBL: problem based learning)'을 활용하여 고차원적인 학습이 이루어지도록 지도한다는 것이다.

디지털 기술은 이러한 창의적이고 협력적인 학습을 촉진하는 데 큰 역할을 할 수 있다. 가상현실(VR)이나 증강현실(AR) 기술을 활용하면 실제 세계와 유사한 경험을 제공하여 몰입감 있는 학습이 가능하다. 예를 들어 역사 수업에서 과거의 사건이나 인물을 가상현실로 체험하거나, 과학 수업에서 실험을 가상으로 수행해 볼 수 있다. 또한 온라인 협업 도구를 활용하여 학생들이 물리적 거리에 구애받지 않고 함께 프로젝트를 수행하고, 아이디어를 공유할 수 있다. 이를 통해 학생들은 실제적인 문제 해결 능력, 창의력, 의사소통 및 협업 능력 등 21세기 핵심 역량을 기를 수 있다.

마지막으로, 학교에서 지식전달 수업이 아닌 프로젝트 학습 등이 이루어지기 위해서는 기존 총괄평가와 상대평가 중심에서 과정중심 평가, 개개인의 성취에 초점을 맞춘 절대평가로의 전환이 요구된다. 학습의 결과만이 학습이 아니라 학습 자체가 그 성과가 될 수 있다는 인식의 전환은 제도적 혁신과 더불어 교사, 학생, 학부모 모두에게 필요하다. 국가 교육과정을 전환하여 개인별 선택이 확대된 유연한 교육과정을 도입하기 위해서는 상대평가 중심의 기존 평가 방식이 개인별 평가 방식으로 전환되어야 한다.

디지털 기술은 학습 과정에 대한 다양한 데이터를 수집하고 분석할 수 있는 가능성을 제공한다. 온라인 학습 플랫폼에서 학생들의 학습 활동, 진도, 성과 등을 실시간으로 추적하고, 이를 바탕으로 개인별 성장과 발전을 평가할 수 있다. 또한 인공지능 기술을 활용하여 학생들의 과제나 시험 답안을 자동으로 채점하고, 개인별 피드백을 제공할 수 있다. 이를 통해 평가는 학습의 종착점이 아닌, 성장을 위한 출발점이자 나침반의 역할을 할 수 있게 된다.

결론적으로, 교육의 목적은 학생의 개별적 성장으로 전환되어야 한다. 표준화된 교육과정은 개인별 교육과정 및 무학년제로, 교사 주도의 지식전달 중심 교수·학습 과정은 학생 중심의 지식 기반 프로젝트 학습으로, 총괄평가와 상대평가 중심의 평가 방식은 과정중심 평가와 절대평가로 혁신되어야 할 것이다. 이와 같은 학교 시스템의 총체적 변화를 위해 교사는 학생을 평가하고 관리하는 주체가 아니라 개인별 학습을 독려하기 위한 학습의 조력자 혹은 설계자, 환경 조성의 역할로서 개별화된 학습 효과를 극대화시켜주는 역할로 변화가 필요하다. 학교의 공간 역시 미래교육을 위한 창의적 학습 공간으로 변화되어야 할 것이다.

이러한 교육 혁신의 과정에서 디지털 기술은 단순한 도구가 아닌, 변화를 가능케 하는 핵심 동인으로 작용할 것이다. 그러나 기술 자체가 교육을 변화시키는 것은 아니다. 중요한 것은 기술을 교육의 가치와 목적에 부합하는 방식으로 활용하고, 이를 통해 학생들의 성장과 발전을 이끌어내는 것이다. 이를 위해서는 교사의 역량 강화, 교육 제도와 정책의 유연성 확보, 그리고 사회 전반의 인식 변화가 뒷받침되어야 한다. 디지털 기술을 교육에 접목하는 것은 단순히 학교에 컴퓨터와 인터넷을 들여오는 것이 아니라, 교육의 본질을 재정립하고 학습자 중심의 교육 패러다임을 구현하는 종합적인 노력이 되어야 할 것이다.

[표 1.1] 미래 학교를 위한 시스템적 접근

구분	대량교육 시스템 (Mass education system)		개인별 학습 시스템 (Personal learning system)
학교의 역할	· 사회 구성원의 양성 · 상급 학교의 진학		· 학생의 개별적 성장 · 지속적 학습 경험 축적
교육과정	· 표준화된 국가 교육과정		· 개인별 교육과정 · 무학년제
교수 · 학습과정	· 교사 주도 · 지식전달 중심	→	· 학생 중심 · 지식 기반의 프로젝트 학습
평가방식	· 총괄평가, 상대평가		· 과정중심 평가, 절대평가
교사의 역할	· 지식의 전달자 · 엄정한 평가자		· 개인별 학습 시스템 디자이너 · 학습의 조력자, 설계자
학교 공간	· 지식전달 편의형 · 효율적 관리 중심		· 창의적 학습촉진형 · 학습 효과 중심

3 교사가 이끄는 교실혁명의 방향

❶ 맞춤형 학습을 위한 변화 방향

Bloom(1984)의 '완전학습 이론'은 교육 심리학 분야에서 큰 영향력을 발휘해온 이론적 모델이다. 이 이론의 핵심은 모든 학습자가 주어진 학습 목표에 도달할 수 있으며, 이를 위해서는 개개인의 특성과 요구에 맞는 최적의 학습 조건을 제공해야 한다는 것이다. 완전학습 이론은 학습 시간과 학습 성취도 간의 관계, 숙달 학습의 중요성, 개별화 교수의 필요성 등을 강조한다.

완전학습 이론에 따르면, 학습자 간 성취도 차이의 상당 부분은 학습에 할애하는 시간의 차이에서 비롯된다. 전통적인 교육 체제에서는 모든 학습자에게 동일한 양의 학습 시간을 배정하고, 같은 시간 내에 학습 목표에 도달할 것을 요구한다. 그러나 각 학습자의 학습 속도와 습득 능력은 상이하므로, 이러한 획일적 접근은 다수의 학습자에게 불리하게 작용할 수 있다. 완전학습 이론은 이 문제를 해결하기 위해 학습에 소요되는 시간을 최소화하면서도 각 학습자에게 성공적인 학습에 필요한 충분한 시간을 제공할 것을 강조한다(정제영 외, 2024).

[그림 1.1] Bloom의 완전학습 이론의 학습 성과

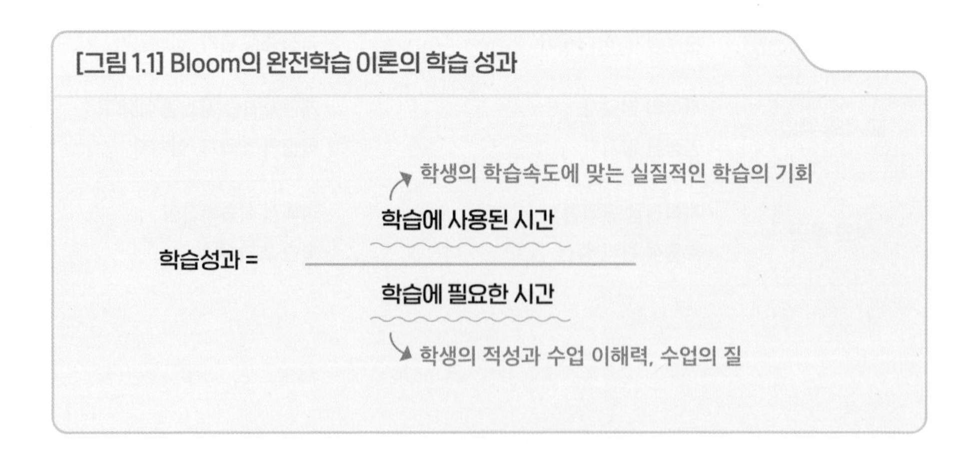

이를 위해 완전학습 이론은 숙달 학습(mastery learning)의 개념을 도입한다. 숙달 학습은 특정 학습 내용을 완전히 이해하고 적용할 수 있는 수준에 이를 때까지 학습을 지속하는 것을 의미한다. 교육 내용은 위계적으로 구조화되며, 각 학습 단원은 명확한 학습 목표와 평가 기준을 수반한다. 학습자는 한 단원에 대한 숙달이 이루어진 후에야 다음 단원으로 진행할 수 있다. 이 과정에서 형성평가를 통해 학습자의 이해도를 점검하고, 필요에 따라 보충 학습이나 교정 피드백을 제공한다. 숙달 학습은 학습자가 자신의 속도에 맞추어 학습을 진행하고, 학습 결손을 누적시키지 않도록 함으로써 높은 성취 수준을 보장하는 데 기여한다.

완전학습 이론은 또한 개별화 교수(individualized instruction)의 중요성을 강조한다. 개별화 교수는 학습자 개인의 특성, 사전 지식, 학습 양식 등을 고려하여 맞춤형 학습 경험을 제공하는 것을 의미한다. 이는 학습 자료의 선택, 학습 활동의 설계, 피드백의 제공 등 교수-학습의 전 과정에서 이루어질 수 있다. 개별화 교수를 통해 학습자는 자신에게 가장 적합한 방식으로 학습에 임할 수 있으며, 이는 학습 동기와 참여도를 높이는 데 기여한다.

완전학습 이론의 실천을 위해서는 몇 가지 조건이 충족되어야 한다. 먼저, 교육 목표와 내용이 명확하게 정의되고 구조화되어야 한다. 또한 학습자의 특성과 요구를 진단할 수 있는 도구와 방법이 마련되어야 하며, 이를 기반으로 개별화된 교수가 이루어져야 한다. 나아가 학습자의 성취도를 지속적으로 모니터링하고 피드백을 제공할 수 있는 체계가 갖추어져야 한다.

완전학습 이론은 모든 학습자가 성공적인 학습을 경험할 수 있다는 긍정적 신념에 기반을 둔다. 이는 학습자 개인의 잠재력을 최대한 이끌어내고, 교육의 형평성을 제고하는 데 기여할 수 있다. 또한 개별화 교수와 숙달 학습의 강조는 학습자 중심 교육의 중요한 원리를 제공한다. 완전학습 이론은 이후 다양한 교수-학습 모델과 교육 프로그램의 개발에 영향을 미쳤으며, 오늘날에도 그 교육적 함의가 주목되고 있다.

완전학습을 실현하기 위한 방안으로 교육 분야에서는 첨단 기술의 활용이 높아지고 있다. 특히 AI 기반의 지능형 튜터링 시스템(ITS: Intelligent Tutoring System)은 학생들의 학습 데이터를 기반으로 맞춤형 교육을 지원할 수 있는 도구로 주목받고 있다. ITS는 각 학생의 수준을 진단하고, 맞춤형으로 학습을 지원하여 완전학습의 원칙을 실현할 수 있다(정제영 외, 2023a).

AI 기반의 ITS는 인공지능 기술을 활용하여 학습자 개개인에게 맞춤형 교육을 제공하는 시스템이다. ITS의 이론적 토대는 인지주의 학습이론, 구성주의 학습이론, 적응적 학습이론 등에서 찾아볼 수 있다. 인지주의 학습이론은 학습자의 인지 구조와 정보처리 과정에 주목하며, 구성주의 학습이론은 학습자가 능동적으로 지식을 구성해 나가는 과정을 중시한다. 한편 적응적 학습이론은 학습자의 특성과 수준에 맞게 교육 내용과 방법을 조정하는 접근법이다.

ITS는 일반적으로 도메인 모델, 학습자 모델, 교수 모델, 사용자 인터페이스의 네 가지 핵심 구성요소로 이루어진다. 도메인 모델은 교과 내용에 대한 지식을 표현하고 관리하는 모듈이며, 학습자 모델은 개별 학습자의 지식 상태와 학습의 수준을 파악하여 표현한다. 교수 모델은 학습자 모델을 바탕으로 최적화된 교수 전략을 수립하고 실행하는 역할을 담당하며, 사용자 인터페이스는 시스템과 학습자 간의 상호작용을 매개한다.

ITS의 대표적인 사례로는 카네기 튜터(Cognitive Tutor), 오토튜터(AutoTutor),

뉴튼(Knewton), 듀오링고(Duolingo) 등을 들 수 있다. Cognitive Tutor는 카네기멜론대학교에서 개발한 ITS로, 학습자의 문제 해결 과정을 분석하여 적응적 피드백을 제공함으로써 수학 학습을 지원한다. AutoTutor는 멤피스대학교에서 개발한 자연어 대화형 ITS로, 학습자와의 상호작용을 통해 개념 이해를 증진하고 오개념을 교정하는 데 활용된다. Knewton은 방대한 학습자 데이터를 분석하여 개인화된 학습 경로와 자료를 제공하는 적응적 학습 플랫폼이며, Duolingo는 학습자의 숙달도에 기반한 맞춤형 언어 학습 콘텐츠와 게임화 요소를 갖춘 모바일 앱이다.

❷ 하이터치 하이테크 교육

인공지능을 활용한 교육은 각 학생이 필요로 하는 수준의 학습을 지원함으로써 맞춤형 개별화 학습을 구현할 수 있는 역할을 한다. 미래 교육은 이러한 다양한 에듀테크를 활용하여 지식을 학습하고, 하이브리드 러닝을 통해 창의적 교육을 이루는 방향으로 나아갈 것으로 기대된다(정제영 외, 2023b). 이는 하이터치 하이테크 교육의 원칙과 AI 기술을 결합하여 교수자와 학생이 함께하는 교육 방법을 제안한다. 이러한 접근은 학생 중심의 학습을 장려하며, 생성형 AI 등 다양한 기술이 교수자를 지원하는 역할을 수행할 것으로 예상된다.

하이터치 하이테크(HTHT: High Touch High Tech) 교육은 첨단 기술을 활용하여 개인별 맞춤형 창의적 학습을 이끌어내는 방식으로 제안되었다(이주호, 정제영, 정영식, 2021). 하이터치 하이테크 교육은 교사가 주체가 되어 에듀테크 기술을 활용하여 개인별 맞춤형 지식교육을 하고, 이를 기반으로 창의적 활동으로 연결하는 수업을 의미한다. 하이테크(High Tech) 교육은 학생들의 학습 데이터를 기반으로 수준과 속도에 맞는 개별화된 맞춤형 지식 이해 교육을 구현하는 것이다. 하지만 지식을 이해하는 것만으로는 학습자의 주도성을 확보할 수 없고, 지식을 활용한 다양한 활동과 경험을 통해서 역량을 키울 수 있다. 교사가 주도하는 하이터치(High Touch) 교육은 프로젝트, 토론 등의 다양한 창의적 활동을 통해서 학생들의 동기를 자극하고, 지식을 활용한 경험을 하도록 이끌어주는 것이다. 하이터치 하이테크 교육이란 기술을 사용하여 지식 학습의 효율성을 높이되, 학생들의 주도성과 역량이 높아지도록 이끌어내는 수업의 혁신이라고 할 수 있다.

하이터치 교육은 사전 학습, 본 수업, 후속 학습의 과정에서 학습자의 교육 성과를 이끌어내는 교사 주도의 교육 활동을 의미한다. 아무리 좋은 교육자료와 시스템이 있어도 학생의 학습 동기가 부족하다면 교육의 성과를 기대하기 어렵다. 개인별 목표를 설정하고 학습 계획을 수립하는 자기주도적 학습의 과정을 이끌어주는 역할이 무엇보다 중요하다. 이를 위해서는 개별 학생에 대한 정확한 진단 데이터가 필요한데 이를 AI 보조교사가 도와주는 것이다. 본 수업에서는 교사가 창의적 학습에 이를 수 있도록 지식을 바탕으로 '적용, 분석, 평가, 창조'의 고차원적 학습의 경험을 할 수 있도록 진행하는 것이 필요하다. 이를 위해 토론, 문제기반 학습, 프로젝트 학습 등의 다양한 창의적 교육 방법을 활용할 수 있다. 교수자는 이후의 후속 학습 과정에서 학생들이 학습의 결과를 이후의 학습에 이어갈 수 있도록 전이(transfer)될 수 있게 지원하는 역할을 수행해야 한다.

하이터치 하이테크 교육은 플립러닝의 방식을 활용하되 사전 학습에 동영상뿐 아니라 다양한 맞춤형 학습 시스템을 활용하는 것이다. 사전학습은 동영상을 통해서도 이루어질 수 있지만 인공지능과 빅데이터 기반의 지능형 튜터링 시스템(ITS)을 활용하면 지식의 이해와 암기에 더 큰 도움을 받을 수 있다. 사전학습의 과정에서 첨단 기술을 활용하여 맞춤형 교육을 구현하는 것을 하이테크 교육이라고 할 수 있다. 학습자의 수준을 정확하게 진단하여 완전 학습을 할 수 있도록 학습 기회를 제공하고 학습의 성과에 대해서도 확인할 수 있다. 하이테크 교육을 지원하는 다양한 시스템이 개발되고 있다.

하이터치 하이테크 교육을 구현하기 위해 학교는 기존 학습관리시스템(LMS)을 확장하여 ITS의 원리를 적용한 'AI 디지털 교과서 시스템'으로 재설계할 필요가 있다. AI 디지털 교과서는 다양한 방식으로 교사의 역할을 보조해 줄 수 있다. 교수자의 주요 역할인 '수업설계-교수-학습-평가-기록-피드백'의 과정에서 AI 디지털 교과서의 도움을 받아 개별화된 교육 관리가 가능하다는 점이다. 인공지능 활용 교육의 의미는 AI 디지털 교과서를 활용하여 교수자가 주도하여 학생 개인별 맞춤형 학습을 수행하도록 하는 것이다.

우리나라에서 2025년부터 본격적으로 도입될 AI 디지털 교과서가 우리 아이들의 학습 환경에 혁신적인 변화를 가져올 것으로 기대된다. 교육부가 제시한 'AI 디지털 교과서 개발 가이드라인'에서 제시하고 있는 서비스는 학생, 교사, 학부모 모두를 위한 공통서비스, 학생을 위한 서비스, 교사를 위한 서비스로 나누어 살펴볼 수 있다.

학생, 교사, 학부모를 위한 기능인 공통 서비스는 우선 대시보드를 통한 학습 데이터 분석이다. AI 디지털 교과서는 대시보드를 통해 학생의 학습 데이터를 분석하고 제공한다. 이를 통해 학생의 학습 진도, 강점, 개선 필요 영역 등을 명확하게 파악할 수 있다. 교육 주체 간 소통 지원 서비스도 포함된다. 학생, 교사, 학부모 간의 효과적인 소통을 지원하여 교육과정에 대한 이해도를 높이고 협력을 강화한다. 그리고 모든 사용자가 하나의 플랫폼에서 통합 로그인을 통해 접근할 수 있어 사용의 편의성을 제공한다. 사용자 친화적인 UI/UX를 통해 쉽고 편리한 사용자 인터페이스와 경험을 제공하며, UDL(Universal Design for Learning)과 다국어 지원을 통해 모든 사용자의 접근성을 보장하도록 하였다.

학생을 위한 서비스는 한마디로 맞춤형 학습을 지원하는 'AI 튜터'를 지원하는 것이다. 이를 위해 AI 디지털교과서에는 학생의 학습 수준과 요구를 진단하고 분석하여, 학습에 필요한 지원을 제공한다. 개별 학생에게 가장 적합한 학습 경로와 콘텐츠를 추천하여, 맞춤형 학습 경험을 제공하는 것이다.

교사를 위한 서비스는 'AI 보조교사'를 지원하는 것이다. AI 보조교사는 교사가 수업을 더 효과적으로 설계하고, 학생들에게 맞춤형 교육을 제공하고, 맞춤형 평가 결과를 교사에게 제공하는 것이다. 교사는 학습 콘텐츠를 재구성하거나 추가하여 수업을 더욱 풍부하고 다양하게 만들 수 있다. 학생들의 학습 이력과 관련 데이터를 기반으로 학습을 관리하고 효과적인 교육 방안을 모색할 수 있다.

AI 디지털 교과서의 서비스는 교육의 질을 향상시키고, 학습 과정을 더 개인화하며, 교육 공동체 간의 협력을 강화하는 데 기여할 수 있다. 특히 학부모는 자녀가 이러한 혁신적인 교육 환경에서 교과 내용을 습득하면서 올바른 디지털 리터러시 역량을 갖추는 것을 확인할 수 있다.

하이터치 하이테크 교육은 교사가 다양한 첨단 기술을 활용하여 학생 중심의 학습이 이루어지도록 하는 새로운 교육 방식을 의미한다. 학생들이 스스로 질문하고 타인과 생각을 적극적으로 교환하는 과정 속에서 자신의 생각을 학습 전에 비해 더욱 발전시키고 보다 깊은 이해에 도달할 수 있도록 교육을 운영할 수 있다. AI 디지털 교과서는 하이터치 하이테크 교육의 과정에서 교사를 돕는 역할과 함께 학습자를 지원하는 역할도 수행할 수 있다는 점에서 미래교육의 중요한 도구로 활용될 수 있을 것이다.

이러한 하이터치 하이테크 교육을 성공적으로 구현하기 위해서는 무엇보다 교사의 역량이 중요하다. 교사는 첨단 기술을 교육적으로 활용할 수 있는 디지털 리터러시와 교수 설계 능력을 갖추어야 한다. 또한 학생 개개인의 특성과 필요를 깊이 이해하고, 이에 맞는 맞춤형 교육을 제공할 수 있어야 한다. 나아가 학생들의 창의성과 협력 능력, 문제해결력 등을 이끌어낼 수 있는 퍼실리테이터로서의 역량도 요구된다.

이를 위해서는 교사 양성 및 연수 과정에서 하이터치 하이테크 교육에 대한 체계적인 교육이 이루어져야 한다. 교사들이 첨단 기술을 교육에 활용하는 방법을 익히고, 이를 바탕으로 창의적인 교수학습 방법을 설계하고 실천할 수 있도록 지원해야 한다. 또한 교사들 간의 협력과 지식 공유를 활성화하여, 우수 사례를 확산하고 서로의 전문성을 높여갈 수 있는 토대를 마련해야 할 것이다.

더불어 하이터치 하이테크 교육이 원활히 이루어지기 위해서는 교육 인프라와 제도의 혁신도 뒷받침되어야 한다. 학교의 IT 인프라를 확충하고, AI 조교 시스템 등 첨단 교육 플랫폼을 구축하는 한편, 개별화 교육을 뒷받침할 수 있는 유연한 교육과정과 평가 체계도 마련되어야 한다. 나아가 이러한 변화를 지속적으로 추진하고 안착시키기 위한 교육 정책과 재정 지원 방안도 모색되어야 할 것이다.

무엇보다 하이터치 하이테크 교육의 궁극적 목적은 학생들의 성장과 발달에 있음을 잊어서는 안 된다. 첨단 기술은 학생들의 잠재력을 극대화하고, 그들의 다양성을 존중하며, 미래 사회에 필요한 역량을 기르는 데 기여해야 한다. 기술은 교육의 보조 수단이지 주체가 되어서는 안 된다. 교사와 학생 간의 상호작용, 배움의 즐거움, 인성 교육 등 교육의 본질적 가치는 기술 발전과 관계없이 늘 중심에 있어야 한다.

하이터치 하이테크 교육은 미래 교육의 한 모델로서 우리에게 많은 가능성과 과제를 동시에 제시하고 있다. 이것은 단순히 교실에 첨단 기술을 들여오는 것이 아니라, 교육 패러다임의 근본적인 변화를 의미한다. 교사와 학생, 학부모와 사회가 함께 이 변화의 방향과 속도에 대해 고민하고 합의해 나가야 할 것이다.

교육의 변화는 사회의 변화이자 미래의 변화이다. 하이터치 하이테크 교육이 우리 아이들이 더 나은 미래, 더 행복한 삶을 살아갈 수 있는 힘을 길러주는 교육이 되기를 기대해 본다. 첨단 기술의 발달이 인간 교육의 가치를 퇴색시키는 것이 아니라, 오히려 더욱 빛나게 하는 계기가 되어야 할 것이다. 하이터치 하이테크 교육, 그 속에서 우리는 교육의 새로운 지평을 열어갈 수 있을 것이다.

❸ 교사가 이끄는 교실혁명

국내·외에서 미래학교로의 전환을 위한 다양한 교육적 실험이 진행되고 있다. 우리나라에서는 근대식 학교교육의 한계를 극복하기 위한 교육 혁신이 다양한 이름으로 여러 학교에서 시도되고 있다. 해외에서도 국가별로 미래 교육을 위한 다양한 노력을 기울이고 있다. 국내외에서 시도되고 있는 다양한 미래

학교 사례를 분석해보면 개인별 맞춤형 교육 강조, 유연한 교육과정 운영, 창의적 학습으로의 전환, 과정중심 평가와 절대평가 도입 등의 공통적 노력이 이루어지고 있음을 확인할 수 있다.

이러한 변화의 중심에는 디지털 기술의 발전과 이를 교육에 활용하려는 노력이 자리잡고 있다. 인공지능, 빅데이터, 가상현실 등 첨단 기술은 개별 학습자의 특성과 필요에 맞는 맞춤형 교육, 시공간의 제약을 뛰어넘는 유연한 학습, 실제적이고 창의적인 문제해결 능력의 함양 등을 가능케 한다. 이러한 기술을 학교 교육에 효과적으로 융합한다면 모든 학생의 성장과 발전을 이끄는 혁신적인 교육을 실현할 수 있을 것이다.

그러나 중요한 것은 기술 그 자체가 아니라, 이를 교육의 본질적 가치를 구현하는 도구로 활용하는 것이다. 디지털 기술은 교사를 대체하는 것이 아니라 교사의 역량을 강화하고, 학생 개개인에 더 집중할 수 있도록 돕는 역할을 해야 한다. 또한 기술 활용이 단순히 지식 전달의 효율화에 그치는 것이 아니라, 학생들의 창의력, 문제해결력, 협업능력 등 고차원적 역량을 기르는 방향으로 나아가야 한다.

결국 디지털 기술을 활용한 교육 혁신의 핵심은 '사람'이다. 학생의 잠재력을 믿고 이를 최대한 이끌어내려는 교사, 자기주도적으로 학습하는 힘을 기르는 학생, 그리고 이를 뒷받침하는 학부모와 사회의 노력이 어우러질 때, 진정한 의미의 교육 혁신이 가능할 것이다. 우리에게 주어진 과제는 디지털 기술을 교육의 본질적 변화를 위한 촉매제로 삼아, 모든 아이들이 미래 사회를 살아갈 힘을 기를 수 있는 교육을 만드는 것이다. 디지털 기술은 그 길을 열어줄 열쇠가 될 것이다.

이 혁신의 중심에는 교사가 있다. 교사는 학생들과 가장 가까이에서 상호작용하며, 그들의 성장과 발전을 이끄는 핵심 주체이다. 따라서 교사의 역량과 전문성, 그리고 열정이 교실 혁명의 성패를 좌우한다고 해도 과언이 아니다.

2020년에는 코로나19로 인해 온라인 원격수업이 일상화되면서 교육에서 IT 기술의 활용에 대한 교수자들의 인식이 높아졌다. 그러나 수업 인정 기준이 주로 출석에 중점을 두어 다양한 소프트웨어 지원 부족 등의 한계가 있었다. 특히, 교원의 에듀테크 활용 역량이 중요하다. 클라우드 기반 교수학습 플랫폼과 에듀테크 시스템이 등장했지만, 교수자들이 이를 효과적으로 활용하는 것이 어려웠다.

에듀테크 시스템을 효과적으로 활용하려면 교수자들의 온라인 원격수업 능력을 강화하는 교육과 연수가 필요하다. 교수자들은 아직 에듀테크를 활용한 창의적 수업에 익숙하지 않아 두려움을 느끼며 시행착오를 겪고 있다. 교수자의 교육, 연수, 경험 공유, 문화 전파가 필요하다. 특히 교수자들이 에듀테크를 통해 다양한 수업과 학습 콘텐츠를 스스로 만들어 나갈 수 있도록 지원돼야 한다. 정부의 대규모 투자와 재정 지원이 필요하다.

코로나19 상황에서 온라인 원격수업 경험은 교수자의 성공적인 운영에 있어 가장 중요한 역할을 한 것으로 확인되었다. 교수자들은 에듀테크를 활용한 창의적 수업에 대한 지식, 긍정적 태도, 디지털 역량 등 종합적인 역량이 필요하다. 에듀테크를 활용한 창의적 수업을 위해서는 교실에서의 상호작용뿐만 아니라 온라인과 오프라인에서의 학생 상호작용, 온라인 튜터링 및 학습 퍼실리테이션 기법 등에 대한 새로운 교육 내용이 필요하다.

학교에서 에듀테크를 활용한 창의적 수업을 진행하기 위해서는 온라인과 오프라인을 넘나들 수 있는 하이브리드 수업 능력이 필요하다. 특히 포스트 코로나 시대에는 원격수업이 더욱 확대될 것이므로 효과적인 교육 계획과 운영이 필요하다. 미래의 학교 수업은 교실 수업, 현장학습, 플립러닝 등의 다양한 형태를 결합한 하이브리드 형태가 될 것으로 예상된다. 이를 위해서는 학교 차원에서 국내외 학교의 수업 혁신 사례를 토대로 가이드라인, 사례, 수업 모델 등을 제공하는 것이 필요하다.

코로나19 상황에서 경험한 온라인과 오프라인의 병행 수업에서 얻은 교수자들의 전문성과 자율성을 활용하여 미래 교육을 대비하는 것이 중요하다. 미래를 대비해 온라인과 오프라인 수업이 유연하게 혼합된 교육 체제를 구축해야 한다. 교원들이 가진 역량은 오프라인뿐만 아니라 온라인에서 학생들과 소통하는 능력을 높이는 것이 필요하다. 학부모, 학생, 교수자 등 현장의 어려움을 면밀하게 파악하고, 다양하고 분산된 플랫폼을 효율적으로 관리할 수 있는 능력이 요구된다.

이를 위해서는 무엇보다 교사의 디지털 리터러시와 에듀테크 활용 역량이 강화되어야 한다. 교사 양성 과정과 현직 교사 연수에서 디지털 기술과 교수법의 융합, 데이터 기반 교육, 개별화 학습 설계 등의 내용이 보강되어야 한다. 뿐만 아니라 교사들이 새로운 기술과 교육 방식을 시도하고 혁신할 수 있는 자율성과 유연성도 보장되어야 한다. 학교 현장에서 다양한 실험과 도전이 이루어질 수 있도록 제도적, 문화적 토양을 만드는 것이 중요하다.

한 분야의 전문성을 갖추고 있는 인재(expert)가 인공지능 기술로 대표되는 첨단 분야의 전문성을 갖추는 경우 이를 '인공지능 분야의 역량을 갖춘 분야별 전문가'라는 표현으로 'X with AI'라고 지칭한다. 교수자는 해당 교육 분야의 내용과 방법적 전문성을 갖추고 있는 교육전문가(EX: Educational Expert)라고 할 수 있는데, 이제는 인공지능 등 첨단 분야의 전문성을 결합하는 것이 필수적인 과제라고 볼 수 있다. '인공지능 분야의 역량을 갖춘 교육 전문가'라는 표현으로 'EX with AI'라고 표현하고 싶다. EX with AI가 바로 미래형 인재인 교육 분야의 'M자형 인재'라고 할 수 있다.

나아가 교사는 인공지능 기술을 활용하여 자신의 역량을 배가시킬 수 있다. 인간 교수자가 AI 조교를 잘 활용하여 도움을 받게 되면 이를 증강지능(augmented intelligence)을 갖춘 강력한 역량을 갖춘 EX with AI라고 할 수 있다. 교육과정의 재구성에서부터 수업 중에 개별화된 지식 이해와 전달, 평가에 있어서의 개별화된 접근과 평가 결과의 정리, 맞춤형 평가 결과의 기록을 위한 기초 자료 생성, 학생별로 필요로 하는 피드백의 기초 자료 제공 등의 역할을 인공지능에게 맡길 수 있을 것이다.

영화 '아이언맨'에서처럼 인간이 AI 조교를 활용하면 증강지능을 갖춘 강력한 역량을 발휘할 수 있다. 학교의 교수자들도 AI 조교의 지원을 받게 되면 지금보다는 더 뛰어난 교육적 역량을 발휘할 수 있을 것으로 기대된다. 인공지능 기술을 교육에 적극적으로 활용하되 창의적 교육은 교수자의 주도로 학생들과 함께 이루어져야 한다. 교수자는 에듀테크 기술을 활용한 하이테크 교육을 기반으로 학생별 개성에 맞는 하이터치 교육을 결합하여 미래교육을 완성할 수 있을 것이다. 모든 학생이 학습에 성공하고 각자의 역량을 키울 수 있는 교육이 미래교육의 지향점이다.

이러한 교사의 혁신적 노력이 교실을 변화시키고, 나아가 학교와 교육 전반의 변화를 이끌어 낼 수 있다. 교사가 주도하는 bottom-up 방식의 혁신은 top-down 방식의 정책 변화와 함께 시너지 효과를 낼 수 있다. 교육 당국과 학교 관리자는 이러한 교사들의 노력을 적극 지원하고 장려해야 한다. 교사의 창의성과 전문성이 발휘될 수 있는 자율적이고 협력적인 학교 문화를 조성하는 것이 중요하다.

미래 교육의 시작은 디지털 대전환과 함께 되었으며, 미래 교육의 성공을 위해서는 교육부, 교육청뿐 아니라 학교의 구성원인 교직원, 학생, 학부모, 지역사회의 적극적인 협력과 노력이 필요하다. 방향을 고민하는 동시에 실행을 위한 참여와 협력이 중요하며, 첨단 기술을 효과적으로 활용해야 교육의 혁신을 구현할 수 있을 것이다.

결국 교실 혁명의 주체는 교사이다. 디지털 기술은 강력한 도구이지만, 이를 교육적으로 활용하고 학생들의 성장을 이끄는 것은 교사의 몫이다. 교사가 변화와 혁신의 주체가 되어 새로운 교육 패러다임을 만들어 갈 때, 우리 교육의 미래는 밝을 것이다.

물론 이 과정이 순탄하지만은 않을 것이다. 교사들은 새로운 역할과 책임에 대한 부담감을 느낄 수 있고, 기술 활용이나 교수법 혁신에 어려움을 겪을 수도 있다. 또한 학생들과 학부모들의 기대와 요구에 부응하는 것도 쉽지 않은 과제이다. 그러나 이러한 도전을 극복하고 전문성을 계발해 나가는 것이 교사의 사명이자 보람이다. 교사 스스로가 끊임없이 배우고 성장하는 모습을 보여줌으로써, 학생들에게도 평생학습의 중요성을 알려줄 수 있다. 또한 교사들 간의 협력과 네트워크를 통해 어려움을 함께 해결하고, 좋은 실천 사례를 공유할 수 있다.

무엇보다 교사는 학생들과의 관계와 소통에 기반하여 변화를 이끌어야 한다. 기술은 학생들과 교사의 상호작용을 대체할 수 없으며, 오히려 이를 더욱 풍부하고 의미 있게 만들어주는 도구가 될 수 있다. 학생 개개인의 관심사와 특성을 깊이 이해하고, 그들의 목소리에 귀 기울이는 교사의 따뜻한 시선이 결국 교육을 바꾸는 원동력이 될 것이다.

우리는 지금 교육의 대전환기를 맞이하고 있다. 산업사회의 패러다임에서 벗어나 미래 사회에 필요한 인재를 길러내야 하는 시대적 과제 앞에 서 있다. 이 변화의 중심에는 교사가 있다. 교사가 새로운 비전과 역량을 갖추고 변화를 선도할 때, 우리 교육은 미래를 향해 힘차게 전진할 수 있을 것이다.

교실의 작은 변화가 학교를 바꾸고, 더 나아가 사회를 변화시킬 수 있다는 믿음으로, 교사 한 명 한 명이 혁신의 주체가 되어야 한다. 그것이 바로 우리 아이들의 미래를 위한, 교사의 사명이자 희망이다. 교사가 이끄는 교실 혁명, 그 속에서 우리 교육의 새로운 지평이 열릴 것이다.

참고문헌

- 송영근, 박안선, 심진보(2022). 디지털 전환의 개념과 디지털 전환 R&D의 범위. 한국전자통신연구원.
- 윤정일, 송기창, 조동섭, 김병주(2015). 교육행정학 원론. 서울: 학지사.
- 이주호, 정제영, 정영식 (2021). AI 교육혁명. 서울: 시원북스.
- 정제영 외(2021). 뉴 이퀼리브리엄 : 미래교육의 새로운 균형을 찾아서. 테크빌교육.
- 정제영 외(2023a). AI융합교육개론. 박영스토리.
- 정제영 외(2023b). 이슈 중심의 교육학개론. 박영스토리.
- 정제영(2016). 지능정보사회에 대비한 학교교육 시스템 재설계 연구. 교육행정학연구, 34(4), 49-71.
- 정제영(2017). 4 차 산업혁명 시대의 학교제도 개선 방안: 개인별 학습 시스템 구축을 중심으로. 교육정치학연구, 24(3), 53-72.
- 정제영(2018). 디지털 시대와 4차 산업혁명에 대비한 교육의 시대. 박영스토리.
- 정제영(2023a). 2028 대학입시: 학교 교육에 집중하라. 포르체.
- 정제영(2023b). 챗GPT 교육혁명. 포르체.
- Banathy, B. H. (1995). Developing a systems view of education. Educational Technology, 35(3), 53-57.
- Bloom, B. S. (1984). The 2 sigma problem: The search for methods of group instruction as effective as one-to-one tutoring. Educational researcher, 13(6), 4-16.
- Fullan, M. (2010). All systems go. Thousand Oaks, CA. : Corwin Press; Toronto: Ontario Principals Council.
- Sashkin, M., & Egermeier, J. (1992). School Change Models and Processes: A Review of Research and Practice. Paper presented at the Annual Meeting of the American Educational Research Association, San Francisco, CA, April 20-24, 1992.
- Senge, P. M. (1990). The fifth discipline. Doubleday/Currency.

· Smith, M. S., & O'Day, J. A. (1991). Systemic school reform. In The Politics of curriculum and testing, Politics of Education Association yearbook 1990, ed. Susan Fuhrman and Betty Malen, 233-267. London: Falmer Press.
· Sterman, J. D. (2001). System Dynamics Modeling: Tools for Learning in a Complex World. California Management Review, 43(4), 8-25.

CHAPTER 2

PART 01

디지털 기반 교육 혁신 정책

최정원

AI 디지털교과서의 등장, 어떤 사람들에게는 2022 개정 교육과정의 등장과 함께 갑자기 나타난 도구라고 인식된다. 그러나 사실상 그 이전부터 교육 전반에 걸쳐 디지털 기반 교육 환경 구성을 위하여 단계적으로 진행되어 온 것의 일부라 할 수 있다. 정부가 추진하고 있는 것은 2022 개정 교육과정 운영의 디지털화가 아니라 교육 전반을 디지털 환경으로 전환함으로써 교사의 업무 처리를 효율적으로 돕고 학생들의 학습 효과도 높이겠다는 취지이다.

디지털 기반 교육 환경을 구축하기 위하여 [그림 1.2]와 같이 행정 업무를 위한 나이스도 4세대로 개편했고, 학생의 역량을 강화하기 위해 2022 개정 교육과정을 개편하였다. 학생을 가르치는 교사를 양성하기 위하여 교사의 역량 강화를 계획하고 교육 환경의 기반이 되는 인프라도 개선하기 위한 계획을 추진중에 있다. AI 디지털교과서는 학생의 역량 강화를 위한 하나의 도구로서 디지털 기반 교육 혁신을 위한 전부 또는 중심이 아니라 일부이며 도구라 할 수 있다.

[그림 1.2] 디지털 기반 교육 환경

행정업무

4세대 나이스

교사의 디지털 역량

AI융합교육과정 운영 정보교사 역량 강화

학생의 디지털 역량

- 모든 교과교육을 통해 디지털 기초소양 함양 기반을 마련하고, 정보 교육과정과 연계하여 AI 등 신기술 분야 기초·심화학습 내실화

디지털 기초 소양 및 컴퓨팅 사고력 함양을 위한
교육과정 구성 방안

디지털 리터러시
(Digital Literacy)

컴퓨팅 사고력
(Computational Thinking)

모든 교과교육

- 디지털활용능력·감수성 데이터표현, **디지털기초학습 및 디지털 융합 수업**
- 수학 및 과학 등 교과 학습에서의 **논리적 및 절차적 문제 해결력 함양**

→ ←

정보 교과교육

- 기초코딩 등 컴퓨팅 도구를 활용한 **정보처리 수행 능력 함양**
- AI · SW 및 정보화 디지털 영역의 **컴퓨팅 기본 개념 및 원리 학습**

→

디지털 심화 과정

- 고교학점제 공동교육과정 등을 통한 AI · SW관련 **선택형 심화과정 운영**
- 일반적인 코딩 및 SW 개발 교육 등 다양한 분야의 **전문역량 함양 지원**

AI 포함한 에듀테크 지원, 인프라 개선

1 디지털 인재 양성 종합방안(2022.08.)

제20대 대통령직인수위원회는 2022년 4월 26일 4차 산업혁명시대, 미래사회를 선도하는 100만 디지털 인재 양성을 교육 분야의 큰 과제로 판단하고 2026년까지 디지털 인재를 양성하기 위한 정책을 발표했다. 이는 디지털 기반 교육 환경으로 전환하기 위한 첫걸음을 떼는 정책이다.

디지털 인재는 디지털 세상을 즐기면서 디지털 도구와 데이터를 활용하여 창의적인 활동을 하는 사람으로, 4차 산업혁명에 대응하고 국가의 디지털 분야의 경쟁력을 강화하기 위한 전략의 일환이다. 여기서의 100만은 전문 인재뿐 아니라 전 국민을 대상으로 하며 인공지능, 빅데이터, 소프트웨어 개발 등 다양한 디지털 기술을 자유롭게 적용할 수 있도록 양성하여 대한민국의 많은 국민이 역동적인 혁신을 주도하는 사람이 될 수 있도록 한 것이 특징이다(대통령직인수위원회, 2022.4.26.).

이후 같은 해 8월에는 디지털 인재 양성 종합방안을 통해 디지털 인재를 양성할 수 있도록 디지털 교육 체계로 전환하고, 지원 체계를 구축하고자 하면서 디지털 기반 교육 혁신을 위해 박차를 가하였다. 특히 초중등 학교 교육과 관련하여 모든 교원의 디지털 전문성을 향상시키기 위하여 교원의 재교육을 지원하고, AI 보조교사, 에듀테크 등을 지원함으로써 교육 체계를 전환하고자 하였다. 뿐만 아니라 인공지능교육법을 제정하고 인공지능교육 윤리 기준을 마련함으로써 최신 기술을 포함하는 적극적인 교육이 활성화 될 수 있도록 하였다.

[그림 1.3] 디지털 인재 양성 종합방안 발표(2022.08.22.)

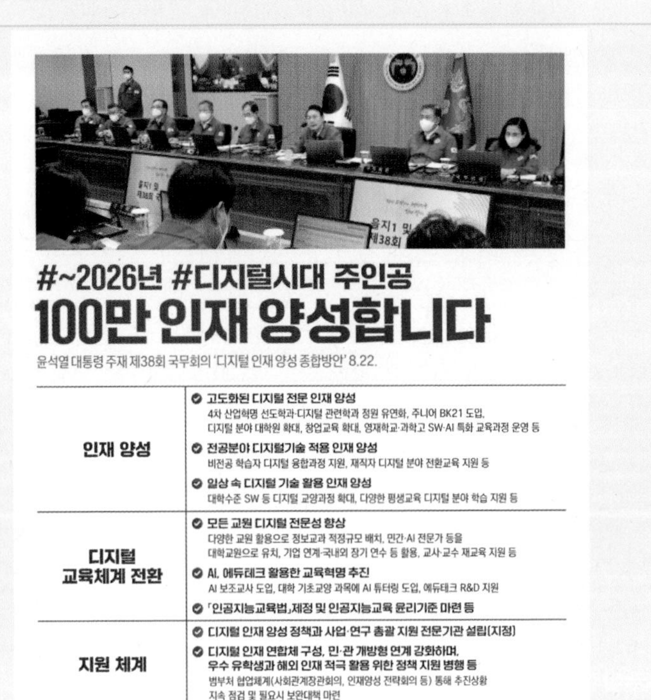

AI 기반 디지털 교육 환경을 마련하여 디지털 교육 수용에 대응하는 교수 인력의 디지털 능력을 개발하고, 이를 지원하는 교육 환경을 디지털 체제로 전환할 필요성을 강조하였다. 그 일환으로 교원의 디지털 전문성 향상, AI 및 에듀테크를 활용한 교실 혁명, 디지털 혁신 지원 교육 환경 구축, 교육 데이터 표준화 및 활용 촉진, 네 가지 추진 과제를 통해 디지털 교육 체제로 전환하고자 발표하였으며, 이를 바탕으로 100만 디지털 인재를 양성하는 환경을 구축할 구체적인 계획을 수립·실천하기 시작하였다.

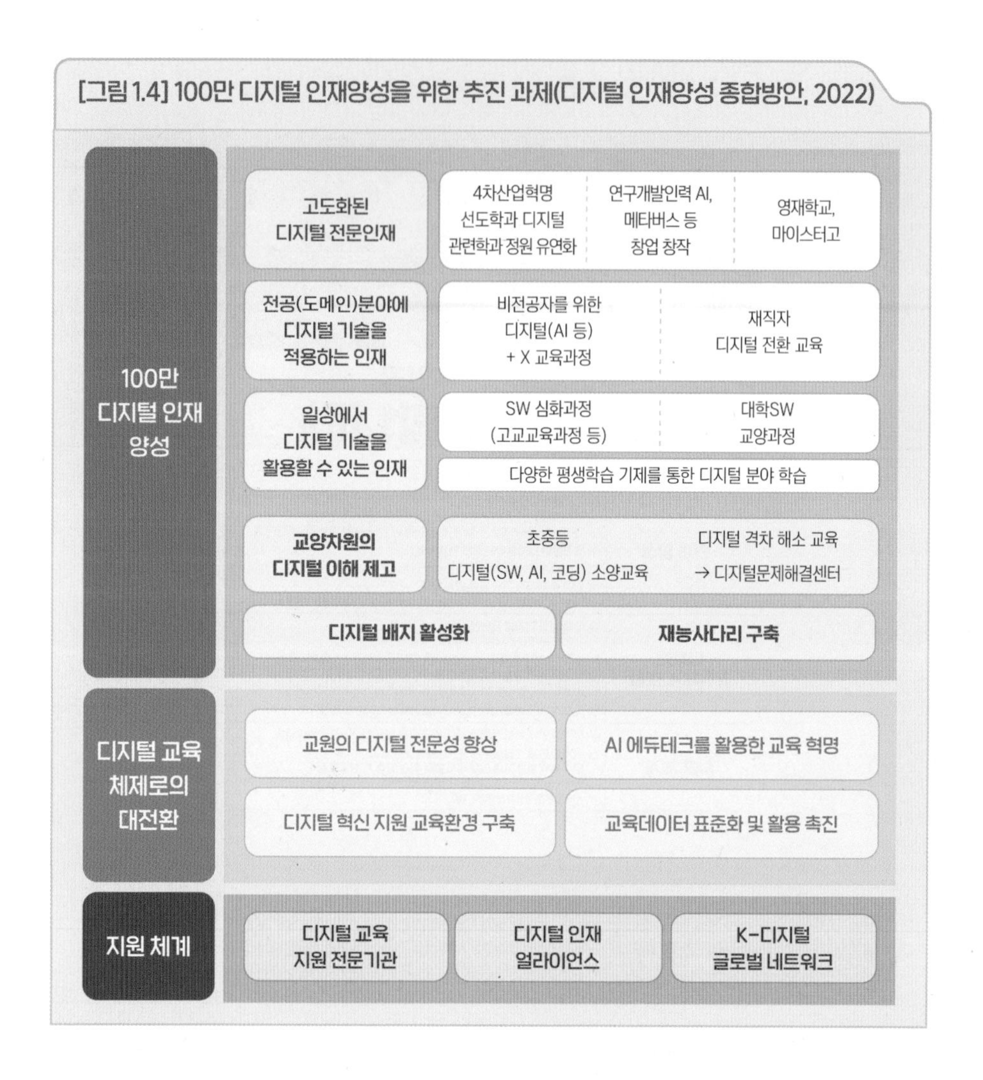

[그림 1.4] 100만 디지털 인재양성을 위한 추진 과제(디지털 인재양성 종합방안, 2022)

종합방안 발표를 통해 보편적인 공교육 내에서 디지털 역량을 함양하기 위한 지원을 계획하면서 2022 개정 교육과정을 통해 초등학교 34시간, 중학교 68시간 이상의 정보교육 시수를 기존 대비 2배 이상 확대·편성하였다. 또한 다양한 교과와 연계하여 활용 가능한 SW·AI 융합교육 프로그램을 개발 및 보급하면서 융합교육 선도학교와 융합 교육 프로그램을 개발 및 보급하고 있다.

학생들을 대상으로 하는 교육은 풍부한 학습 경험을 제공하기 위하여 디지털 분야의 방학 또는 방과후 프로그램, 진로 교육을 확대하거나 디지털 리터러시 함양을 위한 교육 네트워크를 운영함으로써 농어촌과 같은 교육 소외 지역의 학생들까지도 빠짐없이 혜택을 받을 수 있도록 교육 기회를 확대하였다. 이를 위하여 디지털 튜터를 배치하고 SW미래채움센터를 확대 운영하고 장애 학생들을 위한 별도 맞춤형 교육 콘텐츠를 개발하고 있다.

[표 1.2] 100만 디지털 인재양성

구분	내용
고도화된 **디지털 전문인재**	**규제혁신, 선도대학 육성 등을 통한 디지털 전문인재양성** • 계약학과 활성화, 디지털 신기술 인재양성 혁신 공유대학 확대, SW 중심대학 확대, 신산업 분야 마이스터대 확대
	디지털 분야 연구개발 인력 양성 및 창업·창작 지원 • 주니어 BK21 도입, 디지털 분야 대학원 확대, 연구지원 연계 인재 육성, 창업 교육 확대
	인재 조기 확보를 위한 디지털분야 영재 육성 • 영재학교·과학고 SW·AI 특화 교육과정 운영, 마이스터고 지정 확대, 특성화고 디지털 기반 학과 재구조화 지원
도메인 분야에 **디지털 기술을 적용하는 인재**	**비전공 학습자들을 위한 디지털 융합과정 운영** • 첨단분야 인재 양상 부트캠프 도입, 학사제도 유연화 지원
	재직자의 디지털 분야 전환교육 지원 • 디지털 마이더스 육성, 산업인력 디지털 융합역량 강화
	대학생, 취업준비생을 위한 디지털 직업교육훈련 지원 • ICT 이노베이션 스퀘어, 폴리텍 하이테크 과정, K-Digital Trainning
일상에서 **디지털 기술을 활용하는 인재**	**대학 수준의 SW 등 디지털 교양과정 확대** • 대학의 자율적 디지털 혁신 지원, K-MOOC 강좌 확대
	다양한 평생교육기제를 통한 디지털 분야 학습 지원 • 디지털 전환 커뮤니티, 병사 맞춤형 온라인 교육, K-Digital Platform
교양차원의 **디지털 이해 제고**	**유·초·중등 SW·AI 교육 확대** • 정보교육(코딩교육) 확대, SW·AI 융합교육 활성화, SW·AI 캠프
	디지털 리터러시 함양을 위한 촘촘한 교육망 구축·운영 • 디지털 문제해결센터, 농어촌지역(초교) 디지털 튜터 배치

출처: 디지털 인재양성 종합방안, 2022.

디지털 교육체제로 대전환을 위하여 모든 교원의 디지털 전문성을 향상시키고 디지털 혁신을 지원하는 교육환경을 조성하여 AI 및 에듀테크를 활용한 교육 혁명을 추진하고 이를 위한 지원 체계를 구축하는 것을 또 다른 큰 흐름으로 계획하였다.

학생들을 가르치는 교원의 디지털 전문성을 향상시키기 위하여 정보교육을 위한 교원 수급 문제를 해결하기 위한 방안을 마련하고, 교육대학원과 연계하여 교과연계 AI 융합교육 실현을 위해 연수 대상을 2027년까지 7,000명으로 확대하였다.

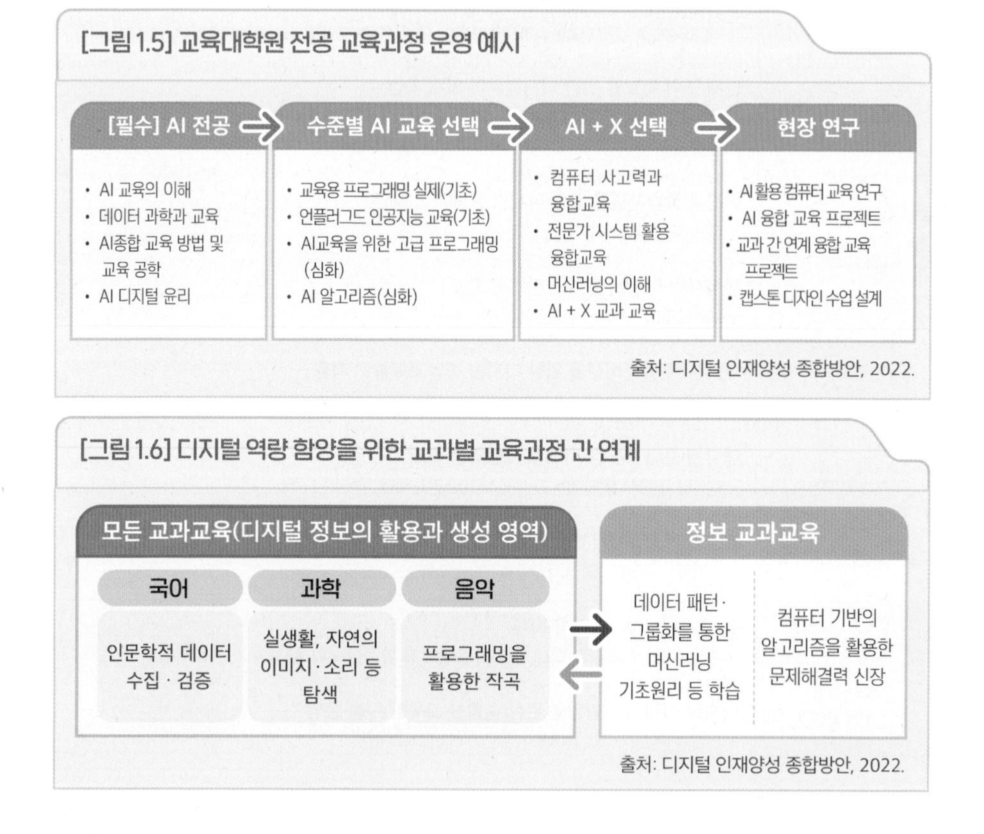

아울러 예비 교원이나 현직 교원의 미래 역량 강화를 위하여 교대 또는 사대에 구축한 미래교육센터를 통해 SW·AI 역량을 강화시키기 위한 지원을 계획하고, 교원양성 교육과정을 개편하여 AI·디지털 활용 수업 실연 기회를 확대하여 2023년부터는 교원자격증 교직과목 이수 기준에 AI·빅데이터 등 융합교육 실현에 필요한 '디지털 소양' 관련 내용을 반영하였다.

AI와 에듀테크를 활용한 교육 혁명을 실천하기 위하여 학습자간 학습 격차를 해소할 수 있도록 맞춤형 학습을 지원하는 AI 학습 튜터링 시스템을 개발하도록 하였다. 이 시스템은 디지털 교수학습 통합 플랫폼, 학력 진단 시스템에 축적된 학습 빅데이터를 분석하여 기초학력 미달자가 없도록 하는 것을 목표로 한다.

AI와 에듀테크를 활용하여 교원의 업무를 지원하기 위하여 4세대 지능형 나이스를 구축하고 디지털 교육을 위한 맞춤형 콘텐츠를 개발하고 에듀테크를 활성화할 수 있는 환경을 구축하도록 하였다. 4세대 나이스의 경우 AI를 활용함으로써 행정 업무를 자동화하고, 지능형 클라우드를 구현함으로써 단순·반복 업무를 경감하려는 계획에 따라 구축된 것이다. 또한 다양한 수준과 내용의 콘텐츠를 지속적으로 개발하고 교원이 직접 제작하여 활용할 수 있는 제작 플랫폼에 탑재함으로써 이미 개발된 자료 중 어떤 자료를 어떻게 활용해야 하는지 어려움을 겪는 교원들을 돕고자 하였다.

[그림 1.7] 디지털 교육체제로의 대전환

구분	내용
모든 교원의 **디지털 전문성 향상**	다양한 교원 활용으로 정보교과 적정규모 확보 · 배치 민간 AI 전문가 등을 대학교원으로 유치 • 교사, 교수 재교육 지원 유·초·중등교사 : 교육청 - 대학 - 기업 연계 연수 대학교수 : 국내외 장기연수 지원 • 교·사대 등 교원양성기관 혁신 • 디지털 역량을 갖춘(예비)교원 양성을 위한 통합 추진체계(AIEDAP)구축
AI, 에듀테크를 활용한 **교육혁명**	유·초·중등 교육: • AI 학습 튜터링 시스템(AI보조교사) 도입 • 에듀테크 소프트랩 확대 • 교육용 AR·VR 콘텐츠, 메타버스 활용 콘텐츠 개발 고등교육: • 기초(교양)과목에서 AI 튜터링 도입 • 에듀테크 R&D 지원
디지털 혁신을 지원하는 **교육환경 조성**	• 「인공지능교육법」 제정 및 인공지능교육 윤리기준 마련 유·초·중등 | 디지털 기반 교수학습 통합 플랫폼 고등·평생 | 마이포트폴리오 공통 | AI교육 플랫폼 • 스마트 학습환경 조성 및 디지털 기기 지원 • 교육데이터 표준화 및 활용 지원
지원체계	• 교육분야 통합 추진체계 구축 • 디지털교육 유관기관 협력 확대

출처: 디지털 인재양성 종합방안, 2022.

아울러 디지털 혁신을 지원하는 효과적인 교육 환경 구축을 위하여 인공지능교육진흥법을 제정하고 AI 교육 윤리 기준을 마련하여 디지털 전환에 대응하고 AI가 교육 현장에서 효과적으로 안전하게 활용되도록 규범을 마련하였다. 누구나 쉽게 AI를 학습할 수 있도록 AI 교육을 위한 플랫폼을 구축하고, 기존의 e-학습터, 디지털교과서, 잇다(ITDA) 등 7개의 플랫폼을 통합·연계하는 디지털 교수·학습 통합 플랫폼을 구축하고자 하였다. 이는 분산되어 있는 다양한 학습 콘텐츠, 학습관리시스템(LMS) 등을 통합함으로써 각각의 플랫폼이 갖는 장점을 충분히 활용함으로써 학습 효과를 높이고 AI·빅데이터 기반 맞춤형 교육을 구현하는 데 도움을 제공할 것이라는 기대에 따른 것이다.

또한 낙후된 교육 시설을 디지털 전환 시대에 맞게 미래형 교수·학습을 위한 스마트 공간으로 개선하고자 하였다. 이의 일환으로 증강현실(AR), 가상현실(VR), 확장가상세계 등 다양한 콘텐츠를 활용할 수 있도록 학습 기자재를 구비하고 학생 개인별 노트북을 지원하기로 발표하였으며, 학교의 노후화된 유선망을 교체하고 기가급 무선망을 구축한 후 학교급별 디지털 보편성과 접근성을 확보하기 위한 공통 지표를 개발하여 학교 환경을 진단하고 그 결과를 바탕으로 인프라 정비·관리 가이드라인을 수립하였다.

지원 체계를 구축하기 위해서 교육부는 유아부터 고등·평생 교육에 이르는 전주기적 디지털 인재 양성 교육 정책의 방향에 대한 추진 체계를 검토하기로 하였고, 교육을 실천하기 위한 정책이나 사업, 연구를 지원하는 전문기관을 지정 또는 설립하였다. 또한 디지털 교육을 위해 산업계-교육계-범부처 연계를 통해 인재 양성 협력체를 구축하고 정책 아이디어를 발굴하거나 현장 의견을 수렴하고자 노력하였다.

2 2022 개정 교육과정(2022.12.)

국가 교육과정은 학교 교육의 기준을 설정하고 학생들이 학습해야 할 필수 지식과 이 지식을 활용하여 무엇을 할 수 있는지 등을 정의함으로써 미래 교육의 방향을 안내하고 인재를 양성하는 기반이 되는 중요한 교육 프레임워크이다. 따라서 교육과정에는 학생을 어떤 사람으로 길러낼 것인지가 담겨있다.

2022 개정 교육과정은 디지털 전환에 따른 사회 변화에 빠르게 대응하여 국가 경쟁력을 높이고 학생의 기본 역량과 변화 대응력을 함양하는 교육 체제를 구현하기 위해 개정되었다. 이에 대한 구체적인 배경은 다음과 같다.

첫째, 학령 인구가 감소하고 학생들의 학습 성향이 변화함에 따라 학생 한 명 한 명의 역량을 계발하여 사회의 중요한 인재로서 역할을 할 수 있도록 하기 위한 교수학습 체제를 개선하고 이를 뒷받침하는 교육 환경을 구축하는 것이 필요했기 때문이다.

둘째, 디지털 친화적인 특성을 갖는 학생들에게는 그들의 성향에 맞는 새로운 교육 방식을 도입하여 개인 맞춤화된 교육을 실천함으로써 학생이 자신의 진로를 개척해 나갈 수 있도록 도와야 한다는 점을 많은 사람들이 공감하고 있다는 것도 한몫을 하게 되었다.

셋째, 학습해야 할 지식이 폭발적으로 증가함에 따라 단편적인 지식을 습득하기 보다는 학습한 내용을 삶의 맥락에서 적용하고 복잡한 문제를 해결할 수 있는 역량이 강조되었다. 이러한 역량을 바탕으로 학생들이 직면한 사회 변화에 능동적으로 대응하고 모든 학생들이 자신의 적성을 찾도록 하는 것이 중요하게 여겼다.

따라서 2022 개정 교육과정에서는 미래 사회가 요구하는 역량을 함양하고 디지털·AI 교육환경에 맞는 교수·학습 및 평가 체제를 구축하는 것을 개정의 중점으로 두고, 디지털 기초 소양을 강화하고 디지털 기반의 교수·학습을 혁신하는 것을 추진 과제 중 일부로 선정하였다.

[표 1.3] 2022 개정 교육과정의 비전 및 주요 추진 과제

비전	포용성과 창의성을 갖춘 주도적인 사람	
개점 중점	미래 사회가 요구하는 역량 함양이 가능한 교육과정 학습자의 삶과 성장을 지원하는 교육과정 지역·학교 교육과정 자율성 확대 및 책임교육 구현 디지털·AI 교육환경에 맞는 교수·학습 및 평가체제 구축	
추진 과제	미래대응을 위한 교육과정 • 인간상 등 교육방향 제시 • 공동체 가치 및 역량 강화 • 디지털 기초소양 강화 • 모두를 위한 교육 강화	학교 현장의 자율적인 혁신 지원 • 학교 교육과정 자율성 확대 • 초·중학교 교육과정 운영의 유연성 제고 • 창의적 체험활동 및 범교과 학습 주제 개선
	학습자 맞춤형 교육강화 • 초·중등학교의 학교 급간 진로연계 교육 강화 • 고교학점제 안착 • 직업계고 교육과정 개선	교육환경 변화 대응 지원 • 역량 함양 교과 교육과정 개발 • 디지털 기반 교수·학습 혁신 • 교육과정 지원체제 구축
추진 체계	국민과 함께하는 교육과정 개정	

출처: 2022 개정 교육과정 총론 주요사항, 2021.

이를 바탕으로 학생들이 학습 과정에 대해 스스로 성찰하고 삶과 연계한 학습을 하며, 학습한 지식을 바탕으로 창의적으로 문제를 해결하도록 함으로써 깊이 있는 학습이 이루어지도록 교육과정을 개발하고 이를 지향하는 교수·학습 및 평가 방향과 방법을 개선하였다.

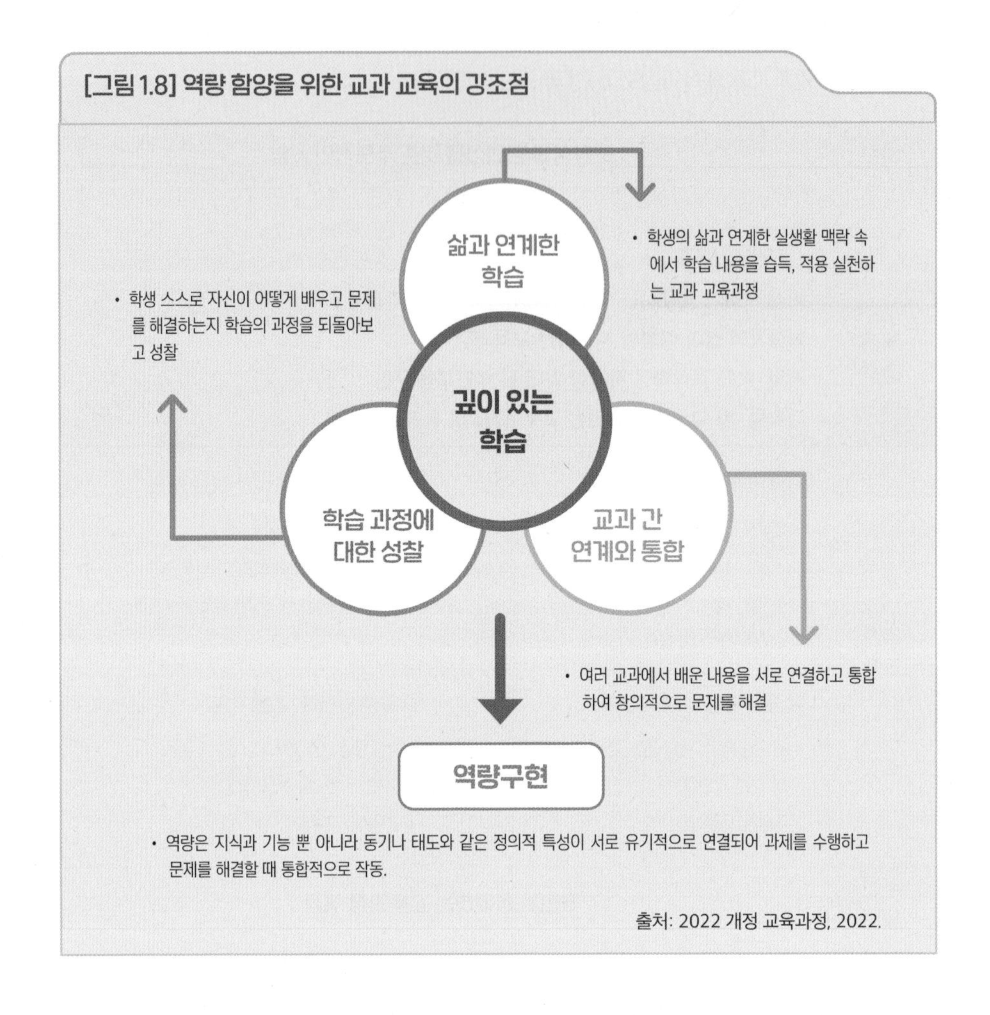

이러한 교육을 실천하기 위해서 디지털 교육 환경을 바탕으로 교수·학습의 혁신적인 변화가 필요하다. 따라서 디지털 인프라를 활용한 최적화된 교육이 이루어질 수 있도록 학습관리시스템(LMS)을 구축하고 다양한 학습 콘텐츠를 개발하는 것뿐 아니라 디지털 환경을 적극적으로 활용할 수 있는 교원 역량을 강화하여 교수·학습 및 평가가 이루어지도록 할 필요가 있다.

[그림 1.9] 디지털 기반 교수·학습 혁신

교육과정	교수 학습 및 평가	운영기반 마련
• 온·오프라인 연계 등 원격 수업을 혼합한 총론 교육과정 편성 운영기준 마련 • 교과 교육과정 등에 다양한 원격 수업유형 적용 • 지역 및 학교 상황 등을 고려한 온·오프라인 수업 및 온라인 공동 교육과정	• 다양한 원격수업 모델 및 공정한 평가기준 마련 • 빅데이터·AI의 맞춤형 교수·학습 및 평가 활용 • 원격수업에서의 온라인평가 및 과정중심평가 등 활성화 • 창의력, 비판적 사고력 등 역량 함양을 위한 평가 강화	• 학습관리시스템(LMS)을 통한 출결, 평가 등 운영 • 원격 수업 유형에 따른 다양한 학습 콘텐츠 개발 • 다양한 원격 교수·학습 및 평가 모델 구안 • 원격 수업에 대한 교원역량 강화 지원

3 디지털 기반 교육혁신 방안(2023)

행정 업무 효율화를 위한 4세대 나이스, 학생 양성 방안을 마련하는 2022 개정 교육과정에 이어 디지털 기반 교육 환경을 만드는 디지털 기반 교육 혁신 방안이 발표되었다. 교육부(2023)는 디지털 인재 양성 종합방안을 토대로 모든 학생을 인재로 키우기 위하여 개별 맞춤 교육으로 모든 학생이 자신의 삶과 성장을 주도하는 교육 환경을 조성할 필요성을 공감하고 교육 혁신을 추진하려는 방안을 마련한 것이다. 이를 위하여 AI와 같은 첨단 기술을 활용하여 자기주도적으로 학습을 촉진할 수 있는 교육 환경을 만드는 것이 의도이다.

기본적인 교육의 방향은 교육 본질을 회복하는 것으로, AI가 대체할 수 없는 창의성, 비판적 사고력, 인성, 협업 능력 등을 함양할 수 있도록 개념 중심, 문제해결 중심의 교육을 강화하는 것이다. 학생들은 자신에게 맞는 교육을 받고 자기주도적인 학습자로 성장하게 함으로써 모든 학생이 사회에서 제 역할을 하도록 돕는 것이다.

디지털 시대 교실의 모습은 과거의 1교사 다수 학생의 대량 학습 체제가 아니라 디지털 기술을 활용하여 학생, 교사, 학부모가 보다 효율적으로 교육하고 학습할 수 있는 형태로 변화할 수 있다. 학생 자신의 학습 속도와 역량에 따라 맞춤 학습을 하고, 교사는 학생들의 학습 데이터를 기반으로 적성을 발굴하거나 진로를 상담해주고, 인간적인 유대 관계에 보다 집중하며 조언자로서의 역할에 더욱 집중할 수 있게 된다. 이 때 학부모는 학생의 객관적인 정보를 바탕으로 자녀 교육을 실시할 수 있다.

AI와 같은 첨단 기술의 도움을 받아 시·공간의 한계를 초월하고 학생의 학습 데이터를 바탕으로 기존의 교사의 경험과 감으로 이루어졌던 교수·학습을 과학적이고 객관적으로 실천함으로써 수준 높은 교육이 이루어져야 함을 강조하였다. 이를 바탕으로 학생이 자신의 역량에 맞는 교육 목표에 자기주도적으로 도달할 수 있도록 함으로써 교육의 질을 제고할 가능성을 염두에 두고 공교육의 내용과 방식을 전환하고자 하였다.

[그림 1.10] 디지털 시대 교실의 변화 모습(교육부, 2023)

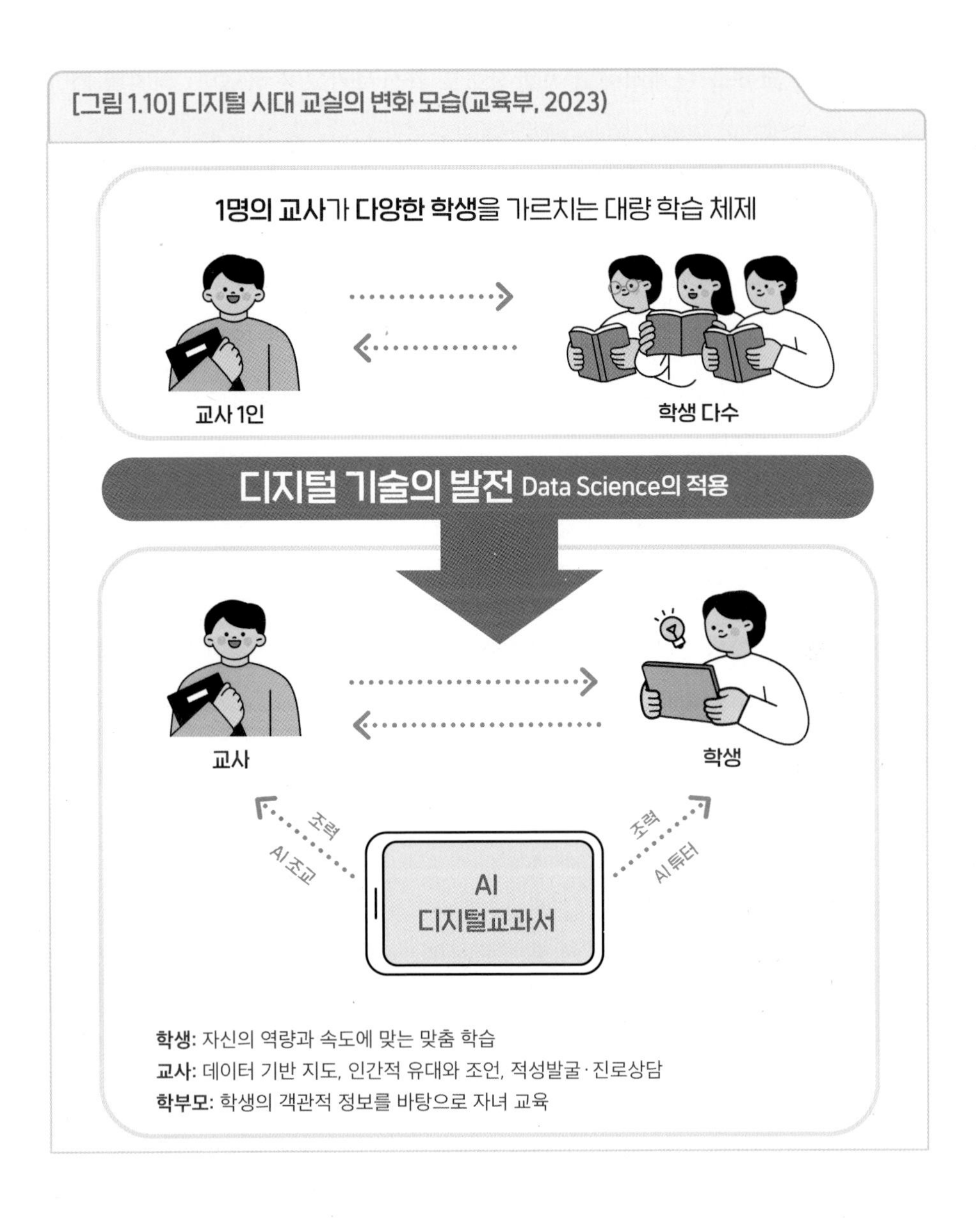

학생 모두를 위한 맞춤 교육을 실현하기 위하여 AI를 포함하는 디지털 환경을 바탕으로 교수·학습을 실천하고 교사의 역할이 멘토링, 고차원적 역량 함양을 위한 역할로 확대하였다. 학교 현장의 원활한 안착을 위해 2023년~2024년 디지털 선도학교와 선도교사단(터치교사단)을 통한 시범 사업을 운영함으로써

디지털 기반 교육을 단계적이고 자발적으로 확산시키고자 하였다. 디지털 기반 교육 전환에 관심이 많고 자발적으로 활동하는 교사를 우선적으로 선도교사단으로 선발하여 동료 교사 연수나 정책 수립·추진에 적극적인 참여를 촉진시킴으로써 성공적인 사례를 구축하는 것을 목표로 하였다. 뿐만 아니라 정부 내에서의 협업 체계 뿐 아니라 17개 시도교육청, 학계나 민간과 파트너십을 구축하고 연계 및 협력을 추진함으로써 효과적인 학습 환경이 구축되도록 하였다.

이를 추진함에 있어 다음의 네 가지 방안을 수립하였다.

- AI 기술 및 데이터 과학을 활용한 디지털교과서 개발
- 역량을 갖춘 교원 양성을 위한 집중 연수
- 디지털 기술 활용 교수·학습 방법 개발
- 시범교육청 중심 디지털 선도학교 운영

1) AI 디지털교과서 개발

지능형 튜터링 시스템(ITS), 메타버스, 확장현실(XR), 노코드 플랫폼, 대화형 AI, 음성인식, 필기 인식 등의 AI 기술을 활용하여 각 교과의 효과적인 학습을 지원하려는 콘텐츠이다. 기존의 디지털교과서와는 완전히 다른 형태이며, 2025년 수학, 영어, 정보 교과를 시작으로 그 외 교과까지 연차적으로 확대할 계획이다.

2) 역량을 갖춘 교원 양성을 위한 집중 연수

교육 디지털 대전환과 학교 변화의 방향을 명확히 이해하고 디지털 기술을 기반으로 수업의 혁신을 주도하는 선도교사(T.O.U.C.H 교사단)를 2025년까지 양

성한다. 선도교사를 대상으로 디지털 기반 수업 혁신 방안을 설계하고 실습하는 것을 중심으로 교육을 실시한 후 이들이 다시 교육 강사로 그 역할을 할 수 있도록 하였다.

또한 AI 디지털교과서를 도입하는 교과의 학교관리자 및 교원을 대상으로 2024년부터 시·도교육청별로 순차적으로 연수를 실시하여 학교급별·교과별로 디지털교과서에 대한 이해를 향상시키고 이를 활용하는 방안을 익히도록 하였다.

3) 디지털 기술 활용 교수·학습 방법 개발

디지털 환경에서 효과적인 교수·학습이 이루어질 수 있도록 학교급별로 AI 디지털교과서를 비롯하여 디지털 기술을 활용함으로써 효과적인 학습을 통해 맞춤형 교육이 가능하도록 다양한 교수·학습 모델을 개발하였다. 이를 위하여 디지털교육지원센터를 운영하여 현장 적합도가 높은 수업 모델이나 가이드라인을 교사를 포함한 민간 전문가의 자문을 통해 개발하고, 에듀넷·티-클리어 기능을 전면 개편한다.

아울러 디지털 기기 과몰입이나 과의존을 방지하기 위하여 올바른 디지털 기기 사용 지도 방법을 교사 연수에 포함시키고 유해 사이트나 유해 앱을 차단하는 안전 관리 프로그램을 개발하며, 디지털 기기의 활용에 대한 안전성이나 디지털 기기가 학습에 미치는 영향을 분석함으로써 디지털 기술을 활용한 수업의 효과성을 극대화하고 역기능을 최소화할 수 있도록 추진하고 있다.

4) 디지털 선도학교 운영

교육부와 교육청 간의 협업을 통해 AI 기반 코스웨어, AI 디지털교과서 프로토타입을 미리 활용하는 디지털 선도학교를 운영하고 AI 코스웨어, AI 디지털 교과서를 활용한 교수·학습 방법이나 디지털 콘텐츠 활용, 교사의 역할의 변화에 대한 성공적인 모델을 만들고 이를 확산하도록 하였다. 이는 우수한 디지털 인프라를 바탕으로 하므로 무선망을 향상시키고, 학생 1인 1디바이스 환경을 만들어 이 디바이스가 AI 코스웨어나 AI 디지털교과서를 구동할 수 있는 기능과 사양을 갖추고 있는지 점검하도록 하였다. 이 때 민간 에듀테크 기업의 플랫폼을 활용할 수 있으며, 맞춤 학습을 지원하는 디지털 수업 혁신을 선도할 수 있도록 하였다.

4 공교육 경쟁력 제고방안(2023.06.)

교육부는 교육 재정 증가, 학급당 학생 수 감소와 같은 전반적인 교육 여건은 획기적으로 개선이 되었으나 여전히 지식 전달 위주의 평균 수준에 맞춘 교육이 이루어짐에 따라 학생들이 수업에 흥미를 잃어가고 있음을 개선하기 위하여 세계 교육 흐름의 추세에 따라 AI 등 첨단 기술을 수업에 적극 활용할 것을 발표하였다. 기초학력 미달 비율이 크게 증가하고 학력 저하 현상이 심화되고 있으며, 학생들의 학교 생활에 대한 만족감이 낮고, 국제 학업성취도 비교평가(PISA)에서의 읽기 성적이 지속적으로 하락하는 등 전반적인 학업 성취 수준이 낮아지고 있음을 고려한 것이다.

교원의 연간 수업 시수는 OECD 평균 대비 낮은 수준이지만, 행정업무 시간이 높아 교육 활동에 집중하지 못하고 있다는 점, 교권 침해 등으로 교직에 대한 낮은 만족도 등이 공교육 발전을 저해하는 부분이라고 여기고 공교육 경쟁력 제고를 위해 개선해야 하는 방안이라고 판단하였다.

공교육의 경쟁력을 강화하기 위한 방안 중 하나로 디지털 기반 교실수업을 혁신한다는 점에 눈여겨 볼 필요가 있다. AI 에듀테크 기반 맞춤 교육을 실시하고 학생이 참여하는 교실 수업을 위하여 하이터치-하이테크 방식을 도입할 계획을 수립하였다.

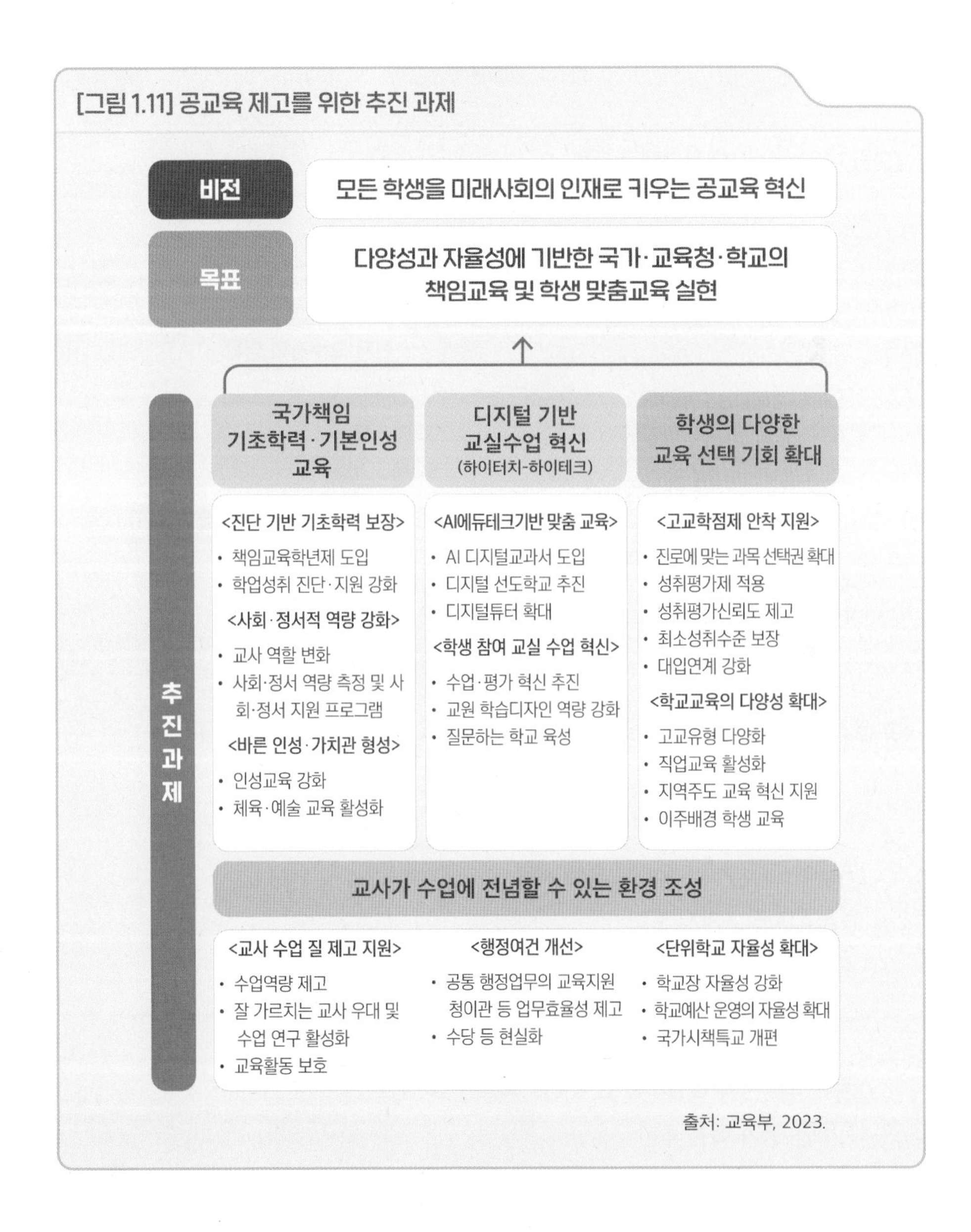

[그림 1.11] 공교육 제고를 위한 추진 과제

하이터치 하이테크 교육은 블룸의 교육목표 분류 체계를 바탕으로 기억하기, 이해하기의 하위 2개 단계가 근대식 학교의 역할이었다. 그러나 이제는 아는 것과 실천하는 것을 결합시켜 지식을 통해 문제를 해결하는 고차원적인 영역까지 가르치는 것이 교수자의 역할이므로 효과적인 교육이 이루어질 수 있도록 노력해야 함을 강조한 것이 하이터치 하이테크 교육 방식이다.

[그림 1.12] 하이터치 하이테크 교육

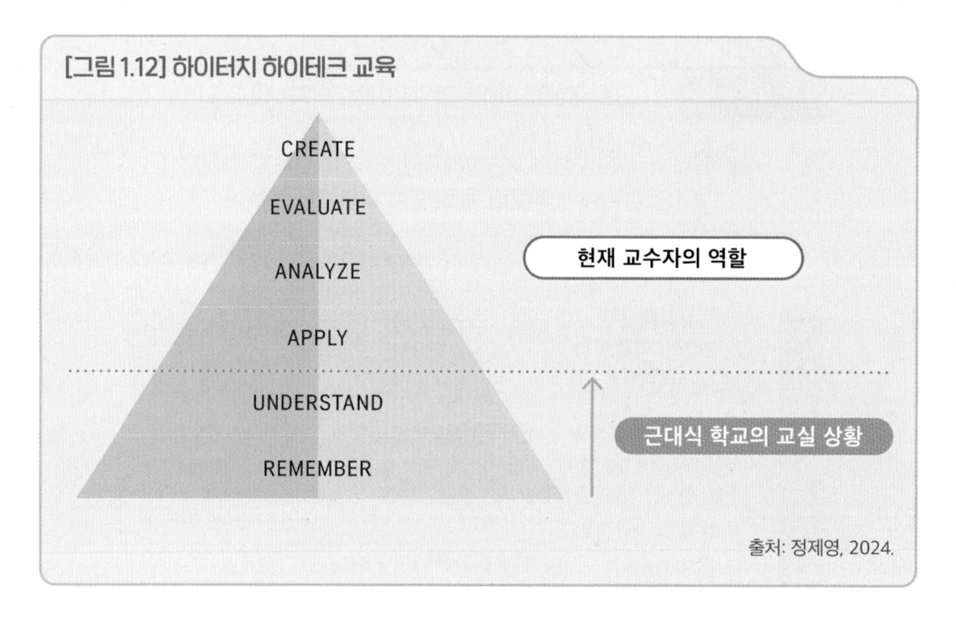

출처: 정제영, 2024.

공교육의 경쟁력을 높이기 위해서는 다음과 같은 방안을 계획하였다.

AI 에듀테크 기반 학생별 맞춤 교육

- AI 디지털교과서 도입
- 디지털 선도학교 추진
- 디지털튜터 확대

학생의 흥미와 몰입도를 높여주는 교실 수업 혁신

- 수업·평가 혁신 추진

- 교원의 학습디자인 역량 강화
- 질문하는 학교 육성

AI 디지털교과서를 도입함으로써 학생의 학습 이력 분석을 토대로 개별 학생의 수준과 이해도에 맞는 맞춤 교육을 제공하고, 2025년 수학, 영어, 정보, 국어(특수)를 우선 도입하여 2028년까지 다른 교과로 확대하는 것을 추진할 계획을 수립하였다. AI 디지털교과서는 느린 학습자를 위한 보충학습과 빠른 학습자를 위한 심화학습 등을 제공할 수 있어 맞춤 학습 지원이 가능하다. 또한 최적화된 맞춤형 학습 콘텐츠로 학습한 학생의 학습 결과를 교사가 파악하여 수업을 설계하고, 교사는 학생 활동 정보를 제공받아 자녀를 깊이 이해할 수 있도록 지원할 수 있다.

[그림 1.13] AI 디지털교과서 도입의 장점

학생	교사	학부모
• 내 속도에 맞는 학습 • 자아존중감 향상 • 내재적 학습 동기 향상 • 더 많은 학생이 학습 '성공 경험' • 가정과 학교에서 이해받는 '나'로 소속감 향상	• 학생별 학습경로와 지식수준 이해 • 데이터 기반 참여형 수업 설계 *토론, 협력, 프로젝트 학습 • AI조교의 활동분석 참고하여 평가 • 학생별 성취에 맞는 개별학습 제공 • 데이터 기반 학생 성장 기록	• 아이가 학습에서 겪는 어려움과 강점, 약점 파악 • 아이에 대한 깊이 있는 이해 • 내 아이에 맞는 정서적 지지, 격려 • 진로 탐색, 설계에 아이 활동 정보 참고

출처: 교육부, 2023.

AI 디지털교과서를 도입하기 전에 다양한 에듀테크를 수업에 적극 활용하고 이를 확산할 수 있도록 디지털 선도학교를 운영한다. AI 기반 코스웨어를 개별 맞춤형 학습이나 교사의 학생 지도 및 상담에 활용하고 학습 수준에 맞는 교육 콘텐츠를 제공하는 것을 목표로 한다. 이는 AI와 같은 디지털 도구를 이용함으로써 교수·학습 방법을 혁신하여 학생별 최적화된 학습을 제공하고 교사의 역할을 변화시키게 될 것으로 기대된다.

디지털튜터의 경우 디지털 학습에 어려움을 겪는 학생을 지원하기 위하여 대학생이나 예비교원을 디지털튜터로 활용하고 컴퓨팅 실습교육이나 코딩 등 디지털 알고리즘 교육과 기초학습 향상 등을 지원한다. 교사와 디지털튜터가 협력수업을 실시하고 디지털튜터가 개별 학생의 특성에 맞는 맞춤 디지털 학습을 지원할 수 있게 된다.

뿐만 아니라 학생의 흥미와 몰입도를 높여주기 위하여 교원의 AI 역량 강화를 위하여 AI·에듀테크를 활용한 학생 참여형 수업·평가 역량을 강화하는 연수를 추진한다. AI 디지털교과서를 도입하는 과목의 교원을 중심으로 강사 요원을 양성하고 실습형 연수모델을 완성할 계획이다.

5 디지털 기반 교육혁신 역량강화 지원 방안(2024.04.)

앞에서 소개한 정부의 정책을 이끌어 가면서 학생을 길러내는 중요한 역할을 하는 사람은 바로 교사이다. 따라서 교사를 양성하기 위한 디지털 기반 교육혁신 역량강화 지원 방안을 발표하였다.

정부는 2025년을 디지털 대전환 시대 공교육 혁신의 골든 타임이라고 판단하고 수업 혁신을 통해 공교육을 변화시켜야 제도와 정책이 추구하는 본질적인 교육의 목표가 구현될 것으로 판단하였다. 수업 전문가로서 교사가 디지털 대전환의 방향을 이해하고 수업 혁신을 시도하도록 돕는 핵심 기제로 AI 디지털교과서를 도입하고 수업에 AI·디지털 기술을 적극적으로 활용하도록 함으로써, 교원 역량의 격차가 학생의 교육 격차로 이어지지 않도록 질 높은 역량 함양의 기회를 제공하고자 한 것이다.

교사는 사회적 변화에 따른 수업 혁신의 필요성을 공감하고 있으나 AI 활용 경험이 낮아 수업에 적용하기가 어렵고, 기기를 관리하는 데 어려움을 토로하고 있어 교사의 부담을 줄이고 전문성을 높이는 다양한 연수 등을 개설할 계획을 수립하였다.

이를 "교사가 이끄는 교실혁명"이라는 슬로건을 통해 교육혁신의 강한 의지를 표방하고 있으며, 교육의 과정에서 교사의 주도성과 전문성이 성공의 핵심이라는 것을 바탕으로 교원의 역량을 강화하기 위한 추진 및 지원 방향을 설정하였다.

[표 1.4] 수업 평가 분야 핵심 교원 양성 계획

연수 구분	주요 내용	양성 규모(명)		
		'23	'24	'25
TOUCH 교사단	하이터치 하이테크 교육을 통한 수업 혁신 확산	400	1,200	2,000
AIEDAP 선도교사단	AI·디지털 소양 강화	700	900	1,500
교육과정 선도교원	2022 교육과정 이해도 제고	2,800	3,000	3,000
수업 평가 현장지원단	학생 참여형 수업 및 역량 강화	1,300	2,400	3,200
성취평가제 선도 교원	고교 성취평가제 시행 대비	2,400		-

출처: 교육부, 2024.

또한 교원을 대상으로 하는 연수를 기존의 전달식 방식 대신 온·오프라인을 병행하고 실습을 중심으로 하는 연수를 개발하여 보다 실효성을 높이고자 하였다. 실습형 연수 모형의 예시안은 다음과 같다.

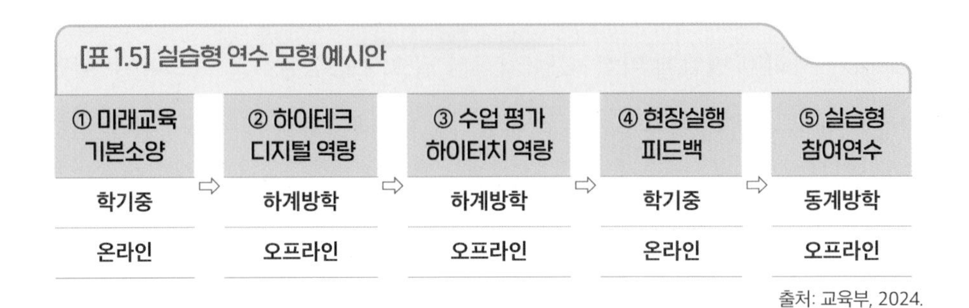
[표 1.5] 실습형 연수 모형 예시안

① 미래교육 기본소양	② 하이테크 디지털 역량	③ 수업 평가 하이터치 역량	④ 현장실행 피드백	⑤ 실습형 참여연수
학기중	하계방학	하계방학	학기중	동계방학
온라인	오프라인	오프라인	온라인	오프라인

출처: 교육부, 2024.

또한 교사가 수업에 전념할 수 있도록 AI 기술을 접목하고 전체 교사 대상으로 AI 소양과 하이터치 하이테크 연수를 2026년까지 강화할 계획을 수립하였다. 이는 선도교사단을 중심으로 활용하여 AIEDAP 사업과 연계한 AI 소양교육, AI 디지털교과서를 활용한 하이터치 하이테크 교수학습 방식을 연수 내용으로 운영한다.

• 참고문헌

- 관계부처 합동(2022.08.). 디지털 인재양성 종합방안. 관계부처 합동.
- 교육부(2023.02.). 디지털 기반 교육혁신 방안. 교육부.
- 교육부(2024.04.). 디지털 기반 교육혁신 역량 강화 지원방안. 교육부.
- 제20대 대통령직인수위원회(2022.04.26.). 인수위, 100만 디지털 인재양성을 위한 밑그림 제안 보도자료. 제20대 대통령직인수위원회.
- 책임교육정책실(2023.06.). 공교육 경쟁력 제고방안. 교육부.
- 정제영(2024.01.15.). 하이터치-하이테크 교육의 교원역량 이해. 터치교사단 2기 양성 연수. 교육부.

CHAPTER 3

PART 01

AI 디지털교과서

최정원

1 AI 디지털교과서의 개념과 특성

정부는 디지털 교육혁신의 중요한 도구로 AI 디지털교과서 도입을 발표하였다. 모든 학생들을 개인에 맞는 교육을 AI 디지털교과서를 활용하여 실시함으로써 하이터치 하이테크 교육을 구현하겠다는 것이다. AI와 같은 첨단 기술을 바탕으로 학생들이 학습에 대한 성공을 경험하면서 성장하고 교육 격차를 해소할 수 있도록 하는 도구로서 AI 디지털교과서를 단계적으로 대부분의 교과에 도입할 계획이다.

교사는 모든 학생들을 학습에 성공하도록 이끌고 싶어하나, 교육 여건의 한계에 따라 평균 학생의 눈높이에 맞추어 가르치고 있는 현실을 개선하기 위해 AI 디지털교과서를 도입한다. AI 디지털교과서는 인공지능이나 적응형 학습, 인터랙티브 가능한 교과서 등 에듀테크를 품는 형태로 구성될 예정이다.

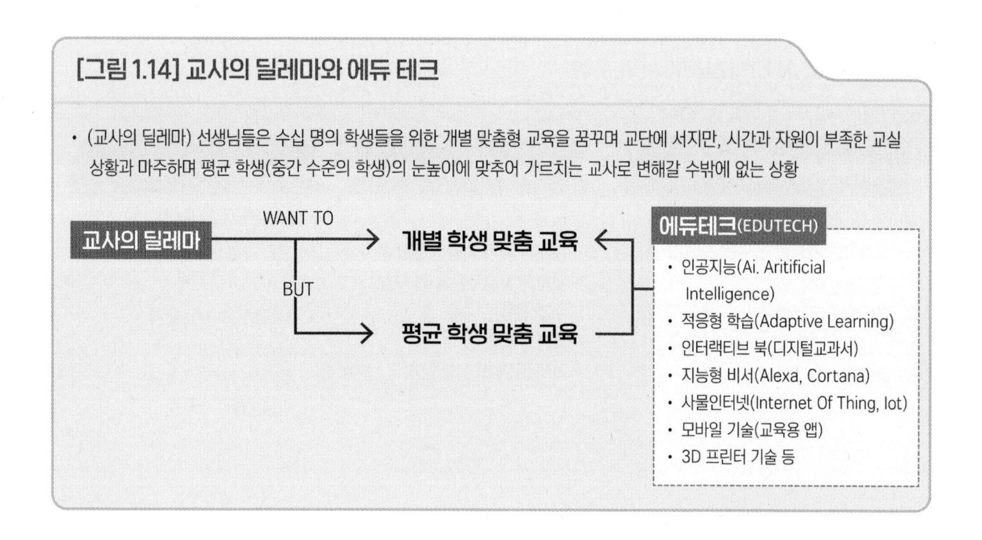

[그림 1.14] 교사의 딜레마와 에듀 테크

AI 디지털교과서는 학생 개인의 능력과 수준에 맞는 다양한 맞춤형 학습 기회를 지원할 수 있도록 인공지능을 포함한 지능정보기술을 활용하여 다양한 학습자료 및 학습지원 기능 등을 탑재한 소프트웨어를 말한다(교육부, 2023). 많은 교사들이 AI 디지털교과서가 기존 디지털교과서와 유사한 형태일 것이라고 상상을 하지만, 실제로 AI 디지털교과서는 완전히 다른 형태를 띤다. AI 디지털교과서는 기존의 디지털교과서가 갖는 이미지, 영상, AR, VR 등을 포함하는 풍부한 콘텐츠를 코로나 19 시기에 전국의 학교에서 사용했던 학습 관리 시스템(LMS)에 탑재하여 교사가 수업을 효과적으로 운영하고 학생의 학습을 관리하기 용이하게 돕고, 더 나아가 AI 튜터가 포함되어 학습자를 보다 정확하게 진단하고 즉각적인 피드백을 제공할 수 있도록 한다(최정원, 2024).

[그림 1.15] AI 디지털교과서의 구성

DIGITAL TEXTBOOK	LMS	AI
• 상호작용 가능한 풍부한 콘텐츠 • 실감형, AR, VR 등 • 눈에 보이지 않는 학습내용의 가시화 • 복잡하고 위험한 주제의 시뮬레이션 • 휴대성	• 팬데믹 시기 사용한 플랫폼 • 교사의 자유로운 수업 구성 • 수업 콘텐츠 공유 • 학생의 학습 관리 • 과제 배포 및 취합 용이	• 학습자에게 AI 튜터 • 학습 과정 및 결과 성찰 • 맞춤형 교육 지원 • 교사에게 AI 보조교사 • 학습자 특성 분석 • 즉각적인 피드백 제공 • 과정중심평가 지원

지금까지 사용되어 온 디지털교과서는 다양한 멀티미디어 자료를 활용하여 학습자의 학습 흥미를 높이고 학습 역량을 향상시키는 것을 도와 왔으나 고정된 서책형을 온라인으로 그대로 옮겨놓은 형태에서 디지털 기반이라는 장점을 충분히 살리지 못했고 활용도가 낮다는 한계가 있었다(Choi, 2017). 따라서 AI 디지털교과서는 기존 서책형 교과서, 디지털교과서와도 차별성을 가지면서 학생의 학습 속도를 고려한 맞춤형 교육을 실시할 수 있도록 구성할 계획이다(교육부, 2023).

AI 디지털교과서는 학생의 관점에서 설계된다는 점이 특징이다. AI를 활용하여 학생의 학습을 진단하고 분석하는 것을 돕게 되고, 학생 개인별 학습 수준과 속도를 반영한 맞춤형 학습이 가능하도록 지원하게 된다.

AI 디지털교과서가 갖추어야 할 핵심 서비스(안)는 다음과 같다(교육부 2023).

학생

• 학습 진단 및 분석

- 학생별 최적의 학습경로 및 콘텐츠 추천
- 맞춤형 학습지원(AI 튜터)

교사

- 수업설계와 맞춤 처방 지원(AI 보조교사)
- 콘텐츠 재구성·추가
- 학생 학습이력 등 데이터 기반 학습 관리

공통(학생·교사·학부모)

- 대시보드를 통한 학생의 학습데이터 분석 제공
- 교육 주체(교사, 학생, 학부모) 간 소통 지원
- 통합 로그인
- 쉽고 편리한 UI/UX 구성 및 접근성 보장(보편적 학습 설계: UDL, 다국어 지원 등)

교육부(2023)에서 발표한 'AI 디지털교과서 추진방안'에 따르면 추진 방향은 다음과 같다. 학생 특성 데이터를 바탕으로 학생 맞춤 학습 경험을 제공하면 학생들은 흥미를 가지고 몰입하는 학습을 경험하고, 이 과정에는 첨단 기술을 활용하여 보다 효과적인 학습 콘텐츠를 활용하게 된다.

[그림 1.16] AI 디지털교과서 비전 체계도

VISION 비전: **모두를 위한 맞춤 교육** EDUCATION FOR ALL

SLOGAN 슬로건: **교육을 새로고침, 나답게 배운다**
REFRESHING EDUCATION

Direction 추진 방향

Artificial	**Adaptive Learning**(맞춤 학습) 학습자의 특성(수준, 속도 등)을 고려한 맞춤 학습경험 제공
Intelligence	**Interesting & Immersion**(흥미와 몰입) 학습자가 학습에 흥미를 가지고 몰입할 수 있는 학습경험 제공
Digital	**Diversity & Data-Driven**(다양성과 데이터 기반) 다양한 학습자를 고려하며 데이터에 기반한 학습경험 제공
Textboook	**High Technology**(첨단기술 적용) 생성형 AI, VR, MR, 메타버스 등 첨단 기술을 접목한 학습경험 제공

HIGH TOUCH HIGH TECH 추진내용

HIGH TOUCH
HIGH TECH

학생
자기이해

- 자기주도학습
- 협력학습
- 사회 정서 학습
- 코칭

- 유대감
- 마음 건강
- 진로 소통

AI튜터
(맞춤 학습)
데이터
축적

AI 디지털교과서
(학습분석)

교사
학생 이해
수업설계
AI 보조교사

학부모
자녀 이해
학습정보
자녀 학습 코칭

정서-학습-진로 소통, 교육 신뢰

출처: 교육부, 2023.

이 때 학생은 AI 튜터로부터 맞춤형 학습 콘텐츠로 배우고, 교사는 데이터를 기반으로 수업을 설계하고 AI 보조교사를 활용함으로써 학생 한 명 한 명 모두를 돌보면서 개별 피드백을 제공할 수 있게 된다. 학부모는 자녀의 활동 정보를 토대로 자녀를 보다 깊이 이해할 수 있어 정서적인 지지를 하거나 진로를 설계하는 데 도움을 제공할 수 있다.

[그림 1.17] AI 디지털교과서 도입에 따른 기대 효과

교사	학생	학부모
• 학습별 학습경로와 지식수준 이해 • 데이터 기반 참여형 수업 설계 • *토론, 협력, 프로젝트 학습 • AI보조교사의 활동분석을 참고하여 평가 • 학생별 성취에 맞는 개별학습 제공 • 데이터 기반 학생 성장 기록	• 학습 이해도에 맞는 학습 • 자아존중감 향상 • 내재적 학습 동기 향상 • 더 많은 학생이 학습 '성공 경험' • 가정과 학교에서 이해받는 '나'로 소속감 향상	• 아이가 학습에서 겪는 어려움과 강점, 약점 파악 • 아이에 대한 깊이 있는 이해 • 내 아이에 맞는 정서적 지지, 격려 • 진로 탐색, 설계에 아이 활동 정보 참고

출처: 교육부, 2023.

AI 디지털교과서의 개발은 2022 개정 교육과정에 따라 2025년부터 수학, 영어, 정보, 국어(특수교육)를 우선 도입하고, 국어, 사회, 과학, 기술·가정 등의 과목으로 2028년까지 단계적으로 적용된다. 중등의 경우는 국정으로 개발하게 된다. 학생들은 맞춤 교육이 가능하도록 학습분석 결과에 따라 보충 학습이나 심화 학습을 할 수 있고, 흥미와 학습 동기를 부여하는 것 뿐 아니라 자기주도적인 학습을 할 수 있는 형태로 구성된다. 교사는 수업 설계를 바탕으로 필요한 학습 콘텐츠를 추가하거나 재구성할 수 있고, 학생들의 학습 상황이나 감정 모니터링과 같은 학습 관리 기능도 활용함으로써 학습 효과, 학생 학습 진단 및 처방을 보다 효과적으로 할 수 있다.

[표 1.6] AI 디지털교과서 개발 교과목 및 적용 일정

<table>
<tr><th>적용 연도
학교급</th><th>구분</th><th>2025년</th><th>2026년</th><th>2027년</th><th>2028년</th></tr>
<tr><td rowspan="3">초등학교</td><td>특수교육
기본교육과정</td><td>국어</td><td>국어, 수학</td><td>수학</td><td>-</td></tr>
<tr><td rowspan="2">공통교육과정</td><td>수학, 영어, 정보</td><td>수학, 영어, 정보</td><td>-</td><td>-</td></tr>
<tr><td>-</td><td>국어, 사회, 과학</td><td>국어, 사회, 과학</td><td>-</td></tr>
<tr><td rowspan="4">중학교</td><td>특수교육
기본교육과정</td><td></td><td></td><td>생활영어</td><td>정보통신활용</td></tr>
<tr><td rowspan="3">공통교육과정</td><td>수학, 영어, 정보</td><td>수학, 영어, 정보</td><td>수학, 영어, 정보</td><td>-</td></tr>
<tr><td>-</td><td>국어, 과학</td><td>국어, 과학</td><td>국어, 과학</td></tr>
<tr><td></td><td>기술·가정</td><td>사회, 역사</td><td>-</td></tr>
<tr><td rowspan="2">고등학교</td><td>특수교육
기본교육과정</td><td></td><td>-</td><td>생활영어</td><td>정보통신활용</td></tr>
<tr><td>공통교육과정</td><td>공통수학,
공통영어,
정보</td><td></td><td></td><td>공통국어,
통합사회,
한국사,
통합과학</td></tr>
</table>

출처: 교육부, 2023.

2022 개정 교육과정에 근거하여 학습 결과를 분석하고 느린 학습자와 빠른 학습자를 쉽게 구분하게 됨으로써 느린 학습자에게는 기본 개념 중심의 학습 콘텐츠를 추천하고 필요하면 학습 결손을 해소할 수 있는 학습 자료를 제공하는 역할도 AI 디지털교과서의 일부 기능으로 제공될 것이다. 또한 빠른 학습자의 경우 토론이나 논술 등과 같은 심화된 형태의 학습 콘텐츠가 제공된다.

AI 디지털교과서는 학생들이 학습을 하면서 생성되는 학습데이터를 학습데이터 허브에 수집하여 효과적으로 분석함으로써 학습을 진단하고 처방할 수 있도록 돕는 데 활용된다. 그리고 학생의 생애주기 전반에 걸쳐 생성된 이러한 학습 데이터는 국가 학업성취도 등 다양한 평가 결과와 연계하여 분석하는데 활용되고 분석된 결과를 국가 교육의 방향과 목표를 설정하는데 활용될 수 있다(교육부 & KERIS, 2023).

[그림 1.18] 학습 분석 결과에 따른 처방 흐름도

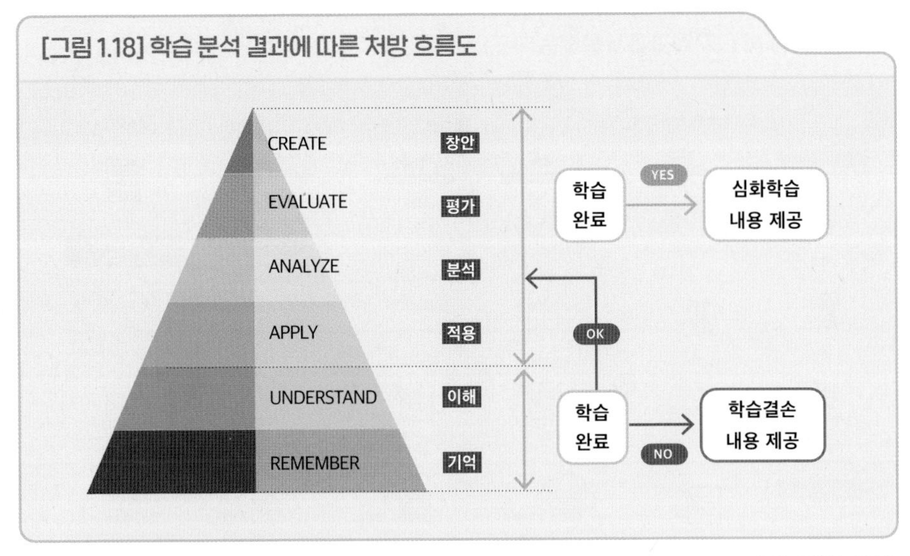

출처: 교육부, 2023.

AI 디지털교과서는 학생들이 학습을 하면서 생성되는 학습 데이터를 학습데이터 허브에 수집하여 효과적으로 분석함으로써 학습을 진단하고 처방할 수 있도록 돕는데 활용된다. 그리고 학생의 생애주기 전반에 걸쳐 생성된 이러한 학습데이터는 국가 학업성취도 등 다양한 평가 결과와 연계하여 분석하는데 활용되고 분석된 결과를 국가 교육의 방향과 목표를 설정하는데 활용될 수 있다(교육부 & KERIS, 2023).

AI 디지털교과서 선정에 대한 단위 학교의 선정권을 보장하기 위하여 양질의 디지털교과서를 비교·선정할 수 있도록 교과서 선정 형태를 '꾸러미형'과 '독립형'으로 구분하였다. 꾸러미형은 서책형 교과서를 선택하면 동일한 발행사의 디지털교과서가 자동으로 배정되는 방식이며, 독립형은 서책형 교과서와 디지털교과서를 각각 독립적으로 선정하는 방식이다.

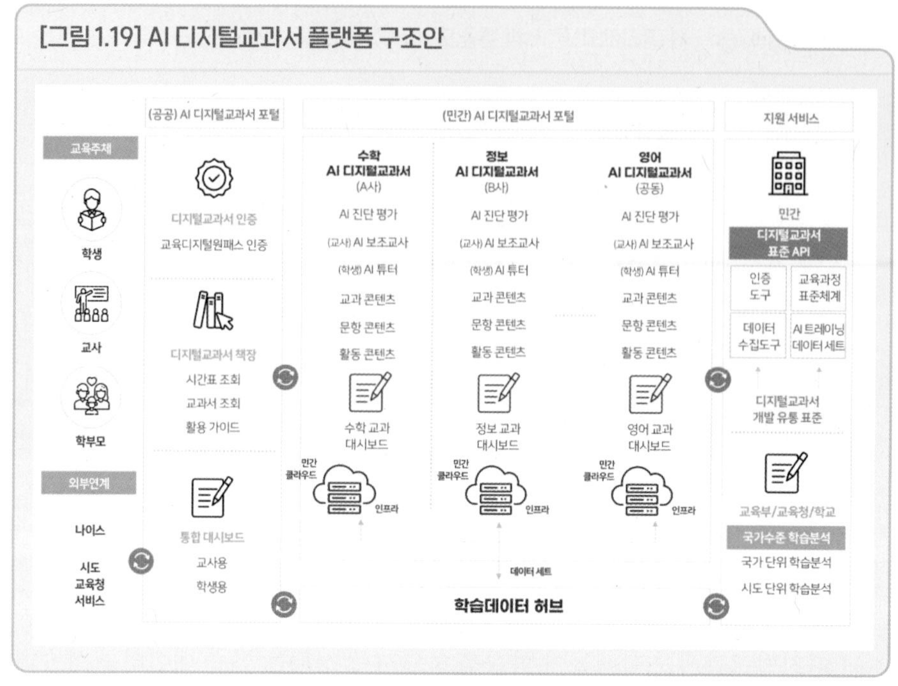

[그림 1.19] AI 디지털교과서 플랫폼 구조안

출처: 교육부 & KERIS, 2023.

AI 디지털교과서를 도입하기 위해서는 학생과 교사의 디지털 소양이 반드시 기반이 되어야 하므로 이를 보완하기 위하여 학생들이 디지털 기기 사용법이나 디지털 소양을 충분히 갖출 수 있도록 초등 정보교과서(초등 정보 3·4학년군, 5·6학년군)를 AI 디지털교과서 전용교과서로 개발을 추진한다.

AI를 기반으로 학생에게 맞춤형 학습을 지원하는 흐름은 다음과 같다. AI 기술을 통해 학생의 학습을 진단하고 그 내용은 대시보드를 통해 학습 상황을 종합적으로 확인하게 된다. 또한 학습 진단 결과에 따라 맞춤형 학습 콘텐츠를 추천한다. 교사는 학생들의 학습 결과를 살펴보고 수업을 재구성하고 AI 보조교사를 활용하여 학생 개별 맞춤형 학습을 처방한다. 학생들은 AI 튜터와 함께 학습을 진행한다. 그리고 이러한 과정은 반복적으로 순환한다.

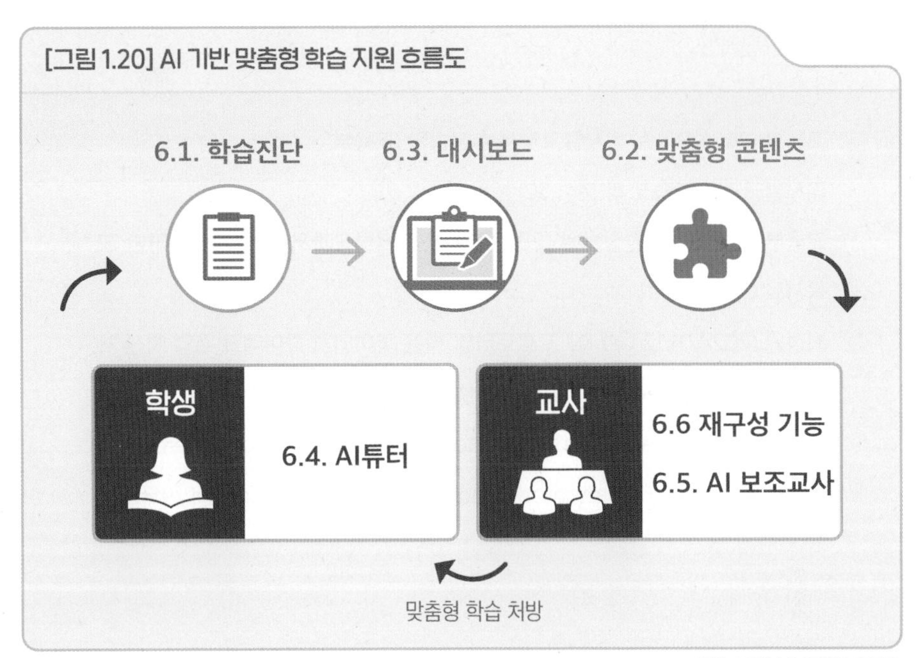

출처: 교육부 & KERIS, 2023.

참고문헌

- 교육부 (2023.11.). AI 디지털교과서 추진방안. 교육부.
- 디지털교과서 학습 효과 분석 SCI 논문.
- 교육부, 한국교육학술정보원 (2023.11.) AI 디지털교과서 개발 가이드라인 교육자료 GM 2023-11.
- 최정원 (2024.01.12.). AI DT 프로토타입 활용 하이터치 하이테크 수업 혁신 사례. 제3차 디지털교육 포럼. 한국교육개발원.
- Choi, J. (2017). The effect of digital textbook on academic achievement in Korea. Journal of Theoretical and Applied Information Technology, 95(18).

CHAPTER 4

PART 01

AI 디지털교과서 활용 교수학습 모델

전병제

AI 기술의 발전과 더불어서 21세기 교육은 급격한 변화의 시대를 겪고 있다. 곧 다가올 AI 디지털교과서의 도입은 기존의 교수학습 방식을 완전히 새로운 차원으로 끌어올리는 혁신적인 도구로 자리매김 할 것으로 예측하고 있다. 특히 개인 맞춤형 학습, 실시간 피드백, 다양한 학습 콘텐츠 제공 등을 가능하게 함으로 학습 효과를 극대화하고 학생들의 참여를 높이는 학습 도구가 될 것이다. 하지만 AI 디지털교과서의 이런 장점들을 극대화하기 위해서는 단순히 기술적인 도구를 제공하는 것만으로 충분하지 않다. AI 디지털교과서의 도입 목적과 활용 방안이 명확할 때 우리는 학습의 효과를 극대화할 수 있다. 이러한 혁신적인 도구를 효과적으로 활용하기 위해서는 교수의 역할과 전문성이 더욱 강조되어 진다. 그렇기 때문에 교사가 교수 학습 모델의 개념을 이해하는 것이 중요하다.

교수학습 모델은 교사가 AI 디지털교과서를 효과적으로 활용하여 학습 목표를 달성할 수 있도록 돕는 체계적인 틀을 제공한다. 적절한 교수학습 모델을 선택하고 활용함으로써 교사는 학생들의 개별적인 특성과 수준에 맞춘 맞춤형 학습 경험을 제공하고, 학습 과정을 지속적으로 평가하며 개선할 수 있다. 또한 더 나아가 학생들의 능동적인 참여와 협력을 유도할 수 있다.

다양한 교수학습과 전략을 토대로 교육의 목표를 효과적으로 달성하며 교육의 질을 향상시키고 학습자의 경험을 최적화하기 위해서는 체계적이고 고도화된 교수학습 모델의 적용이 필수적이다. 다양한 교수학습 이론 중 AI 디지털교과서 활용에 있어 중요한 두 가지 교수학습 모델인 테크놀로지 교수내용지식(TPACK: Technological Pedagogical and Content Knowledge) 프레임워크와 하이터치-하이테크 모델을 이해하고 심층적으로 탐구함으로, AI 디지털교과서 활용을 위한 견고한 토대가 되면 좋겠다.

TPACK 프레임워크는 교사가 테크놀로지, 교육과정 내용, 그리고 교수법의 통합적 이해를 바탕으로 효과적인 교수학습을 설계할 수 있도록 돕는다. 교사는 자신의 기술 역량, 교과 내용 지식, 그리고 교수법을 균형 있게 발전시켜야 함을 의미한다.

하이터치-하이테크 교수학습 모델은 기술과 인간 상호작용의 중요성을 강조한다. 이 모델은 기술이 단순한 도구 이상의 역할을 하고 교사와 학생은 기술의 적절한 기능으로 상호작용을 통해 새로운 학습 경험을 창출할 수 있다. 교사는 학생의 개개인의 요구와 특성을 파악하고 이를 바탕으로 AI 디지털교과서의 기능을 적절하게 활용할 수 있다.

1 TPACK 프레임워크

TPACK 프레임워크는 교사의 전문 지식 모형으로 효과적인 교수 학습을 위해 기술(Technology), 교육학(Pedagogy), 내용 지식(Content Knowledge)을 통합하는 것을 의미한다.

교육공학 및 학습 과학 관점에서 TPACK 프레임워크는 '왜 교사들이 테크놀로지를 자신의 교수방법에 통합하거나 하지 못하는가?'에 관한 현상 및 그 이유를 설명하는 이론적, 분석적 렌즈로 사용되고 있다.

TPACK 프레임워크는 교사 교육 분야에서 '무엇을 가르칠 것인가'에 관한 내용지식(Content Knowledge)과 '어떻게 가르칠 것인가'에 관한 교수지식(Pedagogical Knowledge)의 분리의 위험성을 인지하고 이를 통합한 교수내용지식(PCK: Pedagogical Content Knowledge)의 중요성을 강조한 Shulman(1986)의 주장에 근거한다. TPACK 프레임워크를 이해하기 위해서는 교수내용지식(PCK: Pedagogical Content Knowledge)에 대해 먼저 살펴볼 필요가 있다.

❶ 교수내용지식(PCK: Pedagogical Content Knowledge)

PCK 프레임워크는 Shulman(1986, 1987)이 1980년대 미국 교육의 문제점을 지적하고 교사의 역할을 강조하며 교사에게 필요한 지식기반(Knowledge Base)을 제시하며 처음 소개되었다. Shulman은 교사의 지식기반을 내용지식, 일반적 교수지식, 교과과정지식, 교수내용지식, 학습자와 학습자 특성에 대한 지식, 교육 맥락에 대한 지식, 교육의 결과, 목적, 가치와 철학적, 역사적 근거에 대한 지식으로 일곱 가지로 나누어서 설명하였다. PCK 프레임워크는 이 일곱 가지 지식 유형 중 하나로 교과내용지식(CK)과 교수지식(PK)을 통합한 개념이다. 이는 특정 교과 내용을 학습자들이 쉽게 이해할 수 있도록 가르치는 방법에 대한 교사의 지식이라고 정의할 수 있다.

PCK 프레임워크는 특정 학습자들이 특정 내용을 이해하고 습득하도록 돕는데 필요한 교사의 지식을 의미하고 맥락지식과 교수변환(Chevallard, 1985)을 핵심 요소로 한다. 맥락지식은 학생이 교과의 내용에 대해 지니고 있는 선개념(기능), 오개념, 난개념을 파악하는 지식이고 교수변환은 학생이 해당 내용에 대해 지니고 있는 선개념, 오개념, 난개념을 학생의 눈높이에 맞게 변환하여 가르치는 지식이다. 맥락지식과 교수변환을 따르면 똑똑하지만 못 가르치는 교수 부진아와 열심히 가르치지만 핵생의 배움과 관계없이 가르치는 교수 부진아가 존재한다. 그러나 잘 가르치는 교사의 교수법을 중시하는 PCK 프레임워크 수업 설계는 교사 주도의 수업으로 진행될 가능성이 높다. 아울러 교사의 가르침이 항상 학생의 배움으로 이어지지 않는 것에 대한 한계를 지니기도 한다.

교과 내용 지식은 교과의 기본 개념이나 원리를 조직하는 여러 가지 방법에 관한 지식(실체론적 지식)과 참이나 거짓, 타당성이나 비타당성을 결정하는 방법에 대한 지식(구문론적 지식)이다. 교육과정 지식(Curriculum Knowledge)은 특정 수준의 특정 교과와 주제를 가르치기 위해 개발한 다양한 유형의 프로그램, 교수·학습 자료 등이다. PCK 프레임워크는 교과 내용을 가르치는 방법에 대한 지식으로 교과 내용 지식과 교수법 지식의 특별한 결합체이다.

PCK 프레임워크는 '교사의 교육 내용은 무엇이고, 교육 내용을 학생들에게 어떤 방식으로 표현할 것이며, 교육 내용과 관련하여 학생들에게 어떤 질문을 해야 하고, 학생들이 지닌 오개념이나 난개념에 대해 어떻게 대처할 것인가?'의 문제가 교사 교육 연구의 핵심 과제로 떠올랐다.

[그림 1.21] PCK 프레임워크의 위계

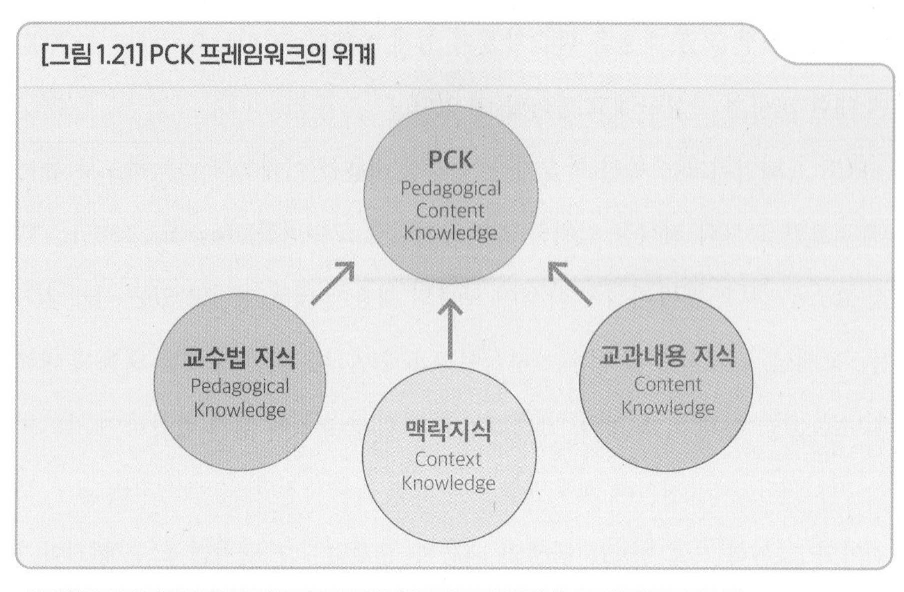

[그림 1.22] PCK 프레임워크의 펜타곤

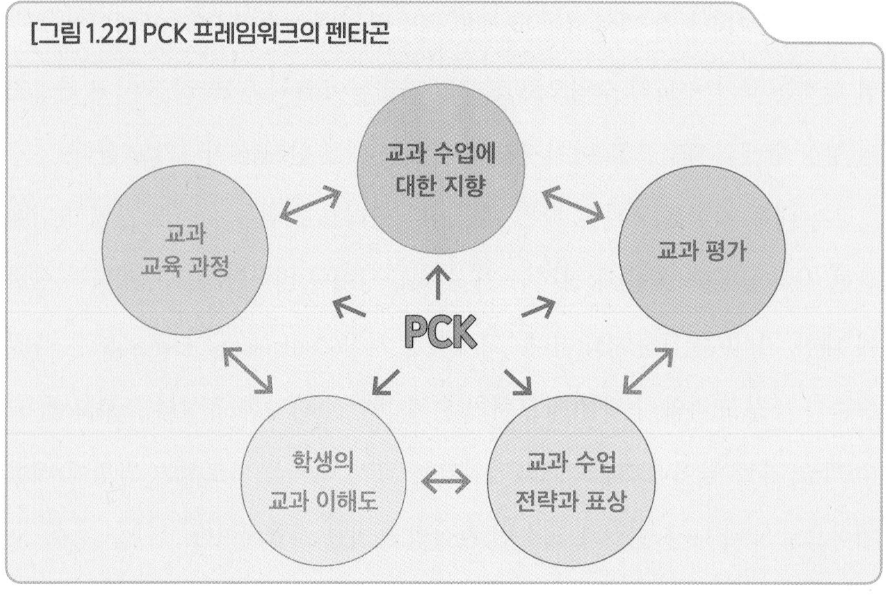

PCK 프레임워크 펜타곤 모형은 PCK 프레임워크의 핵심 요소인 내용 지식(CK), 교수 지식(PK), 테크놀로지 지식(TK), 학습자 지식(LK), 맥락 지식(CK)을 오각형 모양으로 표현한 모형이다. PCK 프레임워크의 핵심 요소를 수업 현장에서의 용어로 교과 수업에 대한 지향, 교과 교육과정, 학생의 교과 이해도, 교과

수업 전략과 표상, 교과 평가로 보기도 한다. 각 요소는 서로 밀접하게 연결되어 있으며, 효과적인 교수를 위해서는 모든 요소를 고려해야 한다.

교과 내용 지식(CK): 특정 교과 영역에 대한 전문적인 지식과 이해를 의미하고 교사는 해당 교과 내용의 핵심 개념, 원리, 구조를 명확하게 이해하고 있어야 하며 이를 학생들에게 효과적으로 전달해야 한다.

교수 지식(PK): 학습자의 특성, 학습 이론, 교수 방법 등 다양한 교수 전략에 대한 지식을 의미하고 교사는 학생들의 개별적인 요구와 수준에 맞는 맞춤형 학습 경험을 제공할 수 있도록 다양한 교수 전략을 활용해야 한다.

테크놀로지 지식(TK): 컴퓨터, 인터넷, 소프트웨어 등 다양한 테크놀로지 도구와 관련된 지식을 의미하고 교사는 다양한 테크놀로지 도구를 활용하고 관리할 수 있는 능력이 필요하다.

학습자 지식(LK): 학생들의 학습 스타일, 선호도, 배경, 문화적 특성 등에 대한 이해를 의미하며 교사는 학생들의 개별적인 특성을 고려하여 맞춤형 학습 경험을 제공하고 효과적인 학습 환경을 조성해야 한다.

맥락 지식(CK): 학교, 지역, 사회, 문화 등 교수가 이루어지는 맥락에 대한 이해를 의미하며 교사는 맥락 지식을 바탕으로 학습 내용을 현실 세계와 연결하고 학생들이 학습 내용을 자신의 삶과 관련지어 이해하도록 도와야 한다.

❷ 테크놀로지 교수내용지식(TPACK)

교육현장에서 테크놀로지의 활용에 대한 관심과 필요성이 증가하면서 교사의 테크놀로지 활용을 위해 필요한 지식인 TPACK 프레임워크가 등장하였다.

그런데 테크놀로지가 교육을 목적으로 만들어진 것이 아니다 보니 교육에 도입하기 위해서는 교사의 역량이 중요한 요소로 떠오르게 되면서 교수지식, 내용지식과 더불어 통합해야 할 지식으로 강조되었다.

TPACK 프레임워크는 내용지식(Content Knowledge), 교수지식(Pedagogical Knowledge), 테크놀로지 지식(Technological Knowledge)의 세 지식이 서로 상호작용을 한다고 보고 있다. 여기서 테크놀로지 지식(TK: Technological Knowledge)은 다양한 테크놀로지와 도구를 사용하고 활용할 수 있는 능력을 의미하고 교육학 지식(PK: Pedagogical Knowledge)은 효과적인 교수-학습 방법에 대한 이해를 의미하며 내용 지식(CK: Content Knowledge)은 가르치는 교과 내용에 대한 깊이 있는 이해를 의미한다.

이 세 가지 지식 영역이 서로 교차하면서 추가적인 지식 영역들이 형성된다. 특정 테크놀로지를 활용하여 효과적인 교수-학습을 할 수 있는 능력인 테크놀로지 교육학 지식(TPK: Technological Pedagogical Knowledge), 특정 테크놀로지를 활용하여 교과 내용을 효과적으로 전달할 수 있는 능력인 테크놀로지 내용 지식(TCK: Technological Content Knowledge), 특정 교과 내용을 효과적으로 가르칠 수 있는 교육학적 지식인 교육학 내용 지식(PCK: Pedagogical Content Knowledge)이다. 테크놀로지 교수지식(TPK)은 교과 내용과는 무관하며, 교수 방법에 적절한 테크놀로지를 선정하여 활용할 수 있는 지식이다. 또한 테크놀로지 내용지식(TCK)은 특정 교과 내용을 가르치는 데 효과적으로 활용될 수 있는 테크놀로지를 선별할 수 있는 지식을 의미한다. 이러한 지식 요소들이 모두 통합된 형태의 지식이 바로 TPACK 프레임워크이다. 이는 단순히 종합한 혼합물 같은 것이 아니라 통합한 화합물 같은 것이라고 생각해야 한다.

[그림 1.23] TPACK의 구성 요소

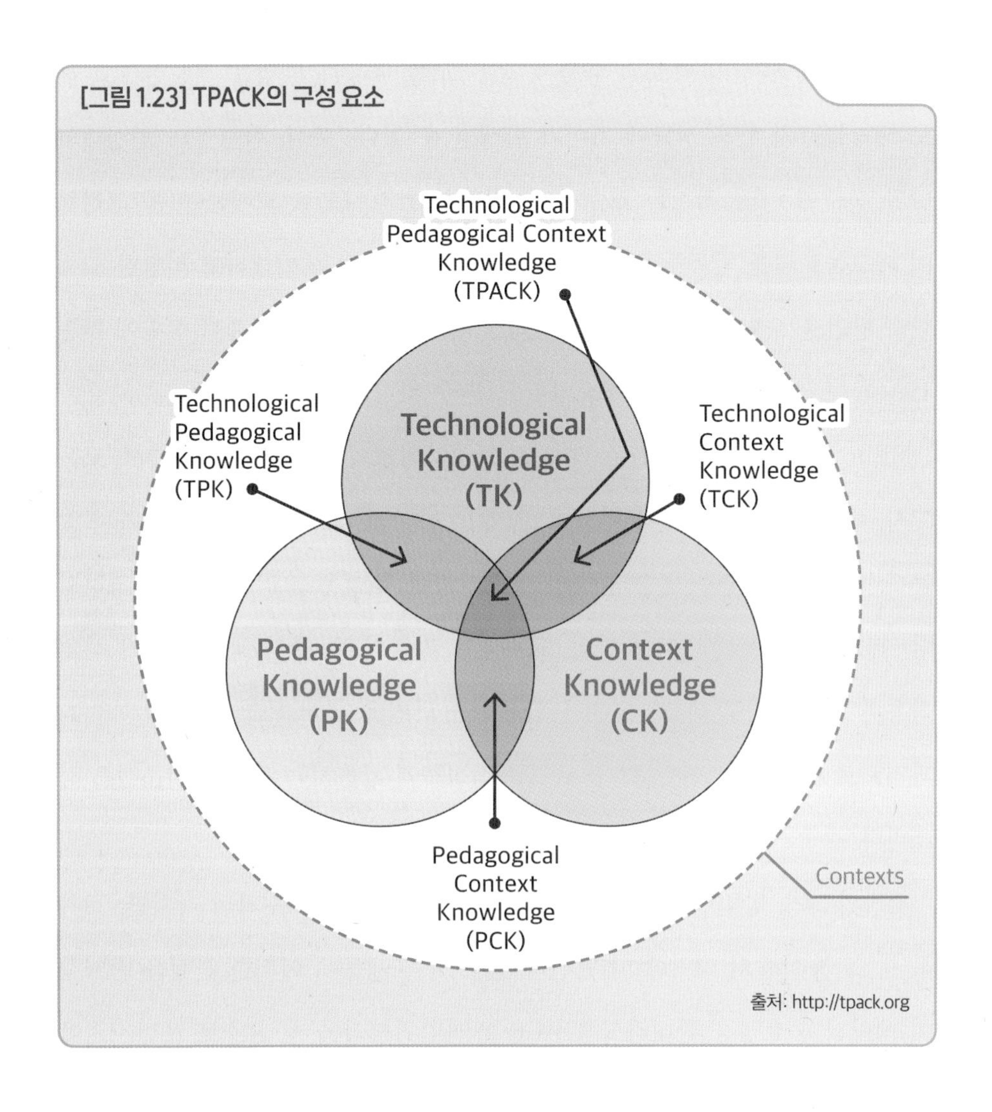

출처: http://tpack.org

TPACK 프레임워크는 교사가 특정 교과 내용을 효과적으로 가르치기 위해 적절한 교수 방법과 테크놀로지를 선택하고 활용할 수 있는 능력을 의미한다. 이 교수학습 모델에서 맥락이란 교육 현장의 여러 요인으로 교사와 학생의 특성, 학교 및 지역사회의 문화, 인프라 여건 등을 의미하며 이런 맥락적 요인들은 교육 목표, 교수-학습 방법, 테크놀로지 도입 및 적용 방식 등에 영향을 미치는 교사 외적인 요인이다. 예를 들어, 농촌 지역과 도시 지역 학교의 테크놀로지 인프라 환경이 다르기 때문에 같은 교육 내용과 방법을 적용한다고 해도 테크놀로지 활용 정도에 차이가 발생할 수 있다. 또한, 학생들의 연령대와 발달 수준에 따라 적정한 교수-학습 전략이 달라지므로 교사는 이를 고려하여 테크놀로지를 접목시켜야 한다. 맥락은 교육 현장을 이해하고 적합한 교수 학습 방안을 수립하는 데 있어 핵심적인 요소이기 때문에 구체적 상황에 맞춘 TPACK 프레임워크 적용이 중요하다고 볼 수 있다.

Mishra와 Koehler(2006)은 TPACK 프레임워크의 개념을 제시하면서 '모든 교사, 수업, 교수적 관점에 적용될 수 있는 하나의 테크놀로지는 존재하지 않는다.'며 다양한 교수-학습 환경의 상황맥락적 특성을 고려할 것을 강조하였다. 테크놀로지 지식, 교수 지식, 교과내용 지식의 세 가지 핵심 요소가 상호작용하면서 단순히 테크놀로지를 활용하는 방법을 넘어 특정 교과 내용을 효과적으로 가르치기 위해 테크놀로지를 적절하게 활용하는 교사의 전문성을 강조한다.

최적의 교수 방법이나 테크놀로지는 학습자의 특성, 교수자의 가치관, 교과목 등 교수-학습의 맥락에 따라 달라질 수 있기 때문에 이러한 관점을 반영하여 맥락의 중요성을 확대하고 TPACK 프레임워크의 구성 요소로 포함시켜야 한다는 주장도 제기되고 있다.

지금까지의 PCK 프레임워크로부터 TPACK 프레임워크로 발달하기까지의 설명을 그래프로 나타내면 [그림 1.24]와 같다.

[그림 1.24] TPACK 개념 발달의 역사

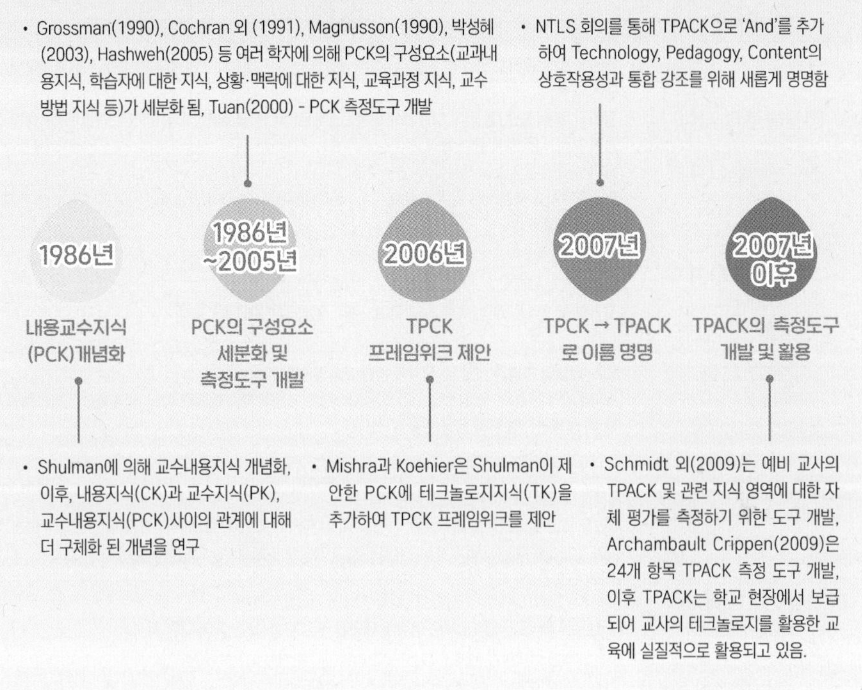

TPACK 프레임워크는 21세기 교육 환경에서 교사의 전문성을 평가하고 향상시키는 데 중요한 도구이다. AI 디지털교과서와 같은 새로운 에듀에크 도구가 등장함에 따라 교사들에게 TPACK 프레임워크 기반의 전문성 개발이 더욱 중요해지고 있다. TPACK 프레임워크가 학생들에게 효과적인 학습 경험을 제공하고, 학습 효과를 극대화하는 데 도움이 된다. 교사들이 TPACK 프레임워크를 효과적으로 활용할 때, 학생들은 개인 맞춤형 학습 경험을 제공받고, 다양한 학습 활동에 참여하며, 더 깊은 이해를 얻을 수 있다.

[표 1.7] TPACK 교수학습 모델 구성 요소 및 개념과 특징

구성요소	개념 및 특징
테크놀로지 지식 (Technology Knowledge: TK)	• 테크놀로지 도구(tools)와 자원(resources)을 가지고 사고하고 활용(작업)하는 특정한 방법에 대한 지식 • 물리적 매체(칠판, 컴퓨터, 실물화상기 등). 소프트웨어(한글, 워드, 파워포인트, 엑셀 등)에 대한 이론적 지식, 사용법에 관한 지식 • IT의 변화에 끊임없이 적응할 수 있는 지식 • 테크놀로지를 활용하여 일을 수행하거나, 테크놀로지로 교수자나 학습자의 사고를 확장시킬 수 있는 능력까지 포함
교과내용 지식 (Content Knowledge: CK)	• 학생들에게 학습되고 가르쳐야 할 교과내용에 관한 교사의 지식 • 교과의 핵심내용(개념, 이론, 아이디어, 원리, 증명, 절차)에 대한 지식
교육학 지식 (Pedagogical Knowledge: PK)	• 교수·학습의 방법과 실행 및 절차에 관한 교사의 깊은 지식 • 교육의 목적과 가치, 목표 등을 포함하는 지식으로 학생의 학습 방법과 학급 경영 기술, 교수·학습계획, 학생 평가전략 지식 등을 포함
교과교육학 지식 (Pedagogical Content Knowledge: PCK)	• 교과내용 지식(CK)과 교육학 지식(PK)의 교집합적 개념 • 특정한 내용을 가르치는데 적절한 교수지식 • 수업을 위해 교과내용을 재구성할 수 있는 지식으로, 학생의 사전지식과 가르쳐야 할 내용에 따라 교사가 교과내용을 해석하여 교수자료를 만들고 적용하고 제시하는 다양한 방법에 대한 지식
테크놀로지 내용지식 (Technological Content Knowledge: TCK)	• 교과내용 지식(CK)과 테크놀로지 지식(TK)의 교집합적 개념 • 테크놀로지와 교과내용이 서로 어떻게 영향을 주고 변화시키는지에 대한 지식 • 교과 내용을 전달하기 위해 가장 적합한 특정 테크놀로지를 활용할 수 있는 지식
테크놀로지 교육학 지식 (Technological Pedagogical Knowledge: TPK)	• 교육학 지식(PK)과 테크놀로지 지식(TK)의 교집합적 개념 • 테크놀로지가 특정한 방식으로 사용될 때 교수·학습이 어떻게 변화되는지에 대한 지식 • 특정 내용 학습 시, 가장 효과적인 테크놀로지를 선택하고 교수학적 전략에 테크놀로지를 활용 할 수 있는 지식 • 교수·학습의 과정이나 설계, 평가 시에 다양한 테크놀로지를 활용할 수 있는 지식
테크놀로지 교과교육학 지식 (TPACK)	• 교과교육학 지식(PCK), 테크놀로지 교육학 지식(TPK), 테크놀로지 교과내용지식(TCK)이라는 3가지 개념의 통합적 지식 • 교과 내용을 가르치기 위해 구성주의적인 방법으로 테크놀로지를 사용하는 교수법적 테크닉 • 테크놀로지에 대한 개념과 활용 방법 등을 이해하여 학습 내용을 숙지하고, 이를 활용하여 교수·학습에서 학습자에게 전달하는 교수방법과 전략 등을 포함한 총체적인 전문 지식

교사의 관점에서 TPACK 프레임워크는 인식, 수용, 적용, 탐색, 발전이라는 5단계를 거쳐 발달된다.

[그림 1.25] TPACK 발달 단계

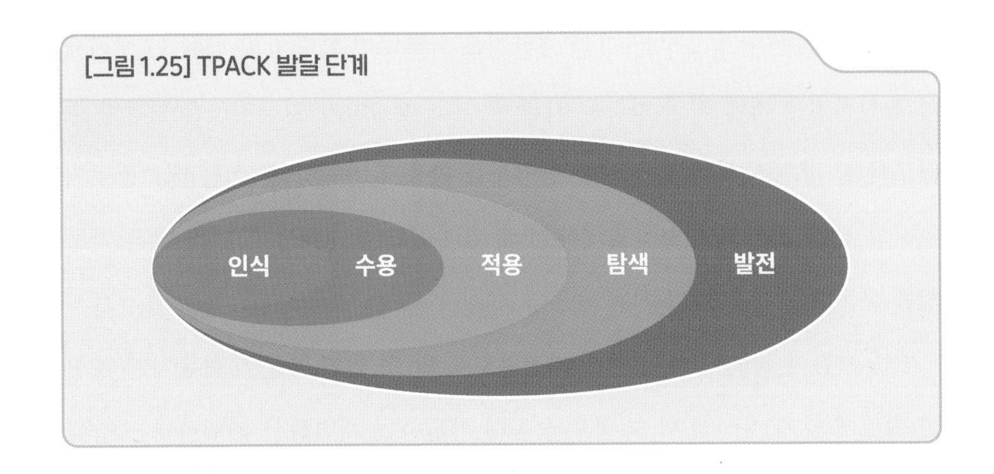

인식단계의 교사는 테크놀로지를 사용하여 수업을 진행할 수 있다는 것을 인식하게 되지만 테크놀로지를 도입하지 못한다. 수용 단계의 교사는 테크놀로지를 수업에 통합하는 것에 대해 긍정, 부정적인 태도를 형성한다. 적용 단계 교사는 테크놀로지를 수업에 채택하거나 거부한다. 탐색 단계의 교사는 능동적으로 알맞은 테크놀로지를 교수학습에 도입하여 수업을 진행한다. 마지막으로 발전 단계의 교사는 테크놀로지를 수업에서 자유롭게 통합하고 해당 내용을 이해하며 결과를 평가한다.

❸ AI-TPACK 프레임워크

테크놀로지의 발전이 교육에 영향을 미치면서 교사들이 다양한 ICT 도구들을 활용하게 되었고 기존의 교육보다 효과적인 학습을 촉진시킬 수 있다는 점에서 ICT 도구를 테크놀로지 지식으로 보는 TPACK 프레임워크가 점차 확대되고 있다. ICT 도구는 그 도구가 가진 기능 내에서 주로 학습자의 결과물을 공유하거나 학습 내용을 시각적으로 보기 좋게 표현하는 등 학습을 보조하는 수준으로 활용된다는 한계가 존재한다.

AI(인공지능)는 ICT 도구가 가진 제한점을 극복하여 학습자의 깊이 있는 이해를 촉진시키는 데에 직접 영향을 미칠 수 있고 학습자가 인공지능을 활용할 수 있도록 할 경우 문제 해결 역량을 함양하는 활동도 가능하다. 이는 테크놀로지로서의 AI가 기존의 테크놀로지에 비해 효과적인 교수학습을 위해 많은 가능성을 갖는다는 것을 의미한다.

AI는 사람의 지능이 하던 일을 대신하도록 할 수 있기 때문에 학습자가 자신의 속도에 맞게 자신의 학습 경로를 통해 학습하는 개별화를 지원한다는 점에서 학습자의 사고를 확장하여 깊은 이해를 촉진할 수 있다. 학습자가 직접 AI를 통해 교과의 문제를 해결하는 활동에 참여하게 될 경우 문제의 원인을 밝히고 해결 방안을 탐색하여 인공지능이 해결하도록 하는 과정에서 교과 지식에 대한 깊은 이해뿐만 아니라 지식을 활용한 문제 해결 능력과 탐구 능력을 기르도록 한다는 점에서 학습 효과를 향상시킬 수 있다.

AI 기술의 발달로 인하여 교육 분야에도 TPACK 프레임워크에 AI 기술 영역을 추가하여 AI-TPACK 프레임워크에 관심을 갖고 있다. AI 기술은 교육 목표 달성, 학습 효과 향상, 개인 맞춤형 학습 경험 제공 등 다양한 측면에서 교육을 혁신할 가능성을 제시한다. 이에 따라 교사들 또한 역량을 발전시켜야 한다.

AI-TPACK 프레임워크는 단순히 AI 도구를 사용하는 방법을 넘어, AI 기술의 교육적 활용 가능성을 탐구하고, 윤리적 문제를 고려하여 효과적인 교수 설계 및 평가 방법을 개발하는 데 초점을 맞추고 있다. AI-TPACK 프레임워크는 기존 TPACK 프레임워크의 장점을 유지하면서 AI 기술 영역을 추가하여 확장성을 확보했다. 이를 통해 교사들은 다양한 AI 기술을 이해하고 활용할 수 있는 폭넓은 지식을 갖추게 된다. 또한 테크놀로지의 변화에 따라 모델을 유연하게 적용할 수 있도록 설계되었다. AI 기술은 빠르게 발전하고 있으며 새로운 테크놀로지가 등장하더라도 AI-TPACK 프레임워크는 이러한 변화에 적응하여 교사들에게 필요한 지식을 제공한다. AI 기술, 교육 내용, 교수학습 방법을 긴밀하게 연관시켜 AI를 단순 도구가 아닌 교육의 핵심 요소로 통합하고 AI 기술을 효과적으로 활용하여 학습 효과를 극대화하는 데 도움이 된다.

AI-TPACK 프레임워크에서는 AI 리터러시는 AI 기술에 대한 기본적인 이해와 평가 능력을 의미하며, 교수지식은 AI 기술을 활용한 효과적인 교수 방법을 개발하는 능력을 의미한다. 교사는 이 세 가지 역량을 종합적으로 개발할 필요가 있다. AI 기술을 활용하여 특정 교과를 효과적으로 가르칠 수 있는 능력인 교과 역량은 학교 교육 현장의 맥락을 고려한 맥락 중심적 접근법을 취하여 실제 적용 가능성이 높아야 하는 것을 의미한다. 이는 AI 기술을 실제 교육 환경에 적용하는 데 필요한 실질적인 지식과 경험을 제공해야 한다. AI 기술은 강력한 도구이지만 동시에 윤리적 문제와 편향성을 내포할 수 있기 때문에 AI의 윤리성, 편향성 등에 대한 비판적 사고 역량 개발을 강조해야 한다. 교사들은 이러한 문제를 인지하고 비판적으로 사고하여 AI 기술을 책임감 있게 활용할 수 있어야 하며 학생들에게 그렇게 가르쳐야 한다.

AI 디지털교과서를 효과적으로 활용하기 위해서는 교사들이 TPACK 프레임워크를 이해하고 AI-TPACK 프레임워크를 기반으로 역량을 강화해야 한다. AI 디지털교과서를 통해 교사들에게 다양한 교육 자료와 도구를 제공하고, 학생들에게 개인 맞춤형 학습 경험을 제공하며 교육 데이터 분석을 통해 학습 효과를 측정하고 개선하는 데 도움을 준다는 측면에서 교수 학습 역량을 신장시켜야 한다.

2 하이터치-하이테크 교수학습 모델

전통적인 수업의 한계를 극복하고 학생의 능동적 참여를 유도하는 학생 중심 수업은 20세기 후반 이후 교육 현장에서 중요한 주제로 떠오르고 있다. 단순히 칠판과 프로젝트만 사용하던 수업에서 다양한 에듀테크 도구의 사용이 늘어났고 학생들에게 지급된 디바이스를 활용하여 다양한 형태의 수업이 실시되고 있다. 이와 더불어 급격한 테크놀로지의 발전은 교육 환경에 혁신을 가져다주었고, 교사의 역할 또한 변화를 맞이하게 되었다. 바로 이러한 시대적 요구를 반영하여 등장한 하이터치-하이테크 교수학습 모델은 학생 중심 수업과 IT 기술의 장점을 결합한 효과적인 교육 방식으로 주목받고 있다. AI 디지털교과서 도입을 위해서는 AI 디지털교과서의 하이테크 기능과 교사의 하이터치 역할을 결합하여 혁신적인 교수학습 환경을 조성해야 할 필요가 있다.

[그림 1.26] 학생들에게 지급된 기기를 활용한 수업 현장

❶ 하이터치-하이테크 교수학습 모델

하이터치-하이테크 교수학습 모델은 전통적인 교육 방식과 현대적인 IT 기술 활용을 결합하여 효과적인 학습 환경을 조성하는 교육 모델로 AI 디지털교과

서, 태블릿PC, 스마트기기 등 첨단 정보통신 기술을 활용하는 하이테크(Hi-Tech)와 교사와 학생 간, 학생과 학생 간 상호작용을 통해 정의적 영역을 함양하는 하이터치(Hi-Touch)의 조화를 강조한다. 하이테크 기술은 학습 자료의 접근성을 높이고, 다양한 멀티미디어 콘텐츠를 통해 학생들의 학습 동기를 유발할 수 있다. 예를 들어, 애니메이션, 인터랙티브 퀴즈, 가상현실(VR) 등을 활용하여 학습 내용을 시각적으로 이해하기 쉽게 만들 수 있다. 하이터치는 학생들에게 개인적인 관심을 주고, 그들의 학습 과정에서 생기는 어려움을 지원하는 것을 포함한다. 이를 통해 학생들은 자신감을 얻고, 학습에 대한 긍정적인 태도를 형성할 수 있다. 예를 들어, 그룹 프로젝트, 토론, 피드백 세션 등을 통해 학생들 간의 협력과 의사소통 능력을 향상시킬 수 있다. 하이터치-하이테크 교수학습 모델은 학생들의 직접적인 체험과 탐구 활동을 통해 지식을 습득하고 노력을 함양하도록 돕는 학생 중심 수업의 장점과 다양한 IT 기술 도구를 활용하여 학습 효과를 극대화하는 ICT 교육의 장점을 동시에 살리는 것을 목표로 한다.

[그림 1.27] 하이터치 하이테크 교육

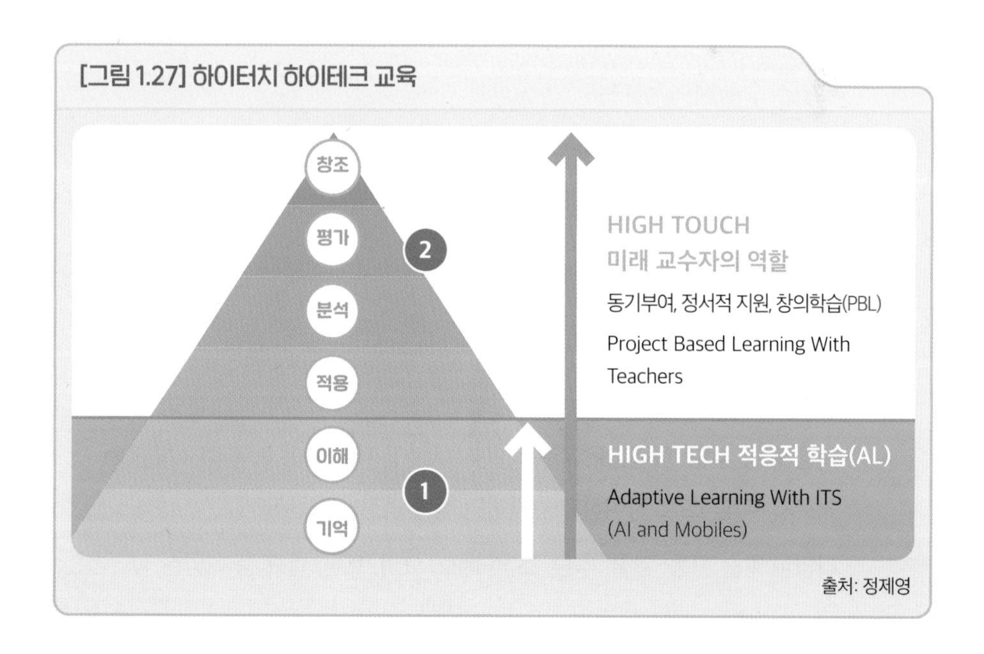

출처: 정제영

블룸의 교육목표 분류 체계를 바탕으로 기억하기, 이해하기의 하위 2단계가 근대식 학교의 역할이라면 이제는 아는 것과 실천하는 것을 결합하여 지식을 통해 문제를 해결하는 고차원적인 영역까지 가르치는 것이 교수자의 역할이므로 효과적인 교육이 이루어질 수 있도록 노력해야 함을 강조하는 것이 하이터치-하이테크 교육 방식이다.

하이터치 교육은 사전 학습, 본 수업, 후속 학습 과정에서 학습자 교육 성과를 이끌어내는 교사 역할을 의미한다. 아무리 좋은 교육 자료와 시스템, 즉 하이테크가 있어도 학습 동기가 부족하다면 교육 성과는 기대하기 어렵다. 개인별 목표를 설정하고 학습 계획을 수립하는 자기주도적 학습 과정을 이끌어주는 역할이 무엇보다 중요하다. 이를 위해 개별 학생에 대한 정확한 진단 데이터가 필요한데 AI 디지털교과서에서는 AI 보조교사가 이를 도울 수 있다. 교실 수업에서는 교사가 창의적 학습이 일어날 수 있도록 '적용, 분석, 평가, 창조'의 고차원적 학습 경험을 할 수 있도록 진행하는 것이 필요하다. 또한 후속 학습 과정에서 학생이 학습 결과를 이후 학습에 이어가게 전이될 수 있도록 지원하는 역할을 수행해야 한다.

❷ 하이터치-하이테크 교수학습 모델의 주요 특징과 장점

1) 주요 특징

하이터치-하이테크 교수학습 모델의 주요 특징은 다음과 같다.

- **학생 중심 수업:** 학생들은 수동적인 지식 수용자를 넘어 능동적인 학습자로서 주체적으로 참여하고 협력하며 학습 과정을 이끌어간다.
- **다양한 학습 활동:** 관찰, 추론, 조작, 메모, 요약, 토론, 발표 등 다양한 학

습 활동을 통해 학생들의 다양한 학습 스타일을 고려하고, 흥미로운 학습 경험을 제공한다.

- **IT 기술 활용:** 온라인 강의, 디지털 콘텐츠, 토론 포럼, 퀴즈, 시뮬레이션 등 다양한 IT 기술 도구를 활용하여 학습 효과를 극대화하고, 개별 맞춤 학습을 지원한다.
- **교사의 역할 변화:** 교사는 전통적인 지식 전달자의 역할을 넘어 학습 가이드, 조언자, 평가자로서 학생들의 학습을 돕는 역할을 수행한다.
- **개별 맞춤 학습:** 학생들의 개별적인 학습 수준과 요구에 맞춰 맞춤형 학습 경험을 제공하여 모든 학생들이 성공적인 학습 경험을 할 수 있도록 돕는다.
- **효과적인 학습 환경 조성:** 협력적인 학습 환경, 창의적인 학습 환경, 문제 해결 중심의 학습 환경 등을 조성하여 학생들의 능동적 참여와 학습 효과를 높인다.

2) 장점

하이터치-하이테크 교수학습 모델의 장점은 다음과 같이 설명할 수 있다.

- **높은 참여도 및 흥미 유발:** 다양한 학습 활동과 IT 기술 활용을 통해 학생들의 참여도를 높이고, 학습 흥미를 유발하며, 능동적 학습 태도를 함양하여 학습 효과를 극대한다.
- **개별 맞춤 학습:** 학생들의 개별적인 학습 수준, 요구 및 학습 스타일에 맞춰 맞춤형 학습 경험을 제공하여 모든 학생들이 성공적인 학습 경험을 할 수 있도록 돕는다.
- **핵심 역량 함양:** 문제 해결 능력, 의사소통 능력, 협업 능력, 창의력, 정보 활용 능력 등 다양한 핵심 역량을 능동적으로 함양하도록 돕는다.
- **심층적인 학습:** 단순히 지식을 암기하는 것을 넘어, 개념을 이해하고, 문

제를 해결하며, 새로운 지식을 창조하는 심층적인 학습 경험을 제공한다.

- **협력적인 학습 환경:** 학생들이 서로 협력하고 토론하며 학습하는 협력적인 학습 환경을 조성하여 사회성과 협업 능력을 함양하도록 돕는다.
- **창의적인 학습 환경:** 다양한 표현 방법과 창의적인 활동을 통해 학생들의 창의력을 함양하고, 새로운 아이디어를 발굴하도록 돕는다.
- **문제 해결 중심의 학습 환경:** 실제 문제 상황을 해결하는 과제, 프로젝트 등을 통해 학생들의 문제 해결 능력과 실무적 역량을 함양하도록 돕는다.
- **미래 사회 대비:** 정보 활용 능력, 문제 해결 능력, 창의력, 협업 능력 등 21세기 미래 사회에 필요한 핵심 역량을 함양하도록 돕는다.
- **효과적인 수업 설계 및 활용:** 다양한 학습 활동과 IT 기술 도구를 활용하여 보다 효과적이고 흥미로운 수업을 설계하고 실시할 수 있도록 돕는다.
- **교사 역할 변화:** 전통적인 지식 전달자의 역할을 넘어 학습 가이드, 조언자, 평가자로서 학생들의 학습을 돕고, 학습 과정을 안내하며, 학습 결과를 평가하는 역할을 수행하도록 돕는다.
- **전문적인 지식 및 기술 습득:** IT 기술 활용 능력, 학생 중심 수업 설계 능력, 교수법 혁신 능력 등 다양한 전문적인 지식과 기술을 습득하여 전문성을 발전시킬 수 있도록 돕는다.
- **교육 격차 해소 및 평등한 교육 기회 제공:** 개별 맞춤 학습과 효과적인 학습 환경 조성을 통해 교육 격차를 해소하고 모든 학생들에게 평등한 교육 기회를 제공하는 데 기여한다.
- **미래 사회 인재 양성:** 21세기 미래 사회에 필요한 핵심 역량을 갖춘 인재 양성을 통해 사회 발전에 기여한다.

③ 하이터치-하이테크 교수학습 모델 활용을 위한 제언

하이터치-하이테크 교수학습 모델의 장점을 살려 효과적인 교육을 실현하기 위해서는 교사의 역량을 강화하고 교육환경을 개선하며 정책적 지원을 강화하며 사회적 인식을 개선할 필요가 있다.

1) 교사의 역량 강화

교사 대상 IT 기술 활용 교육 강화를 위해서 다양한 IT 기술 도구 활용 교육과 전문성 개발 프로그램을 통해 교사들이 IT 기술을 효과적으로 활용할 수 있는 능력을 강화해야 한다. 또한 학생들의 능동적 참여를 유도하고 창의적인 학습을 촉진할 수 있는 학생 중심 수업을 설계하고 실시하는 교육을 제공해야 한다. 다양한 교수법 및 학습 평가 방법에 대한 교육을 통해 교수법 혁신을 지원하고 교사들 간의 협업 및 정보 공유를 지원하는 방안을 만들어야 한다.

2) 교육 환경 개선

인터넷 연결, 컴퓨터 및 테블릿 등의 IT 기기, 학습 소프트웨어 등 필요한 IT 자원을 충분히 제공하고 안정적인 교육 환경을 구축해야 한다. 또한 학생들의 학습 수준, 관심, 학습 스타일에 맞는 다양한 학습 콘텐츠 및 자료를 개발하고 제공해야 한다. IT 기술 및 교육 시스템 활용과 관련하여 교사들이 필요한 전문적인 상담 및 지원을 받을 수 있는 시스템과 테크매니저 구축이 시급하다.

3) 정책적 지원 강화

정부와 교육기관은 하이터치-하이테크 교수학습 모델의 도입 및 확산을 위한 정책적인 지원 및 예산을 확보하여 교사 연구 및 개발을 지원해야 한다. 교사 대상의 IT 기술 활용 교육적인 측명 이외에도 학생 중심 수업 설계 교육, 교수법 혁신 교육 등 다양한 전문성을 개발할 수 있는 프로그램을 개발하고 지원해야 한다. 또한 성공적인 활용을 위해서는 우수 사례를 발굴하고 이를 공유하여 교사의 역량 강화에 도움이 될 수 있도록 해야 한다.

4) 사회적 인식 개선

하이터치-하이테크 교수 학습 모델을 실현하기 위해서는 단순한 교사와 학생 연수만으로 가능하지 않다. 학무모 및 사회 전반에 대한 하이터치-하이테크 교수학습 모델의 중요성과 정점에 대한 홍보 및 인식 개선이 필요하다. 한 학생을 성장시키기 위해서는 교사, 학부모, 학생의 모두의 노력이 필요하다. 또한 하이터치-하이테크 교수학습 모델의 교육 효과를 검증하는 실증 연구들이 지속적으로 생겨야 하고 이를 공개하므로 신뢰도를 높여야 한다.

❹ AI 디지털교과서에서 하이터치-하이테크 교수학습 모델

AI 디지털교과서의 효과적인 교수학습을 위해서는 첨단 기술 활용과 정서적 유대 관계 구축이 균형을 이루어야 한다. 이는 학생들이 학습에 몰입하고, 자기 주도적인 학습 태도를 기를 수 있도록 돕는다. AI 디지털교과서에서 하이테크는 학습자의 수준, 속도, 학습 스타일에 맞춰 최적의 학습 경험을 제공하는 개별 맞춤형 학습에 있다. 이는 적응형 학습, 개별 학습 계획, 맞춤형 피드백 등으로 실현한다. AI 기반 평가 및 피드백, 적절한 학습 자료를 제시하고 학습 과정을 자동화하여 학습 효과를 극대화하며 인지 상호작용을 일으킨다. 이는 AI 디지털교과서를 통해 실시간 평가, 맞춤형 학습 자료 제공, 자동 학습 진행 관리 등으로 실현할 수 있다. 또한 멀티미디어, 시뮬레이션, 게임 등 다채로운 콘텐츠 제공을 통하여 학습 참여를 유도하고 흥미를 증진시키며 다양한 학습 콘텐츠를 제공하는 것 또한 하이테크적 요소이다.

AI 디지털교과서 활용으로 인하여 협업 학습, 토론, 프로젝트 활동 등 다양한 활동으로 인해 고차원적 사고력을 향상하며 창의적 사고를 기르고 문제 해결 능력을 함양할 수 있다. 또한 상호 존중, 소통, 협력을 통하여 건전한 인간

상을 만들며 사회 정서적 발달을 촉진할 수 있다. 학습 과정을 관찰하고 개별 상담, 맞춤형 피드백 제공을 통한 학습 성과를 향상할 수 있도록 하여 평가와 피드백을 진행할 수 있다. 이런 과정에서 교사는 학생들의 다양한 평가 요소를 확인하고 학생의 상태를 관리하며 개별 맞춤형 학습이 일어나도록 하이터치 교육을 실현해야 한다. 2023년 2월과 6월에 교육부에서 제시한 교육 혁신의 기본 방향을 보면 AI가 대체할 수 없는 인간의 고유한 창의성, 비판적 사고, 인성, 협업 능력을 키울 수 있도록 개념 중심, 문제해결 중심 교육을 강화하겠다는 것을 가장 기본으로 하고 있다. 즉 교육 본질을 회복하고 모든 학생이 자신의 학습목표, 학습역량, 학습속도에 맞는 맞춤 교육을 받고, 교사와 학생이 인간적으로 연결되는 체제를 구현하고자 하였다. 이는 수업에서 일어나는 요소 중 하이터치 부분을 강조한 것이다. 또한 교사는 학생의 맞춤형 학습을 실현하기 위해서 AI 디지털교과서를 활용한 하이테크 교육을 실현한다고 하였다.

[표 1.8] 교육 혁신의 기본 방향

기본 방향 : 교육 본질의 회복		
• AI가 대체할 수 없는 인간의 고유한 창의성, 비판적 사고력, 인성, 협업능력을 키울 수 있도록 개념 중심, 문제해결 중심 교육 강화 • 모든 학생이 자신의 학습목표, 학습역량, 학습속도에 맞는 맞춤 교육을 받고, 교사와 학생이 인간적으로 연결되는 체제 구현		
학생 : 자기주도적 학습자로 성장	교사 : 학습 멘토·코치, 사회·정서적 지도자 역할 확대	수업 :토론, 프로젝트 학습, 거꾸로 학습(flipped learning) 등 확대
• 단순히 지식을 전달받는 것을 넘어, 프로젝트·협력활동·토론 등을 통해 타 학생들과 함께 수업을 만들어가는 능동적 학습자로 성장 • 자신이 가지고 있는 목표와 역량, 학습 속도에 따라 서로 다른 학습 경로를 구축하고, 희망할 때 손쉽게 보충 심화 학습 가능.	• “AI 튜터”의 분석을 기반으로 학생 개인의 특성에 맞는 수업을 진행하고, 학생들의 역량을 최대한 이끌어 내는 역할 수행. • 학생 개인의 학습성과를 최대화할 수 있는 학습 설계와 함께, 사회·정서적 변화를 관찰·진단하여 안정적인 상담·멘토링 제공.	• 지식의 습득보다는 이를 활용할 수 있는 역량을 키우는 것에 초점을 두고, 프로젝트 학습, 팀 학습, 자유 토론 등 학생 간 상호작용과 적극적인 참여를 촉진하는 수업으로 전환. • 학생들은 다양한 수업 활동들을 통해 자기 표현. 상호 존중과 협력 등 사회적·정서적 역량을 자연스럽게 체득.

AI 디지털교과서를 활용한 수업을 구상할 때 우리는 크게 두 가지 축에 대해서 생각할 수 있다. 하나는 AI 기반 맞춤형 교육이고 다른 하나는 학생 주도성이다. 이는 AI 기반 맞춤형 교육을 진행하며 하이테크를 이용하고 학생 주도성 학습을 신장하기 위해서 하이터치 교육이 실현되어야 한다.

AI 디지털교과서 도입에 따라 하이터치-하이테크 교수학습 모델은 학습 효과를 높이고, 핵심 역량을 함양하며, 미래 사회에 필요한 인재를 양성하는 데 기여할 수 있는 혁신적인 교육 모델이다. 하이터치-하이테크 교수학습 모델은 학생 중심 수업과 IT 기술의 장점을 결합하여 효과적인 학습 환경을 조성하는 혁신적인 교육 모델로 이를 효과적으로 활용할 때, 학생들은 더 나은 학습 효과를 얻고, 다양한 역량을 함양하며, 미래 사회에 필요한 준비를 할 수 있다. 하지만 하이터치-하이테크 교수학습 모델을 성공적으로 실현하기 위해서는 단순히 IT 기술 도구(AI 디지털교과서)를 도입하는 것 이상의 노력이 필요하다. 교사들의 전문성 개발, 학생 중심 수업 설계, 지속적인 평가 및 개선, 교육적 지원 시스템 구축 등을 통해 이 모델의 잠재력을 극대화하고, 모든 학생들에게 양질의 교육 기회를 제공해야 할 것이다.

참고문헌

- 교육부, KERIS(2023). AI 디지털교과서 개발 가이드라인.
- KERIS(2024). AI 디지털교과서 서비스 모델 및 프로토타입 자료집.
- 교육부(2023). 2023 디지털교육백서.
- 이주호, 정제영, 정영식(2021). AI 교육 혁명. 시원북스.
- 유미나, 진성희, 서경원 외(2023) 국내외 AI 보조교사 활용 사례 및 기술동향, 한국교육학술정보원.
- 최경식, 백성혜(2020) TPACK 발전 단계를 고려한 수업이 예비 교사의 자기효능감 및 발달 수준에 미치는 효과.
- 최정원 외 (2022) 예비 교사의 인공지능 융합 수업 전문성 함양을 위한 AI-TPACK 모델 설계, 컴퓨터교육학회 논문지, 25(2), 79-89.
- Wayne Holmes, Maya Bialik, Charles Fadel 저(정제영, 이선복 역, 박영스토리, 2021) 가르침과 배움의 함의 인공지능시대의 미래교육.
- 존 나이스비트 저(안진환 역, 한국경제신문사(한경비피), 2000) 하이테크 하이터치.
- 박태호(아카데미프레스, 2015) 아하 학생배움중심의 PCK 수업 설계.
- Jee Kyung Suh, Soonhye Park(2017) Research paperExploring the relationship between pedagogical content knowledge(PCK) and sustainability of an innovative science teaching approach.
- Mishra, P., & Koehler, M.(2006). Technological pedagogical and content knowledge: A new framework for teacher knowledge. Teachers College Record.
- 아시아교육협회 https://hthtedu.org
- Philipp Wolf(2024) Tech-touch can be the new high-touch in customer success (https://www.custify.com/blog/tech-touch-customer-success/)

교사가 이끄는 교실혁명
: AI 디지털교과서 100% 활용하기 중등편

AI 디지털 교과서를 100% 활용한 수업하기

CHAPTER 1

PART 02

▶ AI 디지털교과서 훑어보기

▶ 유미

1 디지털교과서 VS AI 디지털 교과서

AI 디지털교과서는 지금까지 알려졌던 디지털교과서와 완전 다른 형태이다. 과거에 추진했던 디지털교과서는 전통적인 서책형 교과서를 디지털 형태로 제공하는 방식이다. 이러한 디지털교과서는 텍스트, 이미지, 비디오 등 다양한 매체를 활용하여 실감형 콘텐츠를 제공하였지만, 학습자와 상호작용 되는 부분은 제한적이었다. 2022 개정 교육과정에 발맞추어 새롭게 도입될 AI 디지털교과서는 인공지능 및 디지털 기술을 활용해 학생들의 학업성취도를 파악하고 학생 개별 맞춤형 교육을 지원한다.

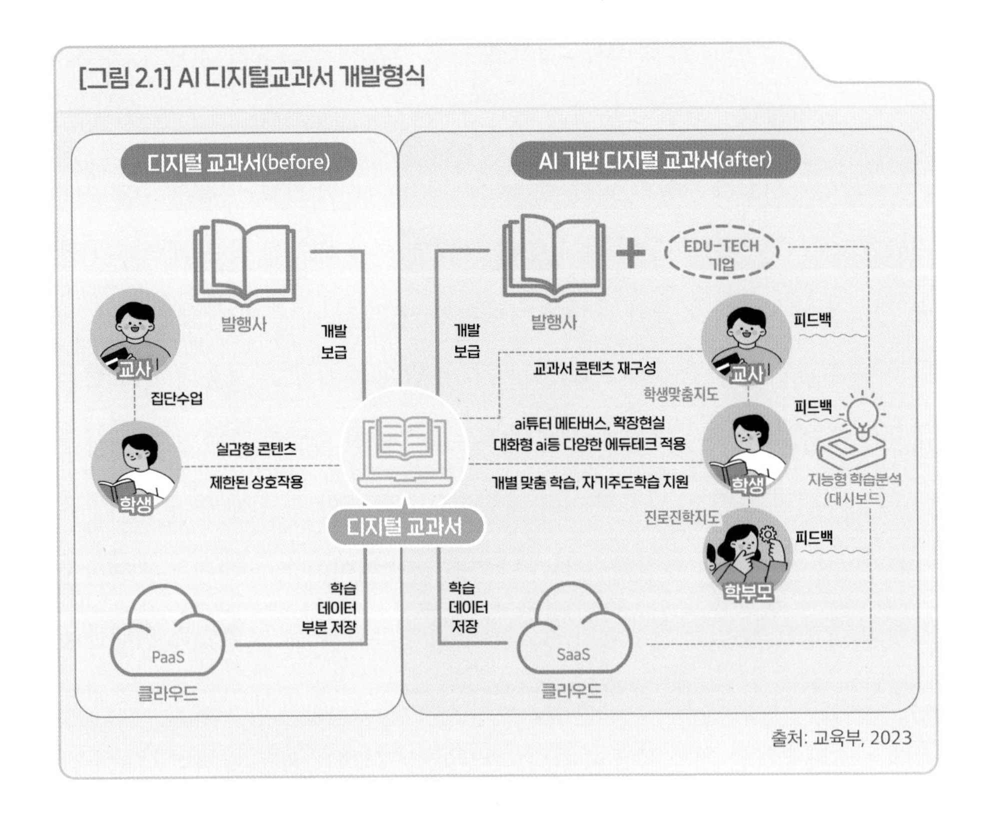

[그림 2.1] AI 디지털교과서 개발형식

출처: 교육부, 2023

2 AI 디지털교과서의 기능

AI 디지털교과서는 학생 개인의 능력과 수준에 맞는 다양한 맞춤형 학습 기회를 지원하고자 인공지능을 포함한 지능정보기술을 활용하여 다양한 학습자료 및 학습 지원 기능 등을 탑재한 소프트웨어를 말한다. 이러한 AI 디지털교과서의 특징을 다음과 같이 설명할 수 있다.

첫 번째로, AI에 의한 학습진단과 분석(Learning Analytics) 기능이 있다. 이 기능은 학생들의 학습 데이터를 분석하여 학습의 효과를 진단하고, 이를 기반으로 적절한 피드백을 제공함으로써 학습 효율을 높이는 데 도움을 준다. 그리고 학습 진단과 분석은 학생의 강점과 약점을 파악하고, 이를 토대로 맞춤형 학습 계획을 세울 수 있게 한다. 이는 교사와 학생 모두에게 유용한 정보를 제공하여 학습 과정에서의 효율성을 크게 향상시킨다.

두 번째로, 개인별 학습 수준과 속도를 반영한 맞춤형 학습(Adaptive Learning) 기능을 제공한다. 이를 통해 각 학생의 학습 능력과 속도에 맞춘 개인화된 학습 경로를 제시하여 학습의 효과를 극대화할 수 있다. 맞춤형 학습은 학생 개인의 학습 스타일을 고려하여 최적의 학습 방법을 추천하고, 필요에 따라 학습 내용을 조정한다. 이는 학생들이 자신의 속도에 맞춰 학습할 수 있도록 도와주어 학습 부담을 줄이고, 학습 흥미를 지속적으로 유지할 수 있게 한다.

마지막으로, 학생의 관점에서 설계된 학습 코스웨어(Human-Centered Design) 기능을 제공한다. 이는 학생들이 학습 과정에서 느낄 수 있는 학습의 어려움을 최소화하고, 학습 동기와 흥미를 유발할 수 있도록 학생 중심으로 설계된 교육 콘텐츠를 제공하는 것을 목표로 한다. 학생 중심 설계는 사용자 경험을 최우선으로 고려하여, 학습 환경을 보다 직관적이고 친숙하게 만들고, 학생들이 적극적으로 참여할 수 있도록 유도한다. 이러한 설계 방식은 교육의 효과성을 향상시키고, 학생들이 학습 과정에서 더 큰 만족감을 느끼게 한다.

이러한 기능들은 모두 AI 디지털 교과서가 보다 효과적이고, 개인화된 학습 경험을 제공하는 데 기여한다. AI 디지털 교과서는 혁신적인 교육 도구로서, 학생들의 개별적인 학습 요구를 충족시키고, 학습의 효율성과 효과를 높여준다. 이를 통해 학생들은 자신의 학습 잠재력을 최대한 발휘할 수 있으며, 보다 나은 학습 성과를 거둘 수 있다. AI 디지털 교과서는 미래 교육의 중요한 축으로서, 지속적인 발전과 개선을 통해 교육의 효과성을 향상시키는 데 중요한 역할을 할 것이다.

AI 디지털교과서 특성

- AI에 의한 학습 진단과 분석(Learning Analytics)
- 개인별 학습 수준과 속도를 반영한 맞춤형 학습(Adaptive Learning)
- 학생의 관점에서 설계된 학습 코스웨어(Human-Centered Design)

[그림 2.2] 사용 주체별 AI 디지털교과서 핵심 서비스

공통(학생, 교사, 학부모)

· 대시보드를 통한 학생의 학습데이터 분석 제공
· 교육 주체(교사, 학생, 학부모) 간 소통지원
· 통합 로그인 기능
· 쉽고 편리한 UI/UX구성 및 접근성 보장(보편적 학습설계: UDL, 다국어 지원 등)

학생

· 학습 진단 및 분석
· 학생별 최적의 학습경로 및 콘텐츠 추천
· 맞춤형 학습지원 (AI 튜터)

교사

· 수업 설계와 맞춤 처방 (AI 보조교사)
· 콘텐츠 재구성·추가
· 학생 학습이력 등 데이터 기반 학습 관리

AI 디지털 교과서는 학생, 교사, 학부모 모두에게 유용한 기능을 제공한다. 학생은 학습 진단 및 분석을 통해 자신의 학습 수준을 파악할 수 있으며, AI가 추천하는 최적의 학습 경로와 콘텐츠를 통해 맞춤형 학습을 진행한다. AI 튜터를 통해 개별 맞춤형 학습지원을 받을 수 있다. 교사는 수업 설계와 맞춤 처방을 통해 학습 자료를 효과적으로 재구성하고 추가할 수 있으며, 학생의 학습 이력 등 데이터를 기반으로 학습을 관리해준다. 학부모와 교사는 대시보드를 통해 학생의 학습 데이터를 분석하여 제공 받아, 교육 주체 간 소통을 지원한다. 통합 로그인 기능과 쉽고 편리한 UI/UX 구성으로 접근성을 보장하며, 보편적 학습 설계와 다국어 지원 등의 기능을 갖추고 있다. 이러한 기능들은 모두 학생, 교사, 학부모 간의 원활한 소통과 학습지원을 목표로 한다.

AI 기반 맞춤형 학습지원은 학습진단, 대시보드, 맞춤형 콘텐츠로 구성된다. 먼저 학습진단을 통해 학생의 현재 학습 상태를 파악한다. 이러한 진단 결과는 대시보드에 표시되어 학생과 교사에게 제공된다. 대시보드를 통해 학생은 자신의 학습 진행 상황을 확인하고, 교사는 학생의 학습 데이터를 분석하여 맞춤형 학습 지도를 할 수 있다. 맞춤형 콘텐츠는 학생의 학습 수준과 필요에 맞추어 제공되며, 이를 통해 학생은 최적의 학습 경로를 따를 수 있다. AI 튜터는 학생 개개인에게 맞춤형 학습지원을 제공하여 학습 효율을 높인다. 교사는 AI 보조교사를 활용하여 학습 자료를 재구성하고 추가할 수 있으며, 이를 통해 보다 효과적인 수업 설계가 가능하다. 이러한 과정을 통해 맞춤형 학습 처방이 이루어지며, 학생은 자신의 학습 능력에 맞는 최적의 학습 경험을 할 수 있다.

[그림 2.3] AI 기반 맞춤형 학습 지원 흐름도

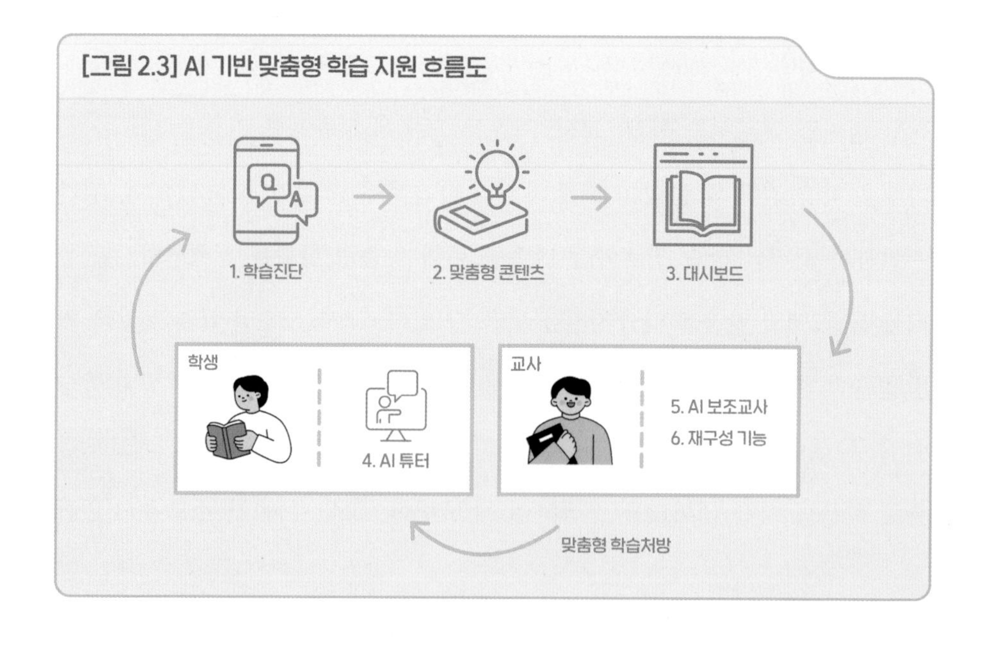

3 AI 디지털교과서 핵심 기능

AI 디지털교과서는 학습자의 전반적인 학습 상황을 한눈에 파악할 수 있는 대시보드를 제공하며, 학습 데이터를 분석해 맞춤형 학습 계획을 수립할 수 있는 학습 진단 및 분석 기능이 있다. 학생의 수준에 맞춘 맞춤형 콘텐츠를 제공하며, 학습자가 필요한 도움을 즉시 제공하는 AI 튜터가 함께 지원된다. 교사를 지원하는 AI 보조교사는 수업 설계와 학생 개별 지도에 도움을 주며, 교사는 이를 통해 콘텐츠 재구성 및 추가 작업을 손쉽게 수행할 수 있다. 이것이 AI 디지털교과서의 핵심 기능이다.

❶ 대시보드

대시보드는 각 주체별 학생, 교사, 학부모용 대시보드가 제공된다.

학생 대시보드는 학생이 학습 참여, 학습 성취, 학습 이력, 학습분석 등의 파악해 스스로의 학습을 성찰하고 목표를 설정해 달성할 수 있도록 지원한다.

[그림 2.4] 학생 대시보드 사례

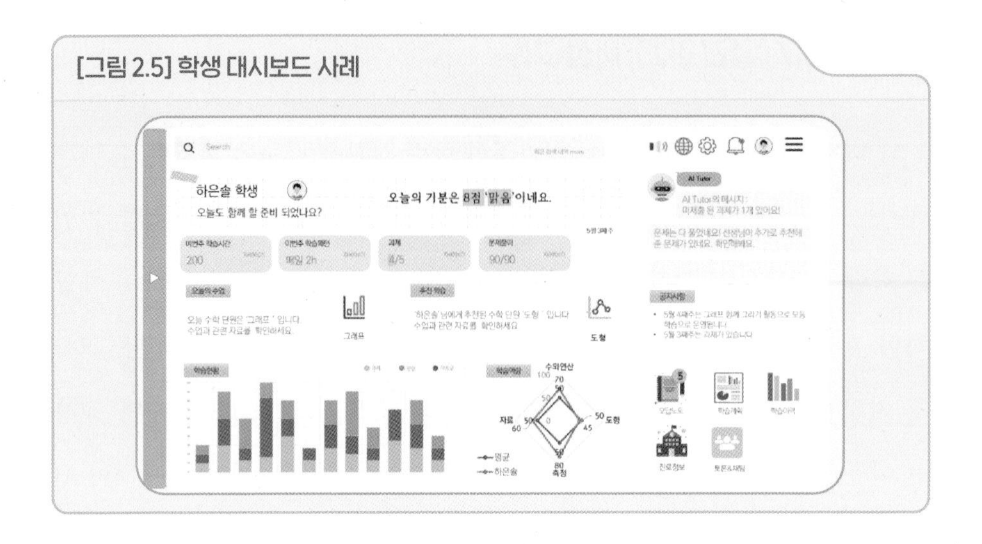

[그림 2.5] 학생 대시보드 사례

학생 개인 및 학급의 학습현황을 한눈에 파악하고 효과적·효율적으로 관리할 수 있도록 지원하는 교사 대시보드를 제공한다. 이 대시보드는 교과별로 학급 및 학생 학습 활동을 한눈에 확인할 수 있도록 구성되어 있다. 학급 및 학생의 성취 수준에 따라 강점과 약점을 확인할 수 있는 기능을 구현하며, 평가, 학습 활동, 정서 정보 등에 따라 학생별로 피드백이 진행될 수 있도록 기능을 구성된다.

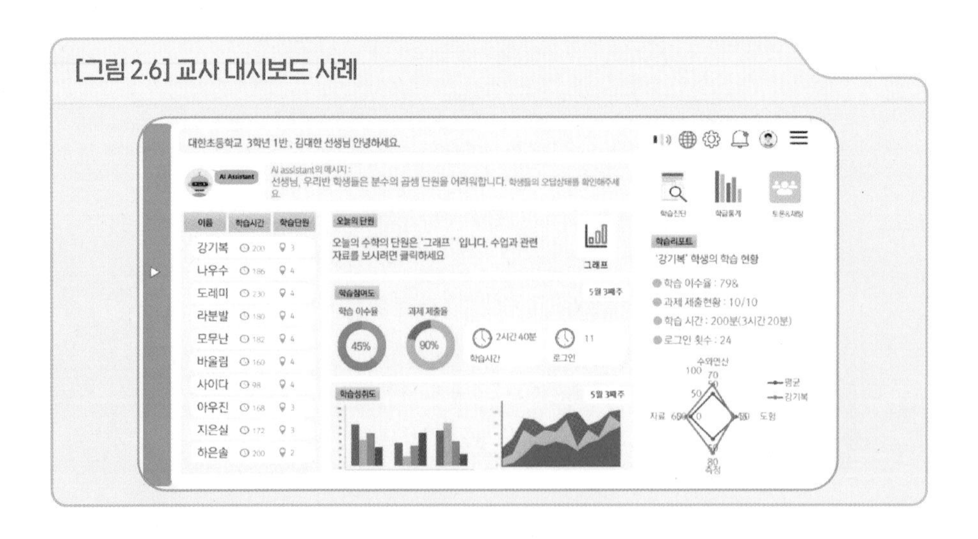

[그림 2.6] 교사 대시보드 사례

[그림 2.7] 학부모 대시보드 사례

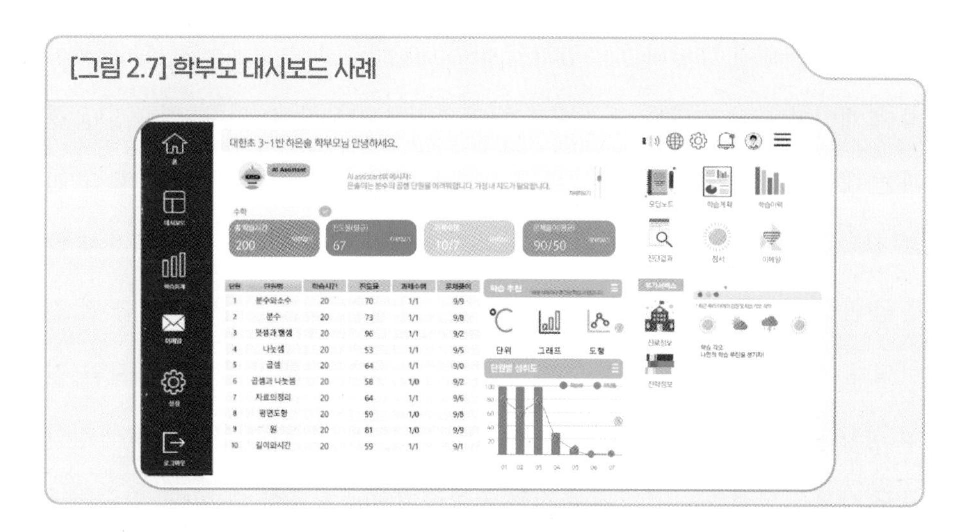

학부모는 자녀의 학습 성과를 확인하고 자녀의 교과별 세부 영역에 대한 학습 상황을 확인하고 가정 내에서 피드백할 수 있도록 대시보드가 구성된다.

[그림 2.8] 학부모 대시보드 사례

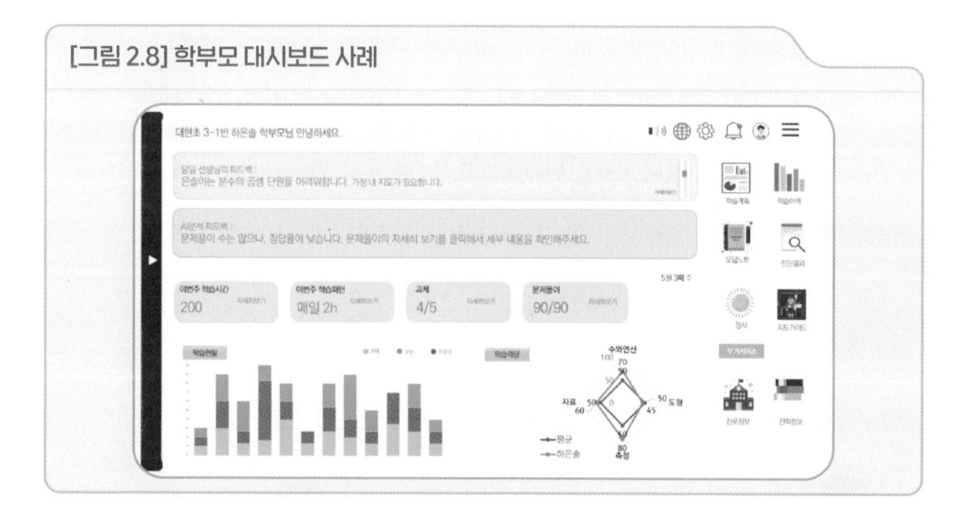

❷ 학습진단 및 분석

AI 디지털교과서에서는 학생의 성취 수준 및 학습현황을 다각도로 진단하고 분석하여 학습자의 상태를 상세히 파악할 수 있도록 돕는다. 학습진단은 성취

평가 및 학습현황 데이터를 수집하여 성취 수준을 진단하고, 학습현황을 분석하여 개인별 분석 결과를 제공하고 학습 추천에 활용할 수 있다. 학습진단 결과는 대시보드에 표시되어 학생과 교사에게 제공되며, 학생은 자신의 학습 진행 상황을 한눈에 파악할 수 있다. 교사는 학생의 학습 데이터를 분석하여 맞춤형 학습 지도를 할 수 있다. AI 디지털교과서의 학습 진단 기능은 학습 전 진단평가, 학습 중 형성평가, 학습 후 총괄평가를 통해 학생의 학습 이해도와 진행 상황을 진단할 수 있다. 이를 통해 학생이 설정한 학습 목표와 교육과정의 요구 사항을 달성하는 정도를 측정하고 학습지원에 활용할 수 있다. 학습진단 결과에 따라 학생의 학습 상황에 적합한 학습 경로, 콘텐츠, 문항 등을 제시할 수 있으며, 이를 통해 학생의 개별적 학습 과정과 학습 전략 개선에 효율적이고 지속적인 도움을 줄 수 있다. 또한 대시보드와 AI 튜터를 활용하여 진단 및 추천 결과를 기반으로 학생에게 맞춤 학습 경로를 제시하거나 학습에 필요한 콘텐츠를 추천할 수 있다. 이러한 기능들은 학생의 학습 성장을 돕고 성찰을 가능하게 하여 더욱 효과적인 학습 환경을 조성하는 데 기여한다.

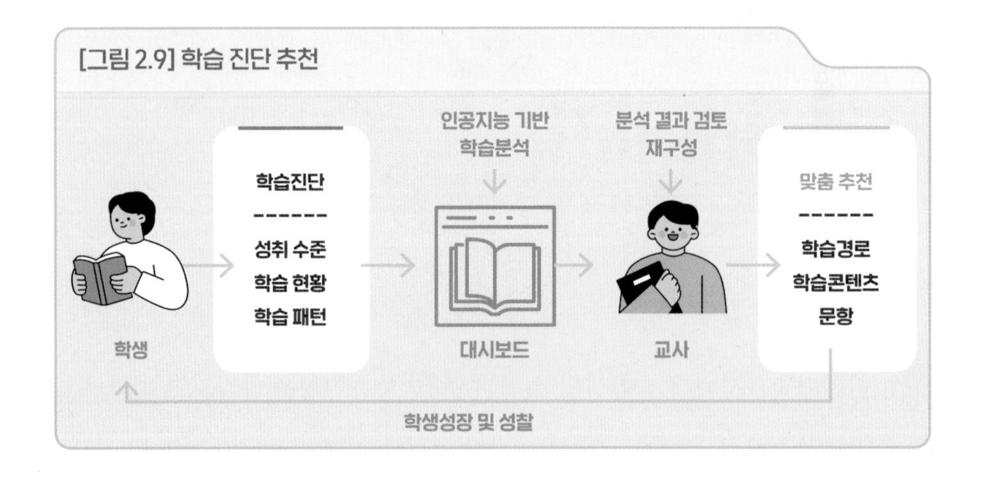

[그림 2.9] 학습 진단 추천

❸ 맞춤형 콘텐츠

학습 콘텐츠 추천은 학생의 학습 내용을 이해하는 수준을 분석하여 개인의 능력과 목표에 맞춘 개인화된 학습 경로나 추가 콘텐츠를 제시한다. 학습 진단을 통해 현재 교과 진도 달성 수준 및 이해도를 진단하고, 개별 진단 결과에 적절한 학습 경로나 추가 콘텐츠를 추천할 수 있다. 예를 들어, 분수 학습에 어려움을 겪고 있는 학생의 세부 취약 영역을 진단하여 학생 수준에 적합한 보충 학습 활동으로 유도하고 이해도를 향상시킬 수 있으며, 말하기를 좋아하는 학생의 영어 학습을 위해 음성 인식 기반의 대화 시뮬레이션 콘텐츠를 제공하여 학생이 지속적으로 학습에 몰입할 수 있도록 개인의 학습 패턴을 고려한 학습 콘텐츠를 추천할 수 있다. 학습 내용 이해도 점검 후 그 결과에 따른 피드백과 처방 문항을 제시할 수 있으며, 학습 이해도 진단 결과에 따라 유사 문항 혹은 난이도 조정 후 문항을 제시하고 그 결과에 따라 문항 풀이 및 추가 문항을 제시할 수 있다. 예를 들어, 학습 내용 이해 수준을 측정하여 추가적인 문항 추천과 단계적 피드백을 제공할 수 있다. 이러한 방식으로 학생의 개별적 학습 과정과 학습 전략 개선에 지속적이고 효율적인 도움을 줄 수 있으며, 학습 진단 및 추천 결과를 대시보드와 AI 튜터에서 활용할 수 있다. 대시보드를 통해 학생과 교사가 한눈에 학습 상태를 파악하고 학생별 학습 진도와 강점, 약점을 쉽게 확인할 수 있으며, AI 튜터는 진단 및 추천 결과를 기반으로 학생에게 맞춤 학습 경로를 제시하거나 학습에 필요한 콘텐츠를 추천할 수 있다. 학습 콘텐츠 추천은 학생의 학습 성취를 높이고 개별화된 학습 경험을 제공하는 데 기여한다.

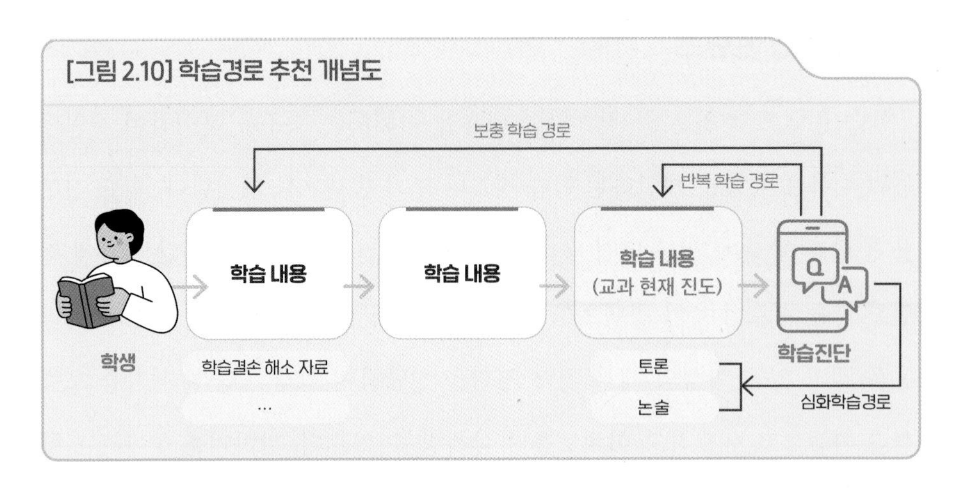
[그림 2.10] 학습경로 추천 개념도
보충 학습 경로
반복 학습 경로
학습 내용
학습 내용
학습 내용
(교과 현재 진도)
학생
학습결손 해소 자료
...
토론
논술
학습진단
심화학습경로

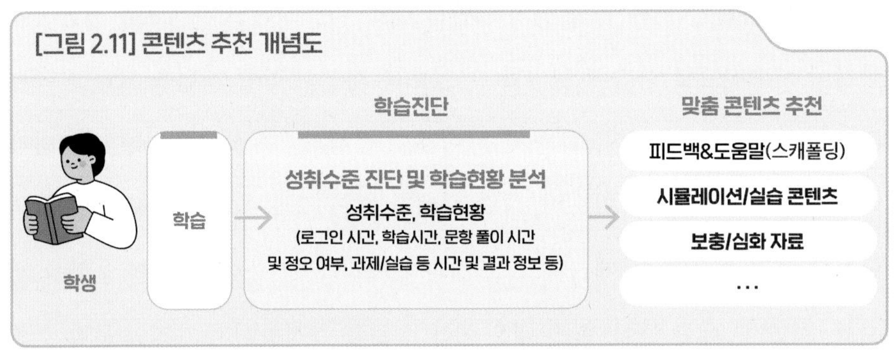
[그림 2.11] 콘텐츠 추천 개념도
학습진단
맞춤 콘텐츠 추천
학습
성취수준 진단 및 학습현황 분석
성취수준, 학습현황
(로그인 시간, 학습시간, 문항 풀이 시간
및 정오 여부, 과제/실습 등 시간 및 결과 정보 등)
피드백&도움말(스캐폴딩)
시뮬레이션/실습 콘텐츠
보충/심화 자료
...
학생

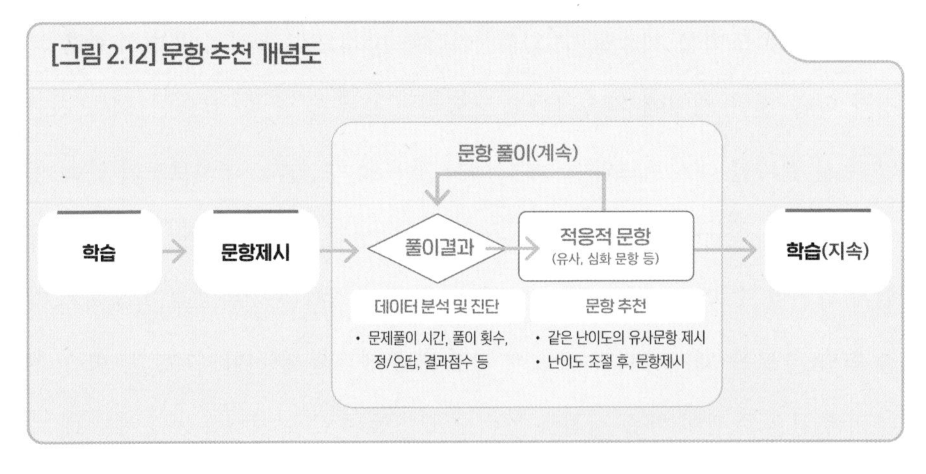
[그림 2.12] 문항 추천 개념도
문항 풀이(계속)
학습
문항제시
풀이결과
적응적 문항
(유사, 심화 문항 등)
학습(지속)
데이터 분석 및 진단
• 문제풀이 시간, 풀이 횟수, 정/오답, 결과점수 등
문항 추천
• 같은 난이도의 유사문항 제시
• 난이도 조절 후, 문항제시

[그림 2.13] 보충, 심화 학습을 제공하는 콘텐츠 추천 사례

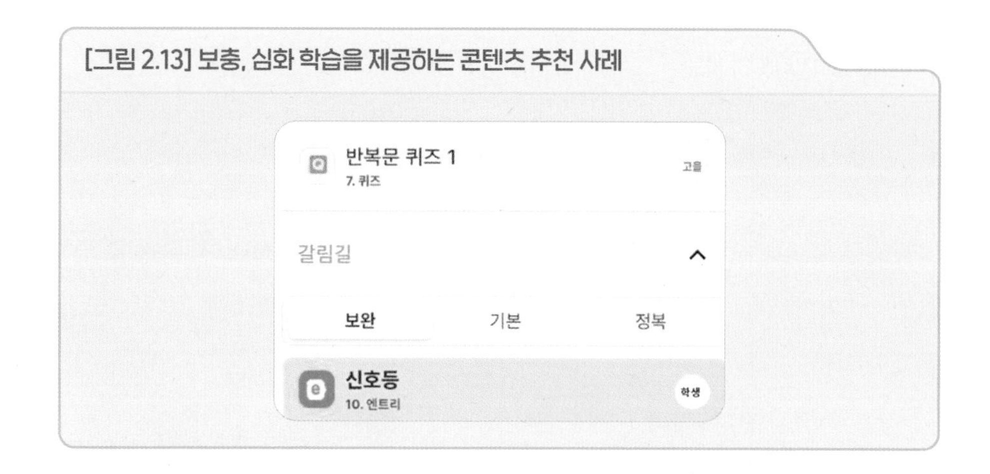

❹ AI튜터

AI 튜터는 AI를 이용해 학생의 학습 상태를 분석하여 부족한 부분의 원인을 찾아 이를 개선할 수 있는 전략을 조언해 주는 학생용 서비스이다. 챗봇형, 음성 인식형 등 다양한 형태로 제공된다.

AI 튜터는 학생에게 여러 주요 기능을 제공한다. 먼저 질의 응답 기능으로, 학생이 궁금한 내용을 질문하면 AI 튜터가 즉각적으로 답변을 제공할 수 있다. 특히 학생이 특정 개념에 대해 궁금한 점이나 이해하지 못한 부분이 있을 때 언제든지 도움을 받을 수 있다. 추가 학습 자료 제공 기능은 학습 과정에서 이해가 잘 안되거나 보충 설명이 필요한 내용에 대해 추가 학습 자료를 제공한다. 이를 통해 개념에 대한 부연 설명, 연습 문제, 관련 학습 자료 추천 등을 통해 학습을 보완할 수 있다. 학습 전략 제안 기능은 학생의 과목별 맞춤형 학습지원을 위해 학습 수준과 목표에 맞게 개별적인 학습 전략을 제안할 수 있다. 학생의 학습 과정과 결과에서 분석된 데이터를 바탕으로 성취도를 평가하고 강·약점을 식별하여 적절한 학습 전략을 제공할 수 있다. AI 튜터는 이러한 다양한 기능을 통해 학생들이 효과적으로 학습할 수 있도록 지속적으로 지원한다.

[그림 2.14] AI튜터 사례

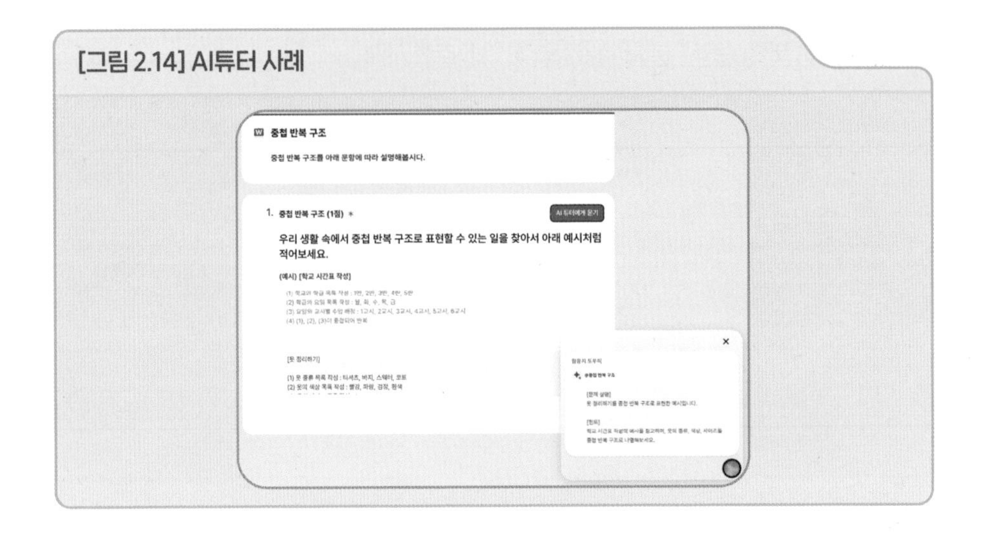

❺ AI보조교사

AI 보조교사는 교사가 AI 디지털교과서를 활용하여 학생별 맞춤형 학습을 효과적으로 운영할 수 있도록 지원하는 서비스이다. 수업 설계, 피드백, 평가, 학생 모니터링 등의 기능을 지원하며, 이를 통해 교사는 각 학생의 학습 요구에 맞춰 수업을 조정하고 적절한 피드백을 제공할 수 있다. 또한 학생들의 학습 진행 상황을 실시간으로 모니터링하고 평가할 수 있도록 도와준다. AI 보조교사는 챗봇형, 음성인식형 등 다양한 형태로 제공되어 교사의 사용 편의성을 높인다. AI 보조교사는 교사가 AI 디지털교과서를 활용하여 학생별 맞춤형 학습을 효과적으로 운영할 수 있도록 다양한 기능을 제공한다. 수업 설계 지원 기능으로 교육과정 내용과 담당 학생들의 성취기준 달성 정도를 분석하여 개별 학생에게 맞춤화된 수업 설계를 지원하고 수업에 활용할 수 있는 다양한 콘텐츠 및 문항을 추천한다. 피드백 설계 지원 기능으로 학생들의 학습 활동을 분석한 결과를 피드백 문장으로 구성하여 교사에게 제공하고, AI 보조교사가 제시한 피드백을 교사가 재구성할 수 있는 기능을 제공한다. 평가 지원 기능으로 학생들의 평가 결과에 대한 채점을 지원하고 교사가 담당 학생들의 평가 결과를 한눈에 볼 수 있도록 정보를 제공한다. 그리고 학생 모니터링 지원 기능으로 학생들이 AI 디지털교과서를 활용하는 동안 학습을 원활히 잘 진행하고 있는지 모니터링하여 교사에게 알림 등의 정보를 제공한다.

AI 튜터는 학생을 대상으로 한 지능형 보조 튜터이며, AI 보조교사는 교사를 대상으로 한 지능형 보조 조교이다. AI 튜터는 학생이 학습 과정에서 요청 시 즉각적으로 필요한 반응을 제공해 주어야 하며, AI 보조교사는 교사의 수업 설계 및 운영을 지원하는 역할을 맡는다. AI 튜터는 학생의 학습 진도 모니터링, 추가 학습자료 제공, 학습 전략 제안, 질의 응답, 피드백 및 성취 평가, 오답 노트 제공 등의 기능을 통해 학생 개개인의 학습을 지원한다. 반면, AI 보조교사는 수업 설계 지원, 피드백 설계 지원, 평가 지원, 학생 모니터링 지원 등의 기능을 통해 교사가 각 학생의 학습 요구에 맞춰 수업을 조정하고, 적절한 피드백을 제공하며, 평가와 모니터링을 효율적으로 진행할 수 있도록 돕는다.

[그림 2.15] 수업 설계 지원

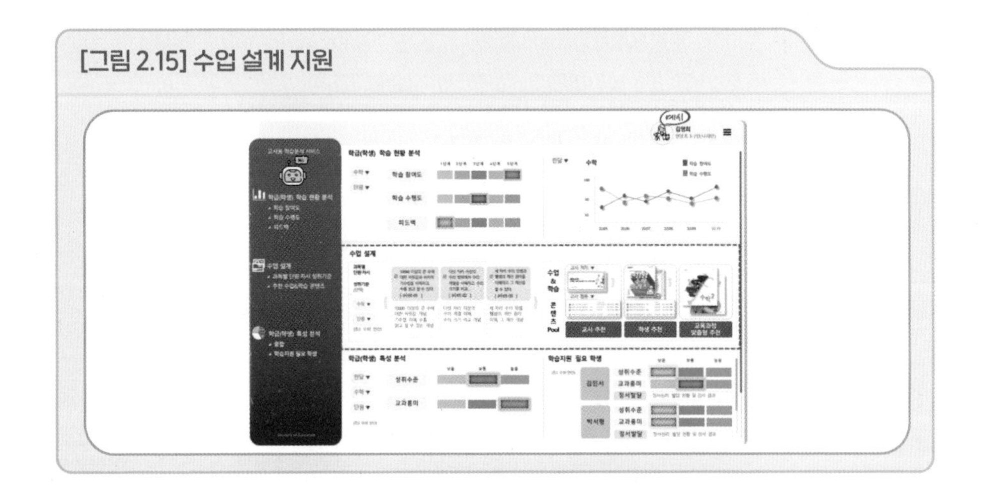

[그림 2.16] 학생 모니터링 지원

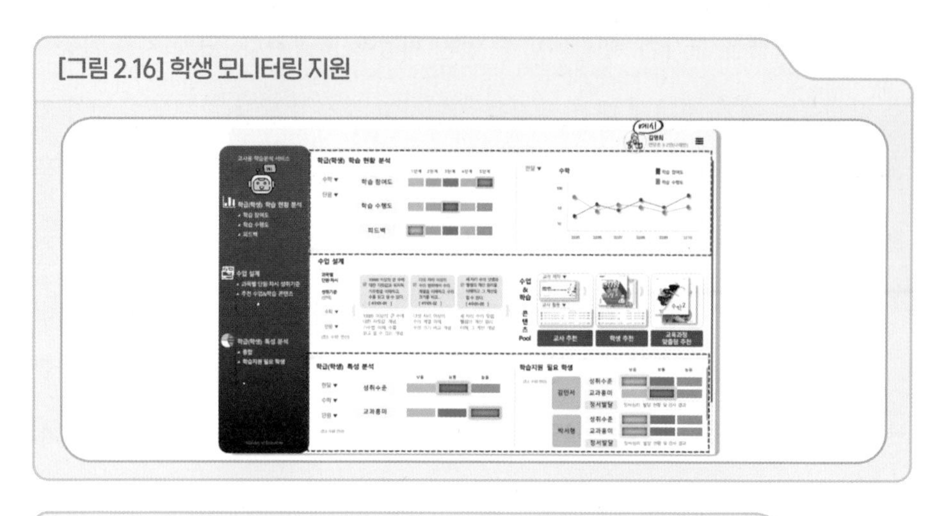

[그림 2.17] 피드백 및 평가 지원

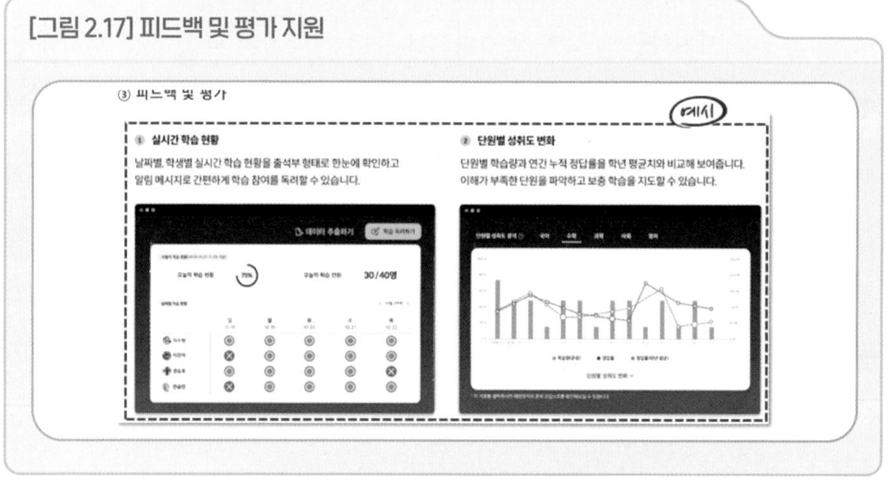

❻ 교사 재구성 기능

교사의 맞춤형 수업 설계를 돕기 위해 AI의 진단 및 분석 결과를 바탕으로 콘텐츠를 재구성하거나 추가하고, 학습 경로를 재조정해 수업을 설계하고 학생들의 학습을 관리할 수 있는 기능을 제공한다. 이를 통해 교사는 학생 개개인의 학습 수준과 필요에 맞춘 수업을 효과적으로 설계하고 운영할 수 있으며,

AI가 제시하는 맞춤형 콘텐츠와 학습 경로를 활용하여 학생들의 학습 효과를 극대화할 수 있도록 지원한다. 교사의 재구성 주요 기능은 개별 학생에게 제공되는 맞춤형 콘텐츠나 학습 경로를 교사가 재구성하여 피드백하고 맞춤형 수업 설계를 할 수 있도록 지원한다. 대시보드 항목이나 화면 구성을 교사가 조정할 수 있는 기능을 제공하며, 수업 시간 중 학생의 콘텐츠 활용을 관리하기 위한 교사용 학습 관리 기능을 지원하여 교사가 학생들의 학습을 효과적으로 모니터링하고 조정할 수 있도록 돕는다. 이를 통해 교사는 학생 개개인의 학습 요구에 맞춘 수업을 설계하고 운영할 수 있다.

[그림 2.18] 교사 재구성 기능

참고문헌

- 교육부 (2023.11.). AI 디지털교과서 추진방안. 교육부.
- 교육부, 한국교육학술정보원 (2023.11.) AI 디지털교과서 개발 가이드라인 교육자료 GM 2023-11.
- 디지털교과서 학습 효과 분석 SCI 논문.

CHAPTER 2

PART 02

AI 디지털교과서 활용 수업 : 수학 교과 사례

전병제

1 수학교과 수업 변화의 필요성

2025년, 고등학교 1학년, 중학교 1학년부터 2022 개정 교육과정이 도입된다. 2022 개정 교육과정에서는 단편적 지식 암기 위주의 교육 방식을 지양하고 미래 핵심 역량을 키워주는 교육으로의 전환이 필요하다는 것을 강조하며 '깊이 있는 학습', '핵심 역량 함양', '학습자 주도성'을 강조하고 있다. 이는 학생별 맞춤형 학습을 통해 학습 참여도와 학습자 주도성을 신장시킬 필요가 있다. 이런 수업 혁신을 지원하는 도구로 에듀테크 및 AI 디지털교과서를 활용하고 교사의 필요에 따라 AI·디지털 기술을 선택하여 효과적으로 활용하고 수업 설계에 따라 주도적으로 재구성해야 할 필요가 있다. 이런 일환으로 중학교 1학년과 고등학교 1학년은 2025년부터 'AI 디지털교과서'가 도입된다.

평소 에듀테크 도구를 활용하여 수업을 진행하고 있는 교사지만 2025년 고등학교 1학년 수학 교과에 'AI 디지털교과서'가 도입된다는 소식은 많은 것을 생각하고 고민하게 된다. 중등 교육 현장, 특히 고등학교 수학 교과에서는 디지털교과서 활용 빈도도 낮고 에듀테크 도구를 활용하여 수업을 설계하는 것조차 쉬운 일이 아니기 때문이다. 그나마 온라인 학습이 활성화되면서 수학 수업에서도 다양한 에듀테크 도구들이 활용되고 학생의 참여를 유도하는 흥미로운 수업 환경을 조성하려는 노력이 증가하고 있다. 하지만 아직도 'AI 디지털교과서'를 도입하는 것에서는 우려가 큰 것 같다. 이런 우려들 속에서 수학과에서는 다양한 'AI 코스웨어'가 등장하여 사용되고 있는 현실이다. 아직도 많은 선생님은 'AI 디지털교과서'와 'AI 코스웨어'를 혼동하는 경우가 많은 것 같다. 'AI 디지털교과서'는 'AI 코스웨어'의 기능을 포함하여 다양한 핵심기능들이 존재한다. 그렇기 때문에 'AI 코스웨어'는 'AI 디지털교과서'의 하나의 기능이라고 생각할 수 있다.

2023년 7, 8월 T.O.U.C.H. 교사단 1기를 양성하면서 교육부와 한국교육학술정보원에서는 'AI 디지털교과서를 통한 모두를 위한 맞춤교육'이란 제목으로 다음과 같은 일곱 가지 제목의 'AI 디지털교과서' 활용 수업 사례를 제시했다.

- 학습분석 결과를 활용한 맞춤형 학습계획 수립
- 진단 결과에 근거한 맞춤형 수업 설계
- 실시간 학습 진단을 통한 개별 맞춤 피드백 제공
- 토론 활동 분석 결과를 활용한 토론 활동 촉진 및 지원
- 학생에 대한 심층적 이해를 바탕으로 정서적 지원이 담긴 맞춤 피드백 제공
- 학습분석 기반의 정확하고 구체적인 학교 생활기록부 작성

'AI 디지털교과서'가 출판되지 않은 상황에서 현직 교사들은 'AI 코스웨어'를

통하여 위 일곱 가지 수업 사례를 구현하기 위해서 노력하고 있다. 이 수업 사례들을 통하여 'AI 코스웨어'의 기능을 이해하면 좋을 것 같다.

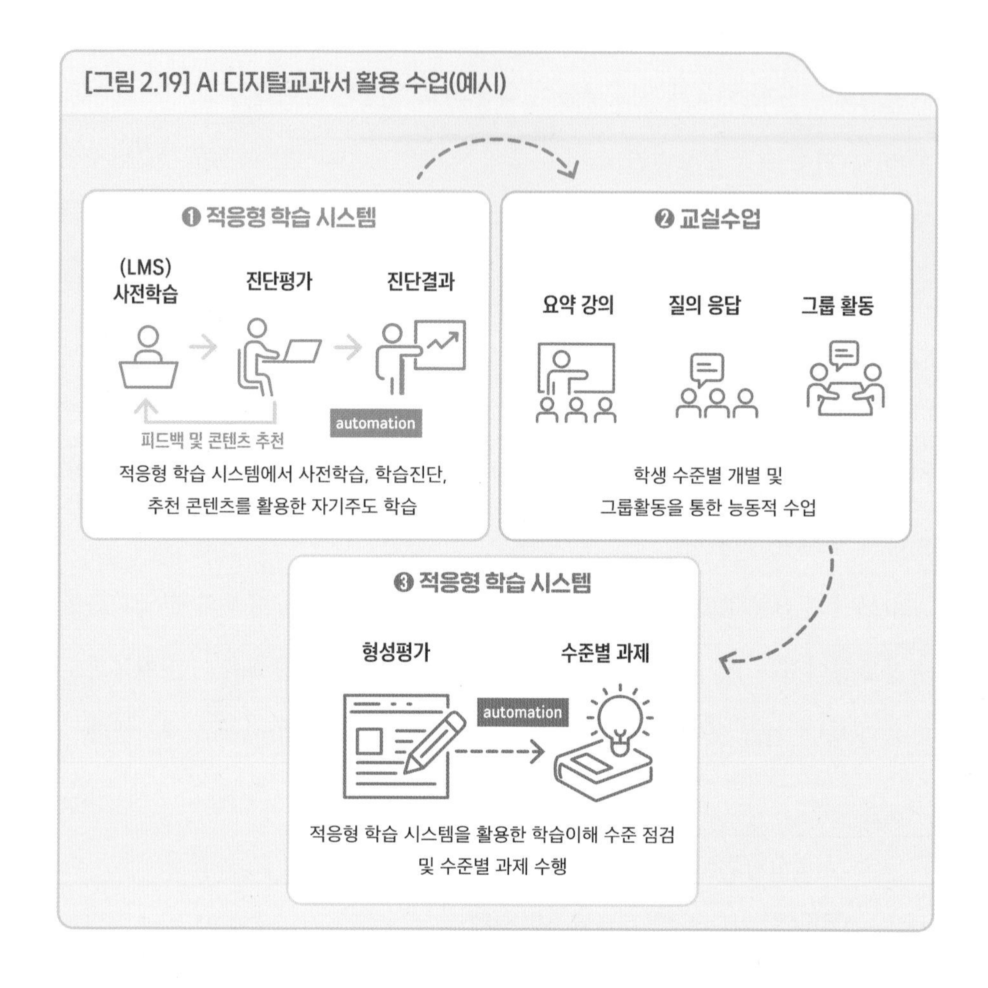

[그림 2.19] AI 디지털교과서 활용 수업(예시)

또한 'AI 디지털교과서' 활용 수업은 적응형 학습시스템에서 사전학습, 학습진단, 추천 콘텐츠를 활용한 자기주도 학습을 기반으로 학생의 수준별로 개별 활동 또는 그룹 활동을 통한 능동적인 교실 수업을 진행한 후 적응형 학습 시스템을 이용하여 학습한 내용을 점검하여 학생별 수준별 과제를 통하여 학습 목표를 이루는 것에 주안점을 두고 있다.

2022 수학과 교육과정을 보면 내용 체계에서 핵심 아이디어는 학년 또는 학교급을 관통하는 수학 내용의 본질 또는 가치를 보여주며, 학생들이 핵심 아이디어를 향한 깊이 있는 학습을 추구하게 하고 수학과 핵심 아이디어에 주요한 수학의 개념, 원리, 법칙 등이 어떻게 발생하고 확장되며 그 결과로 어떤 일반성과 추상성을 획득하는지, 수평적으로 또는 수직적으로 어떻게 상호 관련되는지, 어떤 탐구 과정을 중심적으로 강조하는지 등을 압축하여 제시하고 있다. 핵심 아이디어를 중심으로 수학의 지식·이해, 과정·기능, 가치·태도를 통합적으로 교수·학습하여 수학 교과 역량을 함양하고 수리 소양을 갖추게 하고 있다. 또한 미래 사회를 대비하고 디지털 소양을 함양하고, 개별화 맞춤형 수업을 할 수 있도록 강조하고 있다. 그리고 사회적 환경, 학생의 요구, 수학 내용의 특성, 수업 방식 등에 따라 온라인을 활용한 교수·학습을 할 수 있다고 제시하고 있다. 2015 개정 교육과정에서 교수·학습 방안에서 '매체 및 도구 활용 학습'이 삭제되고 '수학적 모델링', '놀이 및 게임 학습'이 추가되었다. 또한 계속 과정중심평가와 성취평가제와 연계되며 개별 맞춤형 학습과 학생 주도적 학습을 강조하고 삶과 연계되는 깊이 있는 학습을 강조한다.

[그림 2.20] 교육부 고시 제2022-33호 수학과 교육과정 개요

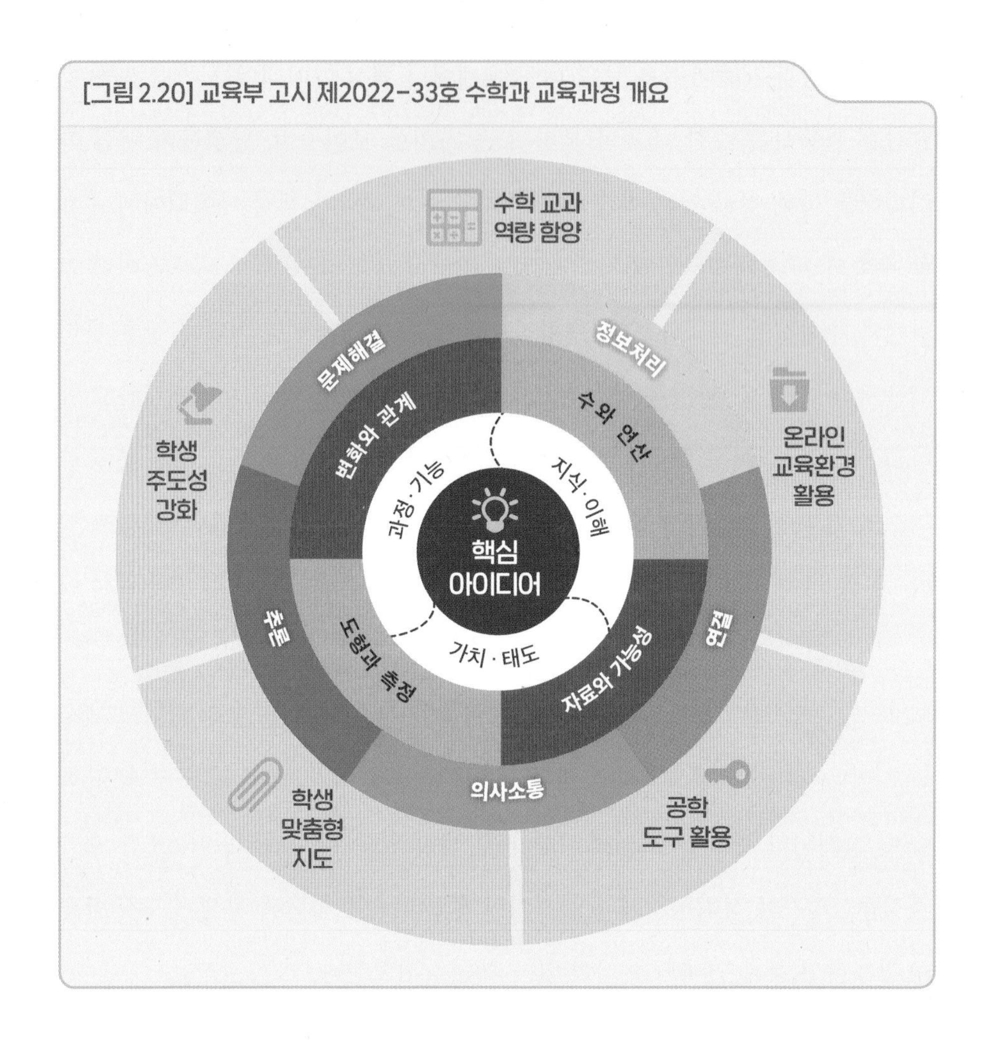

사실 수학 교과에서는 이미 10년 전부터 문제 은행 형태의 다양한 문제를 제공하는 개발사들이 존재했다. 이러한 문제 은행에 AI 기술을 이용하여 '학습자 분석'을 통한 '진단 기능'과 'AI 튜터' 기능이 추가되며 'AI 코스웨어'로 전환하고 있다. 이미 다양한 '수학 교과 AI 코스웨어'가 존재하고 있고 계속해서 많은 'AI 코스웨어'가 개발되고 있다.

2 수학 교과에서의 AI 코스웨어 특징

각 개발사별로 개발 목적에 따라 형태가 다양하고 개발사가 가지고 있는 빅데이터, 개발 노하우, 개발 철학 등을 통해서 각 'AI 코스웨어'의 특징점이 다르겠지만 대체로 수학 교과에서 사용되고 있는 'AI 코스웨어'의 큰 특징은 '자동 채점', '맞춤형 학습 콘텐츠 추천', '오답 노트', '강의 영상 제공', '학습자 분석', '대시보드', 'AI 튜터' 등으로 나눌 수 있다.

수학 교과 'AI 코스웨어'에서 사용되고 있는 주요 기능들을 정리하면 다음과 같다.

> **학습 진단 학생 개인맞춤형 학습 제공**
> 문제 풀이를 통하여 학습자의 기존 개념 지식, 개념 이해도, 오답 유형 등을 종합적으로 진단하고 분석하여 학습자의 수준을 파악한 후 이를 통해 개인별 현재의 성취도를 파악한 후 학생의 수준에 맞는 문제, 영상, 피드백 등을 제공한다. 또한 학생들이 자신의 속도에 맞게 자기주도 학습을 할 수 있도록 학습 프로그램을 제공하고 있다.

학습자의 학습 과정을 실시간으로 분석하여 학생들이 문제 풀이하는 시간, 정답률 등을 파악한 후 학생이 자주 틀리는 유형을 분석하여 해당 문항과 비슷한 유사 문제 또는 오답 노트를 제공한다. 또한 학생들이 풀고 있는 해당 문제의 난이도에 따라서 다음 단계로 이어지는 문제의 난이도가 결정되도록 학생들을 분석하고 이후 학생들이 자신의 오류를 인지하고 해당 개념 영상을 시청하거나 풀이 과정을 확인한 후에 유사 문제를 풀거나 심화학습을 할 수 있도록 문제를 제공하고 있다.

다양한 학습 활동 제공

교사는 수업을 설계할 때 학생들을 선택하여 학습을 진행할 수 있다. 수업 반 안에서 다양한 그룹으로 나누어서 학습할 수 있도록 수업을 설계할 수 있다. 학습 자료를 제공할 때 학생을 선택하여 선택적으로 학습을 제공할 수 있는 기능이 있다. 또한 게이미피케이션 요소를 가미하여 학생들끼리 학습을 할 수 있고 수업을 설계할 수 있다. 또한 학생들이 스스로 학습하며 체크하여 분석할 수 있도록 정보를 제공하고 있다.

학생 스스로 학습을 통하여 개인 학습을 할 수 있고 자신이 취약한 개념을 영상으로 시청하거나 학습한 내용의 오답 노트를 통하여 스스로 학습을 할 수 있다.

대시보드

학생들이 학습한 내용을 한눈에 볼 수 있도록 학생들이 문제 풀이한 내용을 분석하여 제공하고 있다. 주로 학습 참여율, 학습 성취율, 학습 이력 등을 분석하여 교사에게는 학생 개개인의 학습상태를 나타내 주고, 학생들에게는 스스로 성찰하고 목표를 설정할 수 있도록 하고 있다.

AI 튜터(보조교사) 기능

학생들이 질문한 내용을 답하거나 해당 학습에 필요한 선수학습 내용, 학생들이 주로 한 질문을 모아 주는 기능 등이 사용된다. 주로 'AI 챗봇' 기능을 이용하여 학생들의 질의를 응답하거나 학생들에게 추가 학습을 제공하고 있고, 수업 설계, 피드백, 평가 등을 이용하여 교사를 돕고 있다.

❶ 학습 진단을 통한 학생 맞춤형 학습 제공

수학 교과의 'AI 코스웨어'의 경우는 각 개발사가 가지고 있는 이전 문제 은행 시장에서 사용하던 문제 풀이의 정답률을 기반으로 한 빅데이터를 이용하여 학습 진단 기능을 사용하고 있다. 이런 학습 진단 기능을 통하여 학생의 개별 목표, 능력에 맞는 학습 콘텐츠를 제공하여 학습 효과를 높이려 하고 있다. 또한 각 개발사에 따라서는 학생들이 작성한 '문제 풀이 과정'을 분석하여 더 정확하고 개인화된 학습을 지원하기 위해 노력하고 있다.

학습 데이터 분석을 통하여 학생 리포트, 맞춤형 과제를 제공하며 교사는 다양하게 수업을 설계할 수 있는 기능들이 존재한다. 어떤 프로그램의 경우는 단순한 유형 문제 풀이가 아닌 성취 수준을 진단할 수 있도록 진단 프로그램을 개발하고 있다. 각 개발사의 개발 철학을 통하여 학생들의 학습데이터를 분석하고 이를 정리하기 위해 노력하며 이를 'AI 디지털교과서'에 접목하고 있다.

학습 진단의 결과는 교사가 학생의 학습 진단 및 피드백 제공, 상담을 진행할 때 사용하거나 학생별 맞춤형 학습을 설계할 때 적극적으로 활용될 수 있다. 'AI 코스웨어'의 각 평가 기능이나, 자동 채점 기능 등을 활용하여 학생들의 학습 성취도를 파악하고 이를 근거로 학생의 학습 수준에 맞는 맞춤형 학습을 할 수 있다. 수학 교과 'AI 코스웨어'의 경우는 개념별 유형 문항으로 분류하여 이를 이수한 정도에 따라서 선수 개념과 현재 개념의 이해도에 따라서 이후 학습에 어떤 영향이 있을지에 대한 분석을 통해 학생들이 학습할 문제를 제공하고 있다. 주로 교과서 예제, 유제, 문제 등의 구성으로 개념, 기본, 심화와 관련된 문항을 제공하고 있고 취약한 학습 요소를 분석하는 것에 주로 목적을 두고 있다. 개발사별로 이후 학습을 진행하는 것에는 차이는 있지만 주로 정답이 틀린 문제의 경우는 유사한 쌍둥이 문제를 제공하고 있고 정답인 경우는 심화 문제를 제공하고 있다. 또한 유형별 핵심 개념이나 문제를 확인할 수 있도록 제공하는 경우가 많다.

[그림 2.21] 클래스팅 – AI러닝 – 단원별 성취도 분석

[그림 2.22] 매쓰홀릭T – 유형 분석

[그림 2.23] 스쿨플랫 – 챌린지

[그림 2.24] 스쿨PT – AI 디지털교과서 서비스 모델 및 프로토타입 시연 자료

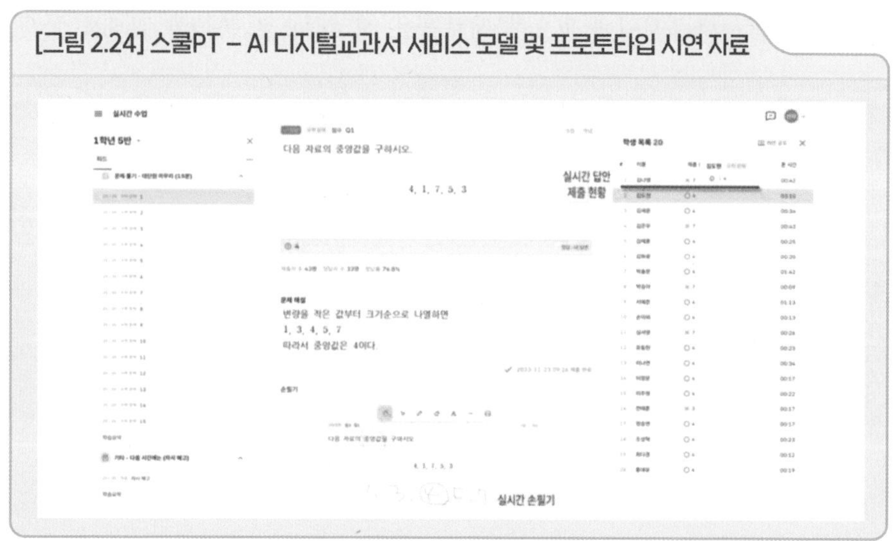

학생 진단 이후 대부분의 코스웨어가 맞춤형 콘텐츠를 제공한다. 이는 교과 진도 달성 수준과 학생의 이해도를 바탕으로 보충, 반복(유사), 심화학습 등 학생에게 도움이 되는 학습 경로를 제공하거나 추천학습을 제공한다.

교사는 'AI 코스웨어'의 진단 기능을 이용하여 학생의 취약한 부분을 탐색하고 맞춤형 피드백 제공을 통해 학생들에게 실질적인 학습 코칭을 제공할 수 있다. 'AI 디지털교과서' 또한 학생들의 진단 기능을 통하여 학생들에게 맞춤형 학습을 설계할 수 있기 때문에 개발사별 'AI 코스웨어'의 학생 진단 기능의 특징점을 파악한 후 생각하여 적절한 수업을 설계하는 것이 중요하다. 특히 중등 교육에서는 단순한 학생의 정답률이 아닌 학생들의 풀이 과정을 해석하거나 계산 과정을 정리한 내용을 통하여 교사가 해당 학습자 분석이 맞는지 점검할 필요도 있다.

❷ 대시보드 기능

'대시보드'는 학습지원에 필요한 정보들을 시각적으로 분석한 결과를 학생, 학부모, 교사가 한눈에 알 수 있도록 학생의 정보를 제공하는 기능이다. 이는 'AI 디지털교과서' 활용 수업 사례의 예시에서도 강조되고 있는 부분이다.

'학생용 대시보드'의 경우 학생이 현재의 학습상태, 학습 참여율, 학습 성취율, 학습 이력, 학습분석 등을 스스로 파악하고 자신의 학습상태를 성찰하고 목표를 설정하여 스스로 학습 목표를 달성할 수 있도록 한다. 또한 개발사별로 달력을 이용하여 학습량, 학습 목표 등을 설정할 수 있도록 하고 있다.

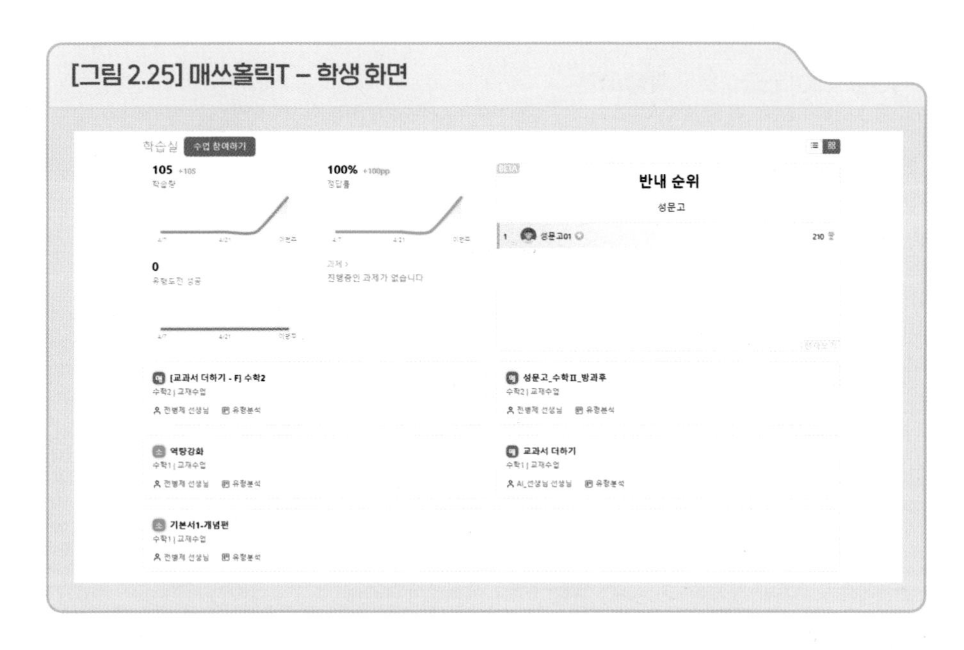

[그림 2.25] 매쓰홀릭T – 학생 화면

[그림 2.26] 매쓰홀릭T – 교사용 학습현황

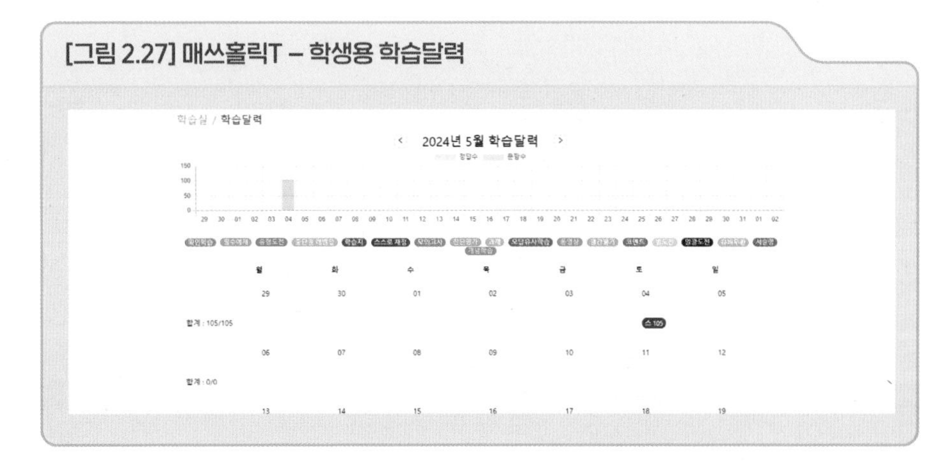

[그림 2.27] 매쓰홀릭T – 학생용 학습달력

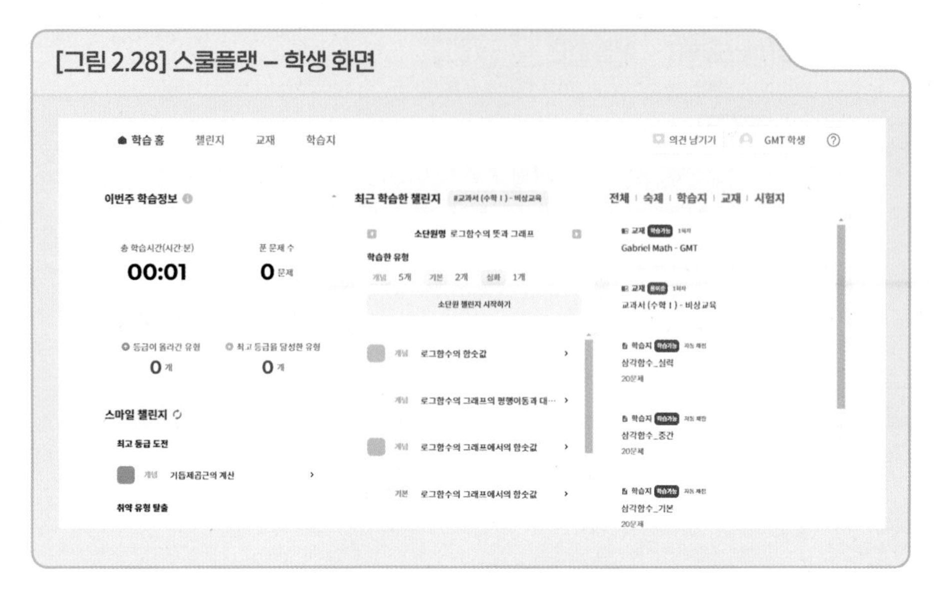

[그림 2.28] 스쿨플랫 – 학생 화면

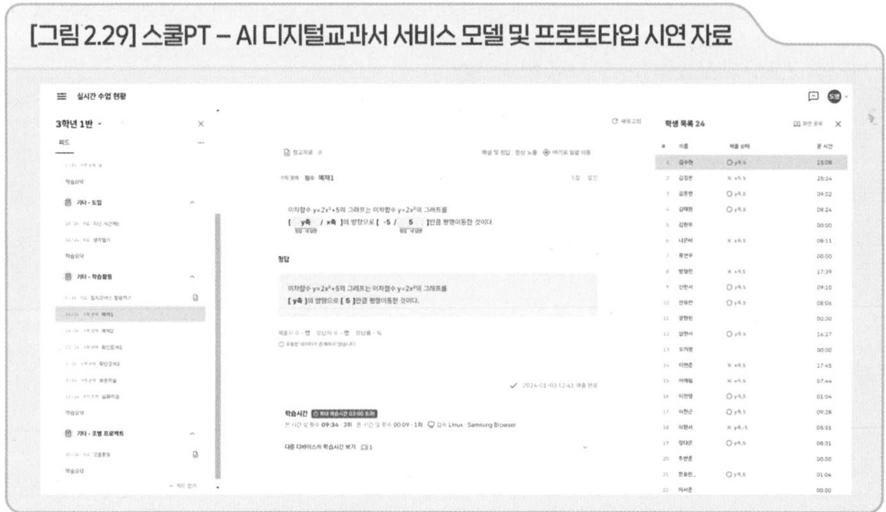

[그림 2.29] 스쿨PT – AI 디지털교과서 서비스 모델 및 프로토타입 시연 자료

[그림 2.30] 클래스팅 – 단원별 성취도 분석, 주간 학습 현황, 학생 분포도

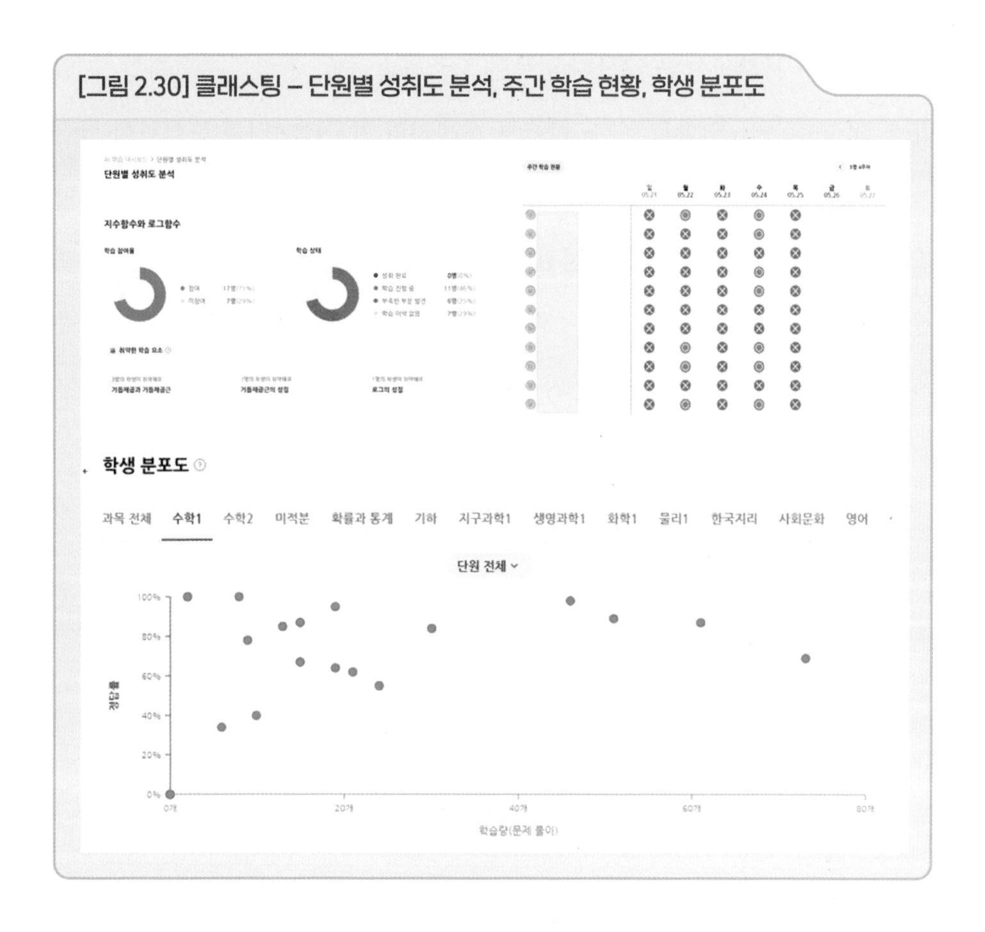

❸ AI 튜터, AI 보조교사

'AI 디지털교과서'의 핵심 기능 중 하나는 바로 'AI 튜터'와 'AI 보조교사'이다. 'AI 튜터'는 인공지능 기술을 이용하여 학습자의 학습 수준, 성향, 학습 목표 달성 등을 분석하여 개별 학생에게 맞는 학습 지도를 제공한다. 학습자의 학습 과정을 격려하고, 학습 동기를 부여하며 지속적으로 학습할 수 있도록 돕는 역할을 한다. 학습 과정에서 발생하는 질문에 답변하고 학습 내용에 대한 이해를 돕는다. 또한 학습자의 학습 수준과 목표에 맞는 학습 자료를 추천하기

도 한다. 'AI 보조교사'는 교사의 업무를 보조하고 수업 운영을 효율화할 수 있도록 교사를 돕는 역할을 한다. 학습자 개개인의 학습데이터를 분석하여 학습 수준, 이해도, 오류 유형 등을 파악하며 학습 상황을 진단하여 그 결과를 바탕으로 학습 효과를 측정하고 개선점을 찾는다. 시험, 과제 등의 평가를 자동으로 채점하고, 그 결과를 분석하여 학습자 개개인의 학습 상황을 파악하고 맞춤형 학습 피드백을 제공하며 교사의 업무 경감을 돕는다.

[그림 2.31] 클래스팅 – AI 보조교사 젤로

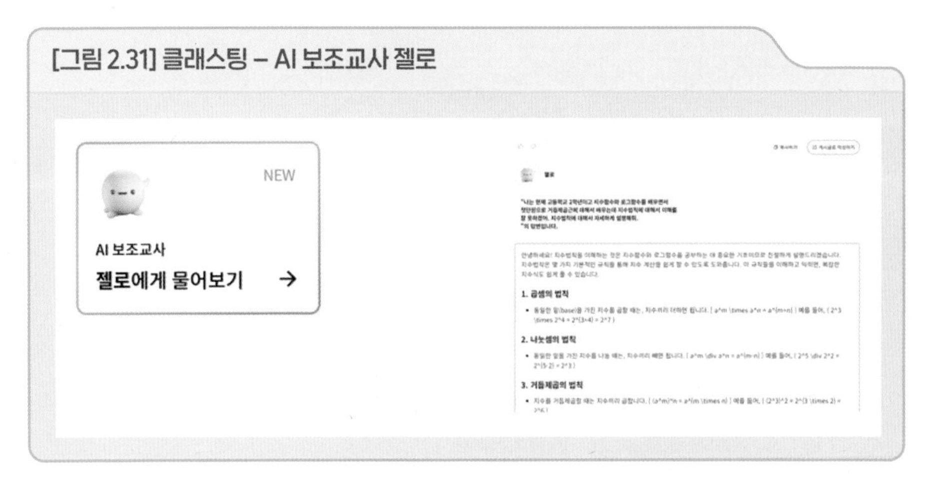

[그림 2.32] 매쓰홀릭T – 매쓰톡

[그림 2.33] 스쿨PT – AI 디지털교과서 서비스 모델 및 프로토타입

3 수학 교과 AI 코스웨어 활용 사례

❶ 교육부 제시 네 가지 디지털 기술 활용 교수·학습 모델

'AI 디지털교과서'를 수학 교과에 도입하기 위해서는 디지털 기술을 수업 시간에 어떻게 활용할지에 대한 고민을 통해 수업을 계획하고 진행하는 것이 중요하다. 'AI 디지털교과서' 활용을 위해서는 교수·학습 모델을 이해하고 수업 및 학습자를 분석하여 교수·학습 모형을 결정하여 교수전략을 세워 학습 활동을 진행하는 것이 중요하다.

수학 교과에서는 각 단원과 관련된 성취기준을 확인하고 적절한 교수·학습 방법과 유의 사항을 선정한 후에 학습자 분석이 중요하다. 학습자의 선수학습 정도, 학습 성향, 학습 태도, 등을 파악하여 'AI 디지털교과서' 활용에 필요한

정보를 수집하고 이를 분석하여 수업을 설계하는 것이 중요하다. 'AI 디지털 교과서' 활용 수업은 단순한 에듀테크 도구의 사용과는 다르게 수업 중 학생과 교사의 상호 소통과 함께 학생 개별 맞춤형 학습을 구현하는 것이 중요하다. 수업에서 'AI 코스웨어'를 '어떤 목적으로 사용할지', '어떤 방법으로 사용할지', '어느 시기에 사용할지' 등에 대한 충분한 고민을 통해 수업을 설계하고 운영해야 한다. 자칫 잘못하면 수학 교과 'AI 코스웨어' 사용이 단순한 문제 풀이 수업이 될 수도 있는 문제가 존재하기 때문에 교사는 신중하게 수업을 설계할 필요가 있다.

교육부에서는 디지털 기반 교육혁신 방안으로 디지털 기술을 활용한 교수·학습 모델로 '기본모형', '예습모형', '복습모형', '집중케어모형'의 네 가지 학습 모델을 개발하여 제공하고 있다. 각 모델에서 'AI 코스웨어'를 사용하는 방법이 수학 교과에서는 어떤 의미가 있는지 생각해보고 각 수업에 맞는 교수·학습 방법을 택하면 좋을 것 같다.

[표 2.1] 교수·학습 모델 유형

구분	내용
기본모형	사전 활동을 통해 학생의 수준을 파악하고 그에 적합한 학생 중심 활동을 부여함으로써 능동적인 학습을 유도
예습모형	수업 전 진단평가를 진행하여 학생의 수준을 파악해 학습 내용을 전달하고 일반적인 수업 평가 방식을 활용해 성취도 평가
복습모형	교실 학습 후 진단평가를 통해 학생의 학습 이해 수준을 점검하고 필요시 개별적 혹은 교사의 지도하에 복습하여 학습 주제에 대한 완전학습 지원
집중케어모형	학습 부진 학생, 취약계층 학생 등의 학습 수준 진단 후 온라인 보충학습, 튜터링 등을 제공해 학습 이해도 제고

[그림 2.34] AI 디지털교과서 활용 수업(예시)

기본 모형

사전활동을 통해 학생의 수준을 파악하고 그에 적합한 학생 중심 활동을 부여함으로써 능동적 학습을 유도

사전학습	사전 진단평가 및 보완		교실수업	형성평가	수준별 과제
교사가 제시하는 학습자료를 활용해 개별 학습 진행	**진단평가** 사전지식 진단 TEST ↓ ↑ **피드백** 피드백 및 콘텐츠 추천	**진단결과** 전체 및 개별학생의 이해 수준 분석 결과를 교사·학생에게 보고	학생수준별 개별, 그룹별 능동적 수업	학생 이해 수준 점검 및 모니터링 진행	형성평가 결과에 따라 수준별 개별 과제 부여

예습모형

수업 전 진단 평가를 진행하여 학생의 수준을 파악해 학습내용을 전달하고 일반적인 수업 평가 방식을 활용해 성취도 평가

사전 진단평가 및 보완		교실수업	성취도 평가
진단평가 사전지식 진단 TEST ↓ ↑ **피드백** 피드백 및 콘텐츠 추천	**진단결과** 전체 및 개별학생의 이해 수준 분석 결과를 교사·학생에게 보고	학생 수준별 개별, 그룹별 능동적 수업	단원별 평가, 중간/기말 평가 등을 통해 학습 이해 수준 평가

복습모형

교실 학습 후 진단 평가를 통해 학생의 학습 이해 수준을 점검하고 필요 시 개별적 혹은 교사의 지도하에 복습하여 학습 주제에 대한 완전학습 지원

교실수업	사후 진단평가 및 보완		추가학습(필요시)	성취도 평가
개별, 그룹별 능동적 수업	**진단평가** 사후지식 진단 TEST ↓ ↑ **피드백** 피드백 및 콘텐츠 추천	**진단결과** 전체 및 개별학생의 이해 수준 분석 결과를 교사·학생에게 보고	사후 진단 평가 결과를 활용해 온라인 개별 피드백 또는 자율학습, 추가 교실활동 등 진행.	단원별 평가, 중간/기말 평가 등을 통해 학습 이해 수준 평가

집중케어모형

학습부진 학생, 취약계층 학생 등의 학습 수준 진단 후 온라인 보충학습, 튜터링 등을 제공해 학습 이해도 제고

사전 진단평가 및 보완		온라인 보충학습	튜터링 활용(필요시)	성취도 평가
진단평가 사전지식 진단 TEST ↓ ↑ **피드백** 피드백 및 콘텐츠 추천	**진단결과** 전체 및 개별학생의 이해 수준 분석 결과를 교사·학생에게 보고	동영상, 교재 등 학습자료를 활용한 보충학습 활동 진행.	교사, 대학생, 멘토 등에게 학습 지원을 요청, 추가 학습 진행.	단원별 평가, 중간/기말 평가 등을 통해 학습 이해 수준 평가

❷ 수학 교과에서 디지털 기술 활용 교수·학습 모델 적용 사례

다음은 일반계 고등학교 2, 3학년 수학 교과에서 'AI 코스웨어'를 활용한 수업 사례를 소개하고자 한다.

1) 교수·학습 과정 설계

수학 교과, 특히 고등학교 수학 수업에서는 '대학수학능력시험'을 고려하지 않을 수 없기에 수업에 대한 고민이 큰 교과라 할 수 있다. 특히 COVID 이후에 수학 교과의 경우는 한 학급에도 다양한 학습 수준이 존재한다. 나선형 구조로 학습 위계가 형성된 교과이기 때문에 학습 수준의 차가 많을 경우 수업을 구성하기 쉽지 않다. 하지만 교실 상황을 보면 수준이 너무 차이나기 때문에 학생별 맞춤형 수업을 진행하기 쉽지 않은 것이 사실이다. 이런 상황 속에서 'AI 코스웨어'는 'AI 기반 맞춤형 교육'과 '학생 주도성 수업'이라는 두 축을 해결할 수 있는 대안이라고 생각했다.

교육부에서 제시한 교수·학습 모델에서 각 모형별 'AI 기반 맞춤형 교육'과 '학생 주도성 수업'을 어떻게 적용할지를 고민하고 수업에서 이를 'AI 코스웨어'를 활용하여 어떻게 수업에 적용할지를 고민했다.

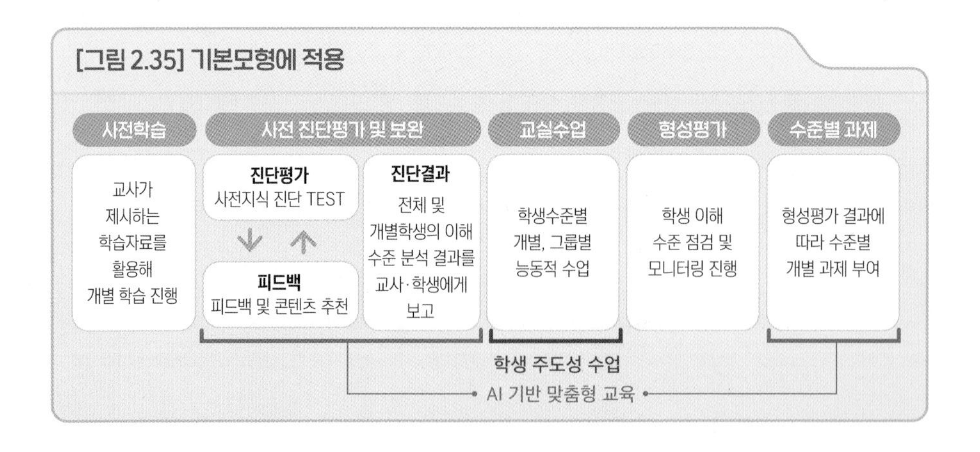

수학 교과에서는 주로 'AI 코스웨어'를 평가의 의미로 사용하는 경우가 많은 것 같다. 특히 'AI 기반 맞춤형 교육'을 하기 위한 진단평가나 학습 이후에 형성평가 기능으로 사용한 후 학생들에게 많은 문제를 풀게 하는 경우가 적지 않다.

이런 문제를 해결하고자 수업에서 'AI 코스웨어'를 사용할 때' AI 기반 맞춤형 교육'과 '학생 주도성 수업'을 위해서 모두 사용할 수 있는 방법을 모색하고 기존에 했던 에듀테크 도구들을 함께 활용하며 수업을 구성하도록 노력하였다.

2) 기본모형에 적용한 '학생 주도성 수업'

'AI 디지털교과서'가 본격적으로 시행되기 이전에 다양한 에듀테크 도구 활용과 관련된 사업들이 진행되었다. 이 중 경기도에서 시행되었던 '미래형 교과서' 사업을 하면서 'AI 코스웨어'를 사용하며 'AI 기반 맞춤형 교육'과 '학생 주도성 수업'을 수업에 반영하려고 노력하였다.

'미래형 교과서'의 경우 기존 경기도 '온라인 콘텐츠 활용 교과서'에서 모든 학생이 자신의 흥미와 수준에 맞는 수업을 받을 수 있도록 교사와 학생 간 상호작용이 강화된 학생 맞춤형 개별학습 실행 여건을 마련하여 온라인 콘텐츠를 활용하여 교수·학습 자료를 교사가 직접 제작하고 활용해 학생 맞춤형 학습을 위하여 '만들어가는 교과서'에 초점을 두고 있다. 수업 설계부터 피드백까지 단순한 에듀테크 도구 활용 수업이 아닌 학생의 역량을 강화하기 위한 'AI 디지털교과서'로 가기 위한 과정이라 할 수 있다.

수업을 설계하면서 단순한 기존 서책형 교과서의 한계와 아직 구현되지 않은 'AI 디지털교과서'를 실현해 보고 싶은 생각으로 수업을 구성하였다. 그렇기에 'AI 코스웨어' 도입에 많은 고민을 했고 단순한 기능적인 측면보다 학생들의 성장을 도모하고 학생 개별화 수업을 할 수 있도록 수업을 설계하여 진행하고자 하였다.

가장 먼저는 학생들의 삶과 연계된 학습이 일어날 수 있도록 수학에서가 아닌 평소에 사용되는 일상 생활 용어와 타교과의 내용을 도입부분에 사용하여 학생들에게 수학을 배워야 하는 의미에 대해서 스스로 생각하며 수업에 참여할 수 있도록 제시하였다. 평소 보여주던 영상도 수학적 내용으로 된 영상이 아닌 타교과의 내용을 중심으로 된 영상을 통해서 그 안에서 수학적 지식을 탐구하여 발견할 수 있도록 생각하는 시간을 주도록 수업을 설계하였다. 공학용 도구를 활용하여 학생들이 직접 상황을 파악하고 직접 탐구하며 개별학습을 하거나 협력학습을 할 수 있도록 수업을 설계하여 진행하였다. 이후 교과 내용과 연계하여 수업을 설명한 후 학생들의 개별 수준을 확인하기 위해서 'AI 코스웨어'를 활용하였다.

[그림 2.39] 디지털, AI 활용 수업 설계안 1

「2023 미래형 교과서 성문고 수업 나눔」

수학 Ⅱ

소속/성명	성문고등학교 / 전병제				
학년	2	단원	Ⅱ. 미분 2. 도함수의 활용 06. 속도와 가속도	차시	26/30
성취기준	속도와 가속도에 대한 문제를 해결할 수 있다. 공학적 도구를 이용하여 미분에 관련된 다양한 문제를 해결할 수 있다.				
탐구질문	우리가 일상생활에서 사용하고 있는 평균 속도, 순간 속도는 수학에서 어떤 개념과 연관이 있을까?				
수업 흐름도	<탐구 1> 탐구 주제 확인 → <탐구 2> 개념 탐구1 (탐구 활동) <수행 1> 개념 탐구2 → <수행 2> 문제 해결 (수행 - 문제해결) <성찰> AI 코스웨어 (자기평가)				

수업 / 탐구

<탐구 1> 탐구 주제 확인

∫ 수업 집중
- 학생들의 수업할 수 있는 분위기 조성

∫ 탐구 주제 및 학습 목표 제시
- 학생들이 실생활 속에서 사용되는 것과 관련되게 생각할 수 있도록 구체적으로 제시한다.

<공통과학 관련>

∫ 관련 영상 시청
- 실생활과 관련 영상시청 및 수학 용어 퀴즈

가속도값 구해볼래?

<탐구 2> 개념 탐구1

∫ 관련 개념 탐구 및 토론 활동
- 직접 활동과 친구들과 토론을 통하여 실생활에서 사용되는 속도와 가속도의 개념을 수학적으로 그래프를 그릴 수 있을지 생각해 보는 활동을 한다.

- 실생활 용어와 수학적 용어 사용을 혼용할 수 있도록 지도한다.

[그림 2.40] 디지털, AI 활용 수업 설계안 1

[그림 2.41] 디지털, AI 활용 수업 설계안 1

[그림 2.42] 디지털, AI 활용 수업 설계안 1

「2023 미래형 교과서 성문고 수업 나눔」

수학 II

수업설계	성찰	<성찰> 자기 평가 ∫ 나만의 수학 개념 정리 - 수업을 통해 배우고 느낀 점을 간략하게 작성하고 발표할 수 있도록 한다. - 나만의 수학 개념 정리 노트를 작성한다. ∫ 자기 평가 - AI 코스웨어를 활용하여 자신의 학습 후 능력을 점검한다. TIP AI코스웨어 사용시 지나친 문제를 제공하기 보다는 2~3문제 제공을 통하여 학생들 스스로 자신을 점검할 수 있도록 하고, 필요시에 직접 자기 진단 평가를 통하여 자신의 실력을 점검할 수 있도록 자기 주도 학습 능력을 기를 수 있도록 한다.
활용 도구/플랫폼		구글클래스룸, 구글슬라이드, 니어팟, 데스모스, 클래스팅

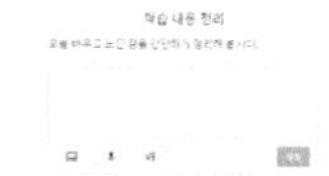

[그림 2.43] 디지털, AI 활용 수업 설계안 2

「2023 미래형 교과서 성문고 수업 나눔」

수학 II

소속/성명	성문고등학교 / 전병제				
학년	2	단원	Ⅰ. 2. 함수의 연속 01. 함수의 연속	차시	12/20
성취기준	함수의 연속의 뜻을 안다. 공학적 도구를 이용하여 함수의 연속과 관련된 다양한 문제를 해결할 수 있다.				
탐구질문	연속과 불연속을 수학적으로 어떻게 나타낼 수 있을까?				
수업 흐름도	<탐구 1> 탐구 주제 확인 → <탐구 2> 개념 탐구1 (탐구 활동) → <수행 1> 개념 탐구2 → <수행 2> 문제 해결 (수행 - 문제해결) → <성찰> AI 코스웨어 (자기평가)				

수업	탐구	
		<탐구 1> 탐구 주제 확인
		∫ 수업 집중 - 학생들의 수업할 수 있는 분위기 조성
		∫ 탐구 주제 및 학습 목표 제시 - 공학용 도구를 통하여 함수의 극한을 이해할 수 있도록 구체적으로 제시한다.
		∫ 관련 영상 시청 - 함수의 그래프가 사용된 것을 확인할 수 있도록 한다. 또한 그래프를 통해 연속을 이해할 수 있도록 한다.
		<탐구 2> 개념 탐구1
		∫ 관련 개념 탐구 및 토론 활동 - 공학용 도구를 통하여 좌극한, 우극한, 함숫값을 표현하는 방법에 대해서 생각하도록 한다. - 수학 기호 사용을 명확히 하고 직접 함수의 연속에 대해서 정의해 보도록 한다.

[그림 2.44] 디지털, AI 활용 수업 설계안 2

「2023 미래형 교과서 성문고 수업 나눔」

수학 II

수업	수행 – 문제 해결	**<수행 1> 개념 탐구2** ∫ 함수의 극한을 통한 연속 용어 정의 - 수학적 표현을 이용하여 그래프를 설명하고 이에 관련되어 토론 활동을 해본다. 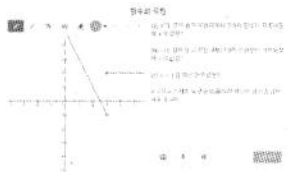 - 극한값이 존재할 때 다른 방향으로 가는 함수를 직접 만들어 보고 토의 활동을 통해 연속이라고 말할 수 있는지 생각해 본다.  ∫ 교과서 용어 정리 - 교과서 용어 정의를 통하여 함수의 연속을 정의하고 이를 식으로 표현할 수 있도록 한다. 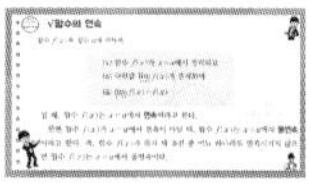 **<수행 2> 문제 해결** ∫ 모둠별 문제 해결 - 공학용 도구를 이용하여 주어진 문제를 해결하고 모둠별 토의 활동을 진행한다.   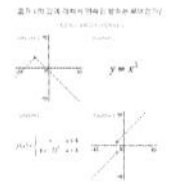 TIP 공학용 도구 사용을 이해하고 함수의 연속을 그래프를 통해서 이해할 수 있도록 지도한다. 또한 식을 그래프로, 그래프를 식으로 표현할 수 있도록 지도한다.

[그림 2.45] 디지털, AI 활용 수업 설계안 2

「2023 미래형 교과서 성문고 수업 나눔」

수학 II

수업	수행 - 문제 해결	∫ 교과서 문제 해결 - 함수의 연속의 정의를 토대로 교과서 문제를 해결해 본다. - 개념을 공학용 도구를 사용하여 그래프로 이해할 수 있도록 한다.  ∫ 수준별 문제 해결 - 교과서 중단원 및 대단원 평가 관련 문제 해결 - EBS 수능 특강을 활용하여 수준별 문제 해결 및 협력학습을 할 수 있도록 한다.  TIP 문제 해결 시 서로 협력학습을 통하여 배움이 일어날 수 있도록 한다. 꼭 모든 문제를 해결하기 보다는 관련 개념을 자신의 수준에 맞게 이해할 수 있도록 문제해결을 수행할 수 있도록 한다.
	성찰	<성찰> 자기 평가 ∫ 나만의 수학 개념 정리 - 일상 생활과 연결하기 - 나만의 수학 개념 정리 노트를 작성한다.  ∫ 자기 평가 - AI 코스웨어를 활용하여 자신의 학습 후 능력을 점검한다. 

[그림 2.46] 디지털, AI 활용 수업 설계안 2

'AI 디지털교과서'는 현재 많이 성행되고 있는 LMS를 기반으로 학생들의 데이터를 수집하고 분석하여 학생 맞춤형 수업을 만들기 위해서 기본 틀로 삼고 있다. 그렇기 때문에 평소 사용하던 LMS를 기반으로 학생들의 값을 수업하고 단순한 서책형 교과서가 아닌 학생들이 각자 자신의 교과서를 갖도록 에듀테크 도구를 활용하였다. 또한 'AI 디지털교과서'는 학생들이 수업 중에 하는 모든 활동에서 교사와 상호 소통의 기능을 갖게 설계되고 있다. 이를 사용하기 위해 학생들의 기록을 확인할 수 있도록 에듀테크 도구와 수학 교과 공학용 도구를 이용하여 실시간으로 학생의 답안을 확인하며 학생들 상호 간, 교사와 학생 상호 피드백 작용을 할 수 있도록 하였다. 가장 고민이 되었던 부분이 'AI 코스웨어'를 어떻게 사용할지였다. 현재 수학 교과의 경우 진단 기능은 잘 되어 있어서 학생들이 'AI 코스웨어'를 사용하면 학생들의 수준을 분류할 수 있다. 하지만 주어지는 문제 수준이 높은 경우도 많이 있고 학생들의 성취도 차이가 많이 단순한 도입에는 큰 어려움이 있었다. 이를 보완하기 위해서 학생들의 난이도에 맞도록 수준별 문제를 직접 제작하여 나누고 수업의 성찰 부분에 자기 평가를 할 수 있도록 'AI 코스웨어'를 활용하였다. 많은 문제를 제공하기보다는 2~3문제 정도 각 반의 특성에 따라서 학생들 스스로 배운 개념을 점검할 수 있도록 하고 자기 주도 학습 능력을 기를 수 있는 것을 목적으로 'AI 코스웨어'를 도입하였다.

[그림 2.47] 미래형 교과서 활용 – 공개 수업 자료

기존 아이들 평가 자료와 수업 중에 관찰하였던 내용을 기본으로 'AI 코스웨어'를 활용하여 사전에 학생들의 성취도를 분석할 수 있는 데이터를 축적하고 실질적 수업에서는 단순한 문제 풀이 활동이 되지 않게 수업을 구성하기 위해서 수업 후 진단평가로 'AI 코스웨어'를 활용하여 학생들의 성취도를 판단하는 용도로 사용하였다. 또한 학생들의 수준 분석 후 학생들에게 맞는 문제를 제공하여 학생들의 자기 주도 학습 능력을 신장하는 것을 목표로 하였다.

[그림 2.48] 클래스팅 AI평가 – 수업 후 진단평가로 활용

3) 복습모형으로 '학생 맞춤형 수준별 학습지 제작'

다양한 수업의 활동 중에 문제 해결력 증진 활동으로 'AI 코스웨어'를 활용하여 학생들이 자신의 성취도에 따라서 학습할 수 있도록 수업을 구상하기 위해서 노력하였다. 단순한 난이도 수준을 분류하기보다 수업에서 배운 내용을 'AI 코스웨어'로 진단평가를 통하여 학생들의 학습 이해 수준을 점검하고 난이도별로 동료학습이 진행될 수 있도록 수업을 진행하였다.

해당 활동에서 학생들이 스스로 오답 노트를 정리할 수 있도록 하고 자신의 난이도 이외에 여러 난이도에 도전하며 학습 목표를 달성할 수 있도록 지도하였다. 'AI 코스웨어'의 종류에 따라서 문제를 제공할 때 문제의 난이도를 확인할 수 없는 코스웨어가 있기 때문에 문제를 제공할 때 주의가 필요한 부분도 있다. 각 코스웨어의 특징을 살려서 학생들의 수준에 맞는 학습지 제작을 통해 학습 목표를 이룰 수 있도록 하는 것이 중요하다.

[그림 2.49] 스쿨플랫을 이용하여 난이도별 학습지 제작

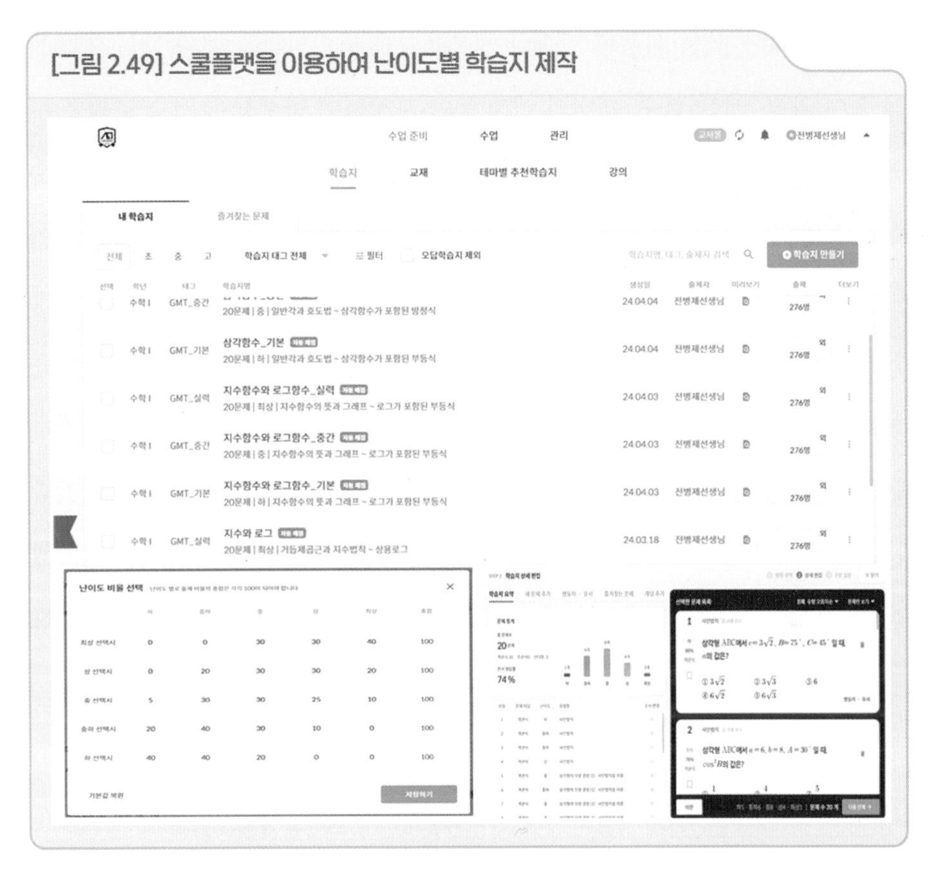

[그림 2.50] 매쓰홀릭T를 이용하여 난이도별 학습자료 제작

타입	학습지	선생님	학생	제출현황
유형학습	생성일 : 23.10.10 2학기 1차 지필 대비[실력] (2) 20문항 1회차	전병제	성문고01 외 1명	0명 / 2명
유형학습	생성일 : 23.10.10 2학기 1차 지필 대비[실력] (1) 20문항 1회차	전병제	성문고17	0명 / 1명
유형학습	생성일 : 23.10.10 2학기 1차 지필 대비[중간] (2) 20문항 1회차	전병제	성문고17	0명 / 1명
유형학습	생성일 : 23.10.10 2학기 1차 지필 대비[중간] (1) 20문항 1회차	전병제	성문고17	0명 / 1명
유형학습	생성일 : 23.10.10 2학기 1차 지필 대비 문제[기본] (2) 20문항 1회차	전병제	성문고17	0명 / 1명

'AI 코스웨어' 활용 이후에 단순한 정오표만을 확인하는 것보다 해당 학생들의 풀이 과정, 계산 실수, 개념의 이해 등을 파악하여 학생들이 서로 토의할 수 있도록 하였고 모둠활동을 통해서 수학적 의사소통 능력 및 협력학습을 할 수 있도록 하였다. 기존에 'AI 코스웨어'만을 사용할 때는 단순히 유형 학습에 의한 문제 풀이로 생각하여 단순히 정답을 맞추기 위해서 학습하던 학생들이 많았지만 수준별 문제를 구성한 후 다양한 활동을 통해 문제를 해결하는 활동을 진행하며 학생들의 토의 활동과 서로 설명해주는 활동을 진행하였다. 그 결과 단순한 'AI 코스웨어'를 사용하는 것보다 수학적 사고력 신장에 도움이 되었다는 피드백이 많았다. 또한 단순히 'AI 코스웨어'를 이용하여 문제를 풀 땐 기계적으로 답을 구하는 과정에 초점을 뒀다면 활동 중심의 수업에서는 어떤 수학적 개념이 있는지에 대해서 생각하는 시간이 되었다는 피드백이 많았다.

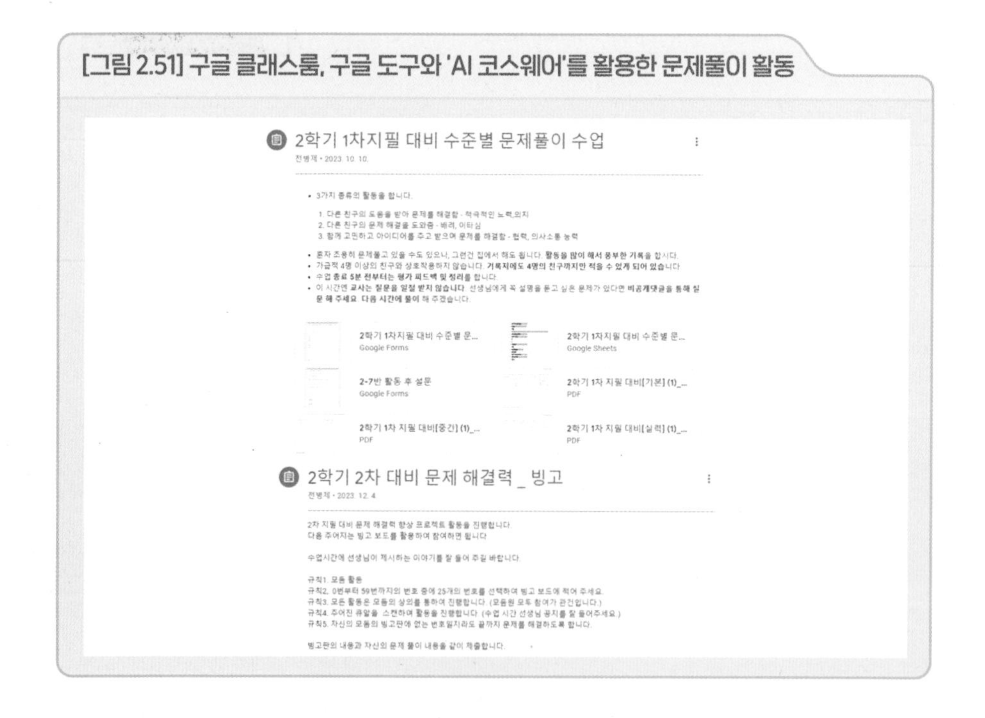

[그림 2.51] 구글 클래스룸, 구글 도구와 'AI 코스웨어'를 활용한 문제풀이 활동

4) 집중케어모형으로 '최소성취기준보장 활동'

2022 개정 교육과정에서는 학생들의 성취도에 따라서 각 과목에 이수와 미이수가 있고 성취수준 40% 미만인 학생들에게는 보충 학습을 통하여 최소 성취 수준을 보장해줘야 한다. 이미 수업이 진행하고 원하는 학생들을 모아서 최소 성취 수준 보장 실현을 위해서 방과후에 필요한 학생들의 학습을 돕는 활동으로 'AI 코스웨어'를 활용하였다.

[그림 2.52] 매쓰홀릭T 교재 기능으로 학생의 학습 성취 및 오답 성취 수준 파악

1 함수의 극한 2 다항함수의 미분법 3 다항함수의 적분법 오답유사 보기 ON 박스형 보기 리스트형 보기

	1.1 함수의 극한 유형1	1.1 함수의 극한 유형2	1.1 함수의 극한 유형3	1.1 함수의 극한 유형4	1.1 함수의 극한 유형5	1.1 함수의 극한 유형6	1.1 함수의 극한 유형7	1.1 함수의 극한 유형8	1.1 함수의 극한 유형9
총 3명 변경	3명 제출 평균 44점	3명 제출 평균 89점	3명 제출 평균 56점	3명 제출 평균 100점	3명 제출 평균 78점	3명 제출 평균 100점	3명 제출 평균 78점	2명 제출 평균 83점	1명 제출 평균 67점
성문고01	2/3 (67점) 1/1 (100점)	3/3 (100점) /	2/3 (67점) 1/1 (100점)	3/3 (100점) /	3/3 (100점) /	3/3 (100점) /	3/3 (100점) /	2/3 (67점) 1/1 (100점)	2/3 (67점) 1/1 (100점)
성문고02	1/3 (33점) 미제출	3/3 (100점) /	2/3 (67점) 1/1 (100점)	3/3 (100점) /	3/3 (100점) /	3/3 (100점) /	2/3 (67점) 미제출	3/3 (100점) /	미제출 /
성문고03	1/3 (33점) 미제출	2/3 (67점) 미제출	1/3 (33점) 0/1 (0점)	3/3 (100점) /	1/3 (33점) 0/1 (0점)	3/3 (100점) /	2/3 (67점) 1/1 (100점)	미제출 /	미제출 /

이미 정규 수업 시간에 학습한 내용이기 때문에 학생들의 취약 부분을 확인하기 위해서 'AI 코스웨어'를 이용하여 학생들의 각 성취 수준을 파악하고 성취 수준에 미흡한 영역에 대해서는 교사가 직접 개념 피드백을 한 후 오답 노트 등 유사 쌍둥이 문제 학습을 통해서 성취 목표를 이룰 수 있도록 도왔다. 또한 기존 교과서 문제를 스스로 채점하여 자신의 성취 수준이 어느 정도인지 스스로 확인하며 학습을 할 수 있도록 지도하였다.

[그림 2.53] 매쓰홀릭T – 스스로 채점하기 기능

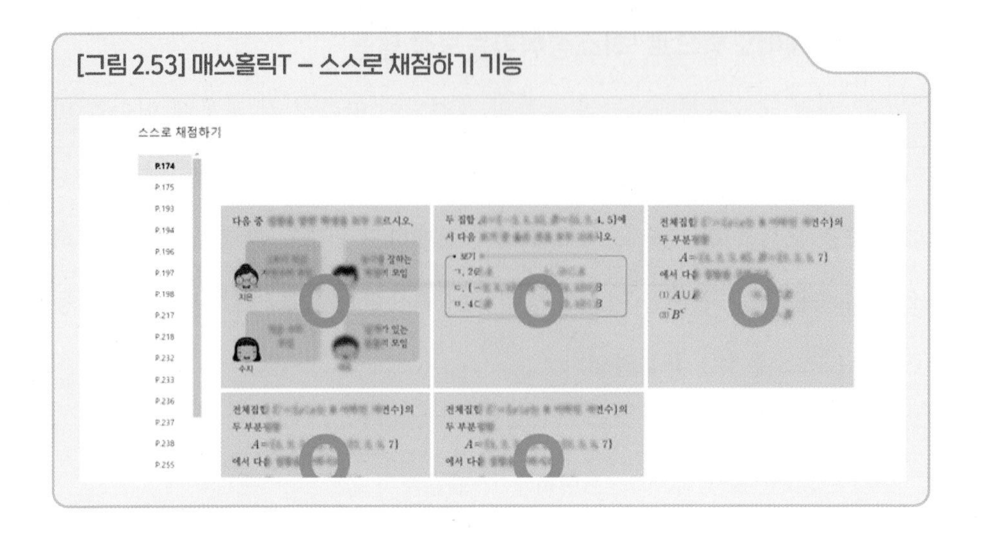

이전 선수학습 내용이 잘 정리되지 않은 학생이나 성취 수준이 심각하게 낮은 경우는 대부분 'AI 코스웨어'에서 제공하는 문제를 해결할 수 없다. 개발사별로 이런 문제를 해결하기 위해서 특정 기능을 통해 해당 학생을 지도할 수 있도록 하기도 한다. 이런 기능을 이용하여 계산력이 약한 학생이나 아주 기본적인 개념을 익히기 위해서 반복적인 학습을 도와줄 수 있다.

[그림 2.54] 매쓰홀릭T – 연산대장(난이도 하의 단순 계산 문제)

5) 보고서를 통한 학생 피드백 후 학생 자기주도 수업 만들기

'AI 코스웨어'의 최대 장점 중 하나는 학생들의 학습 데이터를 분석하여 보고서를 작성할 수 있는 것이라 생각한다. 다만 문제 풀이 중심이기 때문에 간혹 학생들이 계산 실수 등으로 오답을 체크하는 경우도 많이 있고 정답을 입력하는 시간을 확인해보면 그냥 답만 체크한 것 같이 정말 빠른 속도로 답을 체크하는 경우가 있기 때문에 이 점을 주의해서 보고서를 분석할 필요가 있다. 하지만 학생들의 각 영역별 성취 요소를 분석해주기 때문에 교사가 학생들을 파악하기에는 유의미한 활동이 된다. 또한 학생들의 학습량을 확인하며 수업 태도와 학생들의 선수학습 정도 등을 확인하는 데 좋은 도구가 된다.

[그림 2.55] 매쓰홀릭T – 학습지 활동에 대한 보고서

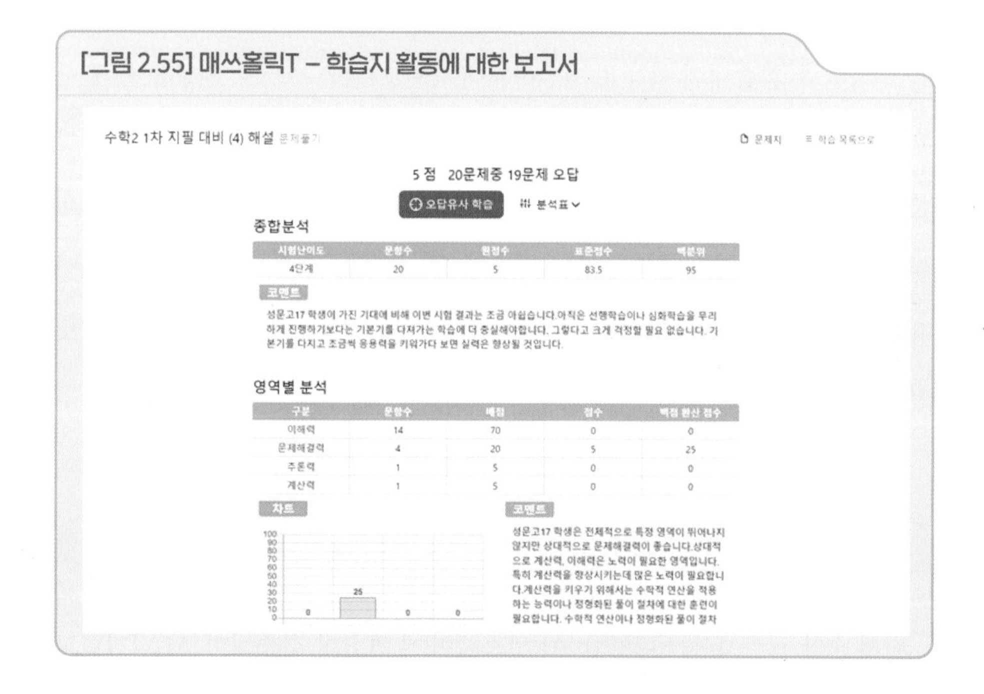

수학2 1차 지필 대비 (4) 해설 문제풀기

문제지 ≡ 학습 목록으로

5 점 20문제중 19문제 오답

오답유사 학습 분석표

종합분석

시험난이도	문항수	원점수	표준점수	백분위
4단계	20	5	83.5	95

코멘트

성문고17 학생이 가진 기대에 비해 이번 시험 결과는 조금 아쉽습니다.아직은 선행학습이나 심화학습을 무리하게 진행하기보다는 기본기를 다져가는 학습에 더 충실해야합니다. 그렇다고 크게 걱정할 필요 없습니다. 기본기를 다지고 조금씩 응용력을 키워가다 보면 실력은 향상될 것입니다.

영역별 분석

구분	문항수	배점	점수	백점 환산 점수
이해력	14	70	0	0
문제해결력	4	20	5	25
추론력	1	5	0	0
계산력	1	5	0	0

차트

코멘트

성문고17 학생은 전체적으로 특정 영역이 뛰어나지 않지만 상대적으로 문제해결력이 좋습니다.상대적으로 계산력, 이해력은 노력이 필요한 영역입니다. 특히 계산력을 향상시키는데 많은 노력이 필요합니다.계산력을 키우기 위해서는 수학적 연산을 적용하는 능력이나 정형화된 풀이 절차에 대한 훈련이 필요합니다. 수학적 연산이나 정형화된 풀이 절차

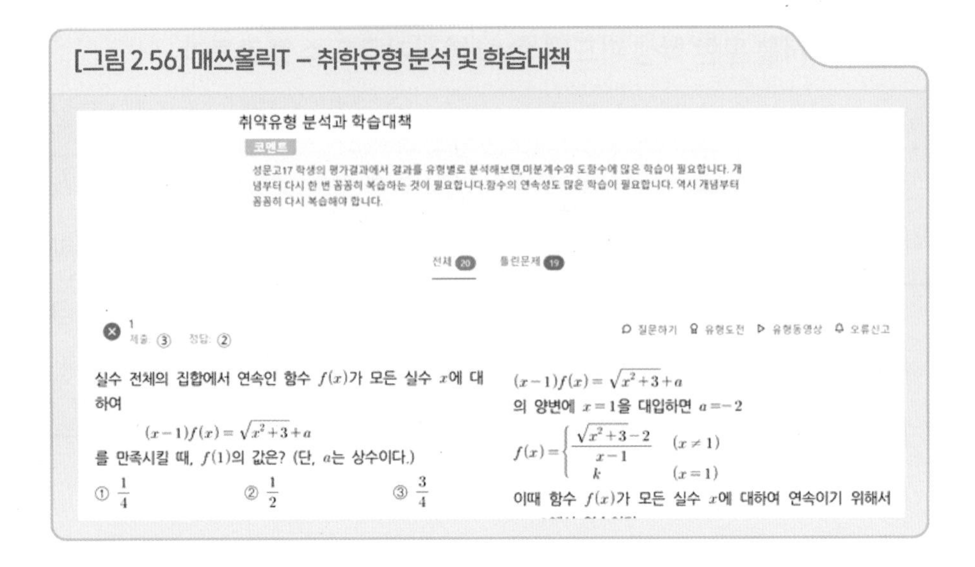

[그림 2.56] 매쓰홀릭T – 취학유형 분석 및 학습대책

'AI 코스웨어'에서 보고서는 단순한 데이터 분석을 넘어 각 학생의 취약 유형을 분석한 후 학습대책 활동을 제공하며 부족한 개념을 스스로 영상을 통해 학습하도록 하거나 주어진 문제와 유사 문제를 풀어 다시 학습할 수 있는 기회를 준다. 또한 각 개념을 이해하고 있는 경우는 도전, 심화 문제를 제공하여 자신의 실력 향상을 도모하기도 한다. 또한 질문하기 기능이나 'AI 튜터' 기능을 이용하여 질문을 통해 교사와의 소통을 통해 학습 목표를 달성할 수 있도록 지도할 수 있다.

4 수학 교과에서 AI 디지털교과서 도입을 앞두고

현재 수학 교과에서는 다양한 'AI 코스웨어'에 관심이 집중되며 'AI 디지털교과서' 도입을 준비하며 많은 고민이 있는 것이 사실이다. 기존의 에듀테크 활용 수업과의 차이에 대해서 논의하고 단순히 학생들의 정오답을 통하여 분석을 이용하여 학생들을 점수화 시키는 것이 'AI 디지털교과서'를 사용하는 것이 아니기 때문이다.

'AI 디지털교과서' 도입이 수업 시간 다양한 참여 방식으로 전통적 수업을 변화할 것이라고 예상하며 학생들이 수업에 적극적으로 참여할 수 있을 것이라 기대하고 있다. 이런 기대에도 불구하고 염려하고 있는 부분은 현재 존재하는 많은 'AI 코스웨어'가 혼자 문제를 풀이하는 방향으로 많이 개발되고 있다는 것이다. 수학 교과는 혼자 문제를 풀이하는 시간도 필요하지만 많은 사람과 수학적 의사소통을 통해 논의, 공동 연구를 통하여 아이디어를 얻고 문제를 해결하는 실마리를 찾아가는 것이 중요하다. 또한 'AI 코스웨어'에서 분석한 대로 특정 문제만을 제공하는 것은 학생 스스로가 알고 싶은 부분을 찾아서 스스로 문제를 탐구하고자 하는 태도를 저해하는 요소로 작용할 수 있다는 문제점이 존재한다. 이런 문제점을 극복하기 위해서는 'AI 디지털교과서'를 활용하여 '수학적 모델링' 수업을 구현하여 학생들이 스스로 수학 교과 개념을 탐구할 수 있는 수업을 구상하는 것이다. 이런 수업을 구상하기 위해서는 단순한 기술 개발을 넘어서 수업에 필요한 다양한 콘텐츠 개발에 교사가 집중할 필요가 있다.

'AI 디지털교과서' 사용으로 교사는 단순한 지식 전달을 넘어 촉진자와 수업 설계자의 측면에서 학생들이 수학을 학습할 수 있도록 콘텐츠를 개발하고 'AI 디지털교과서'를 효율적으로 사용하여 수업을 구성하여 모든 학생에게 수학을 학습할 수 있도록 노력해야 한다.

'AI 코스웨어' 사용으로 인해 어릴 때부터 빠르고, 효과적으로 문제를 푸는 연습을 하는 것이 아닌 천천히 생각하고 스스로 문제를 해결해 가는 과정 안에서 수학을 학습할 수 있도록 교사는 수업을 설계하고 학생들에게 맞춤형 개별화 학습을 통해 스스로 학습할 수 있도록 교사의 교육철학을 'AI 디지털교과서'에 담아낼 수 있도록 노력해야 한다.

현재 이슈인 '교실혁명'은 교사들이 수업을 거창하게 바꾸는 것이 아닌 학생들이 수업에 주도적으로 참여하고 능동적이며 자기 주도적인 수업을 할 수 있도록 교실 수업을 바꾸는 것이다. 'AI 디지털교과서' 활용을 통해 모두를 위한 맞춤형 교육이 실현되길 기대한다.

• 참고문헌

- 교육부, KERIS(2023). AI 디지털교과서 개발 가이드라인.
- KERIS(2024). AI 디지털교과서 서비스 모델 및 프로토타입 자료집.
- 교육부(2023). 2023 디지털교육백서.
- 교육부(2022) 수학과 교육과정.
- 이주호, 정제영, 정영식(2021). AI 교육 혁명. 시원북스.
- 유미나, 진성희, 서경원 외(2023) 국내외 AI 보조교사 활용 사례 및 기술동향, 한국교육학술정보원.
- [인터뷰] AI 디지털교과서는 수학 수업을 어떻게 바꿀 것인가(김희정 수학교육과 교수, http://kuen.korea.ac.kr/news/articleView.html?idxno=789)

CHAPTER 3

PART 02

▶ AI 디지털교과서 활용 수업 : 수학 교과 사례

▶ 황진명

'코로나19(COVID-19)의 발병으로 인해 교육 환경의 급속한 변화는 시대적 흐름과 맞물려 AI 디지털교과서를 만들어내고 있다.'

교사에게 교수학습의 설계 및 운영, 평가와 피드백은 과거부터 지금까지 교수학습의 핵심 요소로 교사가 수업 전후 반드시 행해야 하는 필수 과정이다. 이러한 과정은 교육의 질을 향상시키고, 학생 개개인의 학습 성취도를 최적화하는 데 중요한 역할을 한다.

하지만 코로나19(COVID-19)의 발병 이후 다른 분야처럼 교육 분야에서도 매우 큰 변화의 바람이 불어왔다. 특히 국가적 차원에서 원격 교육의 급격한 도입은 수업 설계에 다양성과 유연성을 요구했으며, 기존의 대면 수업 중심의 교육 방식에서 벗어나 디지털 도구와 리소스의 통합을 촉진했다. 특히 시대적 상황에 따른 다양한 에듀테크의 등장은 과거 전통적인 방식의 수업을 운영하던 교사의 수업 설계, 운영, 평가, 피드백 방식을 변화시켰다. 실제 학생의 맞춤형 학습, 참여 및 상호작용에 따른 협업 및 커뮤니케이션, 실시간 피드백, 데이터 기반 교육이 가능한 에듀테크를 활용하며 교사의 교육 방법이 개선되고 학생들의 학습 효율성을 높이는 결과를 가져왔다. 이처럼 에듀테크를 활용하여 교수학습을 운영하는 교사들이 점차 늘어남에 따라 교실 운영은 디지털 환경과 병행하는 형태로 변화되면서 학생들의 참여를 유도하고 이를 관리하는 새로운 전략이 필요한 시대를 맞이했다.

1 수학교과에서 AI 디지털교과서의 필요성

수학 교과에서도 이러한 디지털 환경 추세에 맞춰 수업이 변화하고 있다. AI 디지털교과서의 도입은 광범위한 학생들에게 양질의 교육을 제공하고 전통적인 교육 및 학습 방법의 일부 고질적인 문제를 효과적으로 해결하고, 학생 개개인에게 맞춤형 학습을 제공할 수 있다는 점에서 학교 현장에 필요하다.

AI 디지털교과서가 도입되기 전에 교사들은 학생들의 문제 해결 능력을 강화하고, 다양한 시각 자료를 통해 학습 효율성을 높이며, 에듀테크 도구를 사용하여 복잡한 개념을 효과적으로 설명하기 위해 수업 중에 개별 AI 코스웨어를 사용하는 경우가 많았다. 이런 접근 방식은 학생의 참여를 장려했을 뿐만 아니라 즉각적인 피드백을 제공하여 학습 과정을 보다 상호 작용적이고 개인화하여 효율성을 높였다. 하지만 수업에서 AI 코스웨어와 함께 기존 교과서를 관리하는 것은 생각처럼 쉬운 일이 아니었고, 시간 관리 및 수업 구성 측면에서도 상당한 노력이 필요했다. 다시 말해, 좋은 점과 불편한 점의 균형을 적절히 맞추며 원활하고 효율적인 수업 운영을 유지하는 데 어려움을 겪는 경우가 많았다.

하지만 앞으로 등장할 AI 디지털교과서는 기존 교육 방식에 비해 서책형과 AI 코스웨어를 통합해 교육에 보다 더 효율적이고 관리하기 쉬운 접근 방식을 제공할 것이다. 알고리즘을 활용하여 개별 학생 성과에 따라 콘텐츠를 조정하여 각 학습자가 자신의 필요에 맞는 교육을 받을 수 있도록 보장하며 시뮬레이션 및 시각화와 같은 요소는 추상적인 개념을 더욱 구체적이고 이해하기 쉽게 만들 것이다. 또 AI 보조교사와 같은 기능은 기본 지식을 기반으로 고급 개념으로의 확장을 촉진하여 전반적인 학습 경험을 향상시키는 데 도움을 줄 것이다.

또 AI 디지털교과서는 학생들의 학습 진행 상황에 대한 실시간 피드백과 상세한 분석을 제공하여 교사가 학습 격차를 즉시 모니터링하고 해결할 수 있도록 돕는다. 이러한 데이터 기반 접근 방식은 학습자의 다양한 속도와 스타일에 맞는 차별화된 교육을 가능하게 하며 결과적으로 학생의 참여도와 동기를 향상시킬 뿐만 아니라 수업 관리를 단순화하여 교육 과정을 더욱 효율적이고 효과적으로 만들 것이다.

이처럼 수학 분야 AI 디지털교과서는 맞춤형 학습 경험을 제공하고, 개념 이해도를 향상시키며, 실시간 피드백을 통해 실행 가능한 통찰력을 제공함으로써 궁극적으로 보다 효과적이고 종합적인 교육 환경을 조성할 것이다. 따라서 앞으로 일부 교과에서 서책형 교과를 AI 디지털교과서로 대체하여 사용하는 것은 결코 잘못된 선택이 아닐 것이다.

학교 현장의 새로운 변화는 특별한 상황이나 공동체가 요구하지 않는 한 쉽게 일어나지는 않는다. AI 디지털교과서가 보급·정착되고 완벽한 프로토콜이 개발되기까지는 학교 현장에서 다소 어려움이 있을 것이다. 그러나 맞춤형 학습을 강화하고 개념 이해를 향상하며 실시간 피드백을 제공하는 AI 디지털교과서의 혁신적인 잠재력은 이러한 전환을 가치 있게 만들 것이며 학교 교육 과정은 더욱 효율적이고 효과적이게 되어 궁극적으로 교사와 학생 모두에게 도움이 될 것이다.

2 수학 교과에서 사용되는 다양한 AI 코스웨어와 그 기능

[표 2.2]는 한국교육학술정보원에서 제공한 수학 교과에서 사용할 수 있는 AI 코스웨어와 그 기능을 분류해 놓은 것이다. 총 13개의 AI 코스웨어에 다양한 기능들을 정리하고 기능별 구체적 항목을 비교함으로써 한눈에 알아볼 수 있도록 정리했다. 이를 참고하여 일차적으로 AI 코스웨어를 선택해도 되지만, 되도록 다양한 AI 코스웨어의 데모버전을 업체에 요청해 사용해 본 후 선택하는 것을 추천한다.

[표 2.2] 수학 교과목 AI 코스웨어 기능 분류(안)

AI 코스웨어 제품별 기능 분류(안)						
제품명 / 코스웨어기능	매쓰홀릭T	비상옥수수	똑똑 수학탐험대	노리수학	매쓰플랫	알로M
데이터분석	0	0	0	0	0	0
AI 튜터	0	0				
학생용 대시보드	0	0		0	0	
교사용 대시보드	0	0	0	0	0	0
제품별 주요기능	개념학습	개념학습	개념학습	진단평가	개념학습	개념학습
	진단평가	진단평가	진단평가	자기주도학습	진단평가	진단평가
	AI추천학습	AI추천학습	AI추천학습	게이미치케이션	AI추천학습	AI추천학습

제품별 주요기능	학습이력 관리	학습이력 관리	게이미치 케이션	LMS 시스템을 통한 학습관리	LMS 시스템을 통한 학습관리	성취도 그래프
	LMS시스템을 통한 학습관리	LMS시스템을 통한 학습관리	학습이력 관리	오답노트	오답노트	LMS시스템을 통한 학습관리
기타기능	퀴즈			자기주도학습-지식맵	자원별 개념 강의 지원	레벨테스트
	평가			복습 연계 수업	맞춤형 학습 자료 생성 및 제공	약점 집중 취약 개념 집중 보안
	피드백			자동오답노트 기능 제공	교수자, 학습자간 상호작용 활성화	커리큘럼 활용 학습
	AI튜터			필기인식 기술 활용 수학첨삭	학습자 분석 리포트 제공	
	학습콘텐츠			학생별 맞춤형 문제 제공	오답 관리-유사 문제 매칭	

제품명 / 코스웨어기능	마타수학	체리팟	개념원리 풀자	오르조	클래스팅 AI	콴다수학 코치	매쓰튜터
데이터분석	0	0			0	0	0
AI 튜터		0			0	0	0
학생용 대시보드					0		0
교사용 대시보드	0	0	0	0	0	0	0
제품별 주요기능	LMS시스템을 통한 학습관리	진단평가	개념학습	진단평가	개념학습	개념학습	AI튜터문제 풀이 및 개념학습
	진단평가	AI추천학습	진단평가	학습이력 관리	진단평가	진단평가	진단평가
	AI추천학습	오답노트	AI추천학습		AI추천학습	AI추천학습	AI추천학습
	학습이력 관리	학습이력 관리			LMS시스템을 통한 학습관리	학습이력 관리	느린학습자 맞춤학습
	개념학습	LMS시스템을 통한 학습관리			게이피케이션	LMS시스템을 통한 학습관리	온라인 또래학습
기타 기능	틀린 문제 분석	매일 문제 제시		기출 문제 활용	평가리포트 제공	자동채점	취약 단원 자동분석
	취약 개념 추출	풀이과정 피드백		자동채점 및 이력 관리		학생 풀이 기록	1:1또는1:N 라이브
	맞춤 치료 문제 제공	과정 평가 및 피드백		복습노트		오답 분석 및 쌍둥이 문제 생성	개인별 피드백 모의고사 자동출제
		손글씨 인식 및 첨삭				학습 단위별 성취도 리포트 작성	선생님개별 문제은행 구축
		튜터 풀이 첨삭					개념 및 문제풀이 영상제작, 등록

출처: 2024.2.16.(금), 한국교육학술정보원.

3 수학 교과 AI 코스웨어 활용 사례

❶ 디지털 기술 활용 교수·학습 모델

앞에서 다루었듯이 수업을 효과적으로 운영하기 위해서는 교수·학습 모델을 바탕으로 수업 모형을 설계하는 것이 중요하다. 수업 모형 개발을 위한 교수학습모델 체계에 대해 조금 더 알아보자.

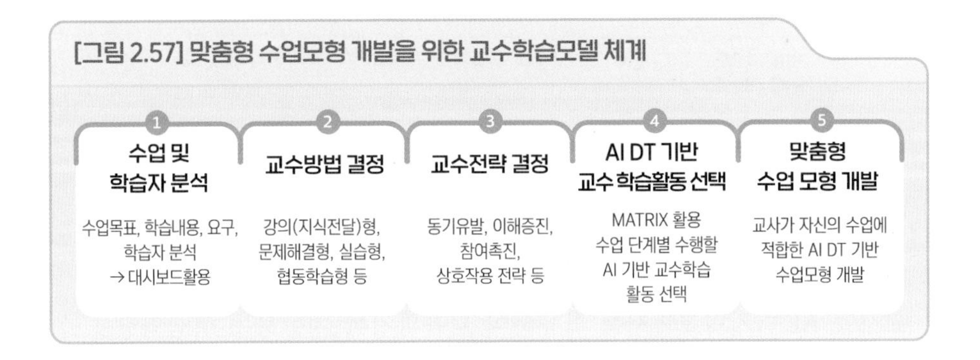

위 교수학습모델 체계는 2023년 터치교사단 연수에서 교육받은 맞춤형 수업 모형 개발을 위한 교수학습모델 체계로 교수방법, 교수전략, 교수학습 활동을 포함하는 종합적인 수업 설계와 운영 계획을 나타내고, 각 학습자의 특성에 맞춘 개별화된 교육을 실현 및 다양한 교수 방법과 전략을 제공하는 설계 방향을 제시함으로써 맞춤형 수업 모형을 개발하도록 안내하고 있다.

다음은 교사가 이끄는 교실혁명을 위한 디지털 기반 교육혁신역량 강화 지원방안에서 제시된 교실혁명 실천 모형이다.

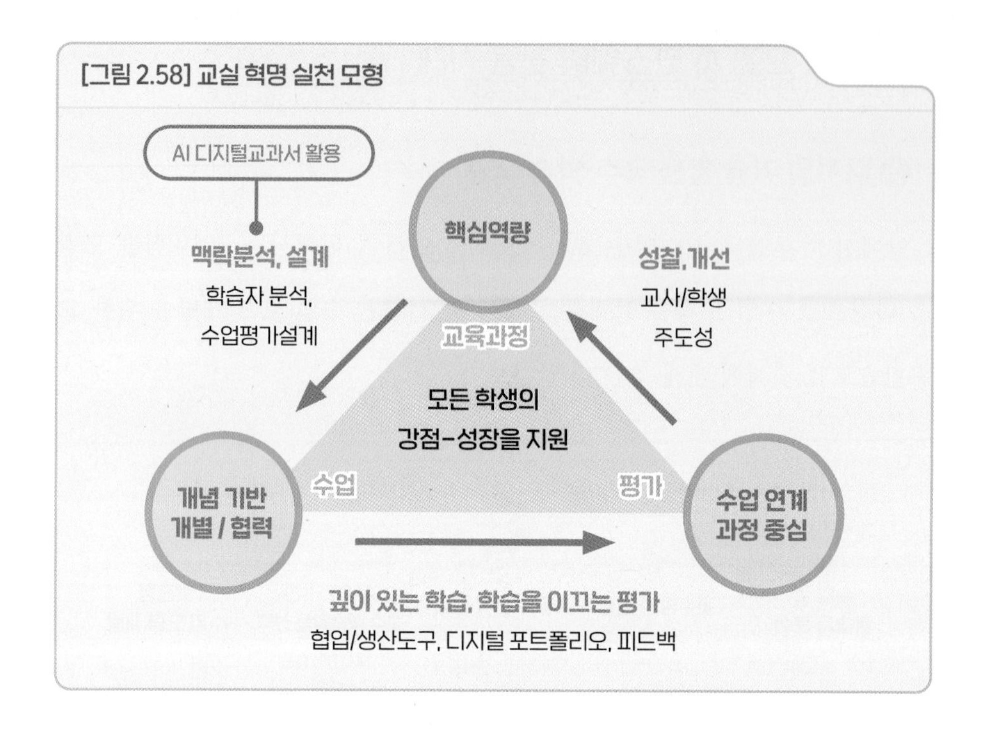

교사는 AI 디지털교과서를 활용하여 교육과정이 지향하는 핵심역량을 수업·평가에 반영하여 설계하고, 수업과정에서 학생의 역량 성장을 평가·성찰하며 수업을 지속적으로 개선할 수 있도록 설계한다. 특히 수업에서 개념 기반 개발/협력 수업을 통해 학생의 역량 함양을 함양할 수 있도록 수업 연계 과정 중심평가를 지향하고 이를 통해 학생이 성찰하고 자기주도적으로 학습하는 능력을 키울 수 있도록 도와주어야 한다. 또 학생이 학생의 핵심역량을 함양하고 사회·정서적으로 성장할 수 있도록 수업을 설계하는 전문가이며, 멘토이자 코치로서의 교사 역할을 해야 한다.

이제 우리는 위에서 제시된 모형을 바탕으로 구성된 수업의 실천 사례를 살펴보고자 한다.

❷ 수학 교과 'AI 디지털교과서' 활용 수업 사례

먼저 현재 디지털 혁신 선도학교에 적용하고 있는 일반계 고등학교 수업사례를 소개하기 전에 교육부에서 제시한 중학교 1학년 수학의 AI 활용 수업 설계 사례를 먼저 살펴보고자 한다.

[표 2.3] AI 활용 수업 설계 사례

<table>
<tr><td rowspan="5">중학교
수학
1학년</td><td colspan="3">수학 아이들과 선생님이 말하는 우리 수업은</td></tr>
<tr><td>이랬던 수업이</td><td>이렇게 바뀌니까</td><td>이런 점이 좋아요</td></tr>
<tr><td>문제가 안 풀리니까
답답하고, 선생님 도움도
매번 받기는 어려웠는데</td><td>선생님이
저의 부족한 부분을
정확히 알고
설명해 주시니까</td><td>수학에 대한
두려움도 줄고,
열심히 노력하게 됐어요.</td></tr>
<tr><td>'거꾸로 수업'을 하려면 개념 영상 촬영과 참여수업 준비에 품이 많이 들어, 문제풀이 수업을 더 많이 했는데</td><td>개념영상과 탐구에 유용한 도구로, '거꾸로 수업' 준비가 쉬워지고, 문제풀이도 개별 수준에 맞춰 진행되니까</td><td>아이들에게 수학적 사고력을 길러주는 수업을 할 수 있어 뿌듯해요.</td></tr>
<tr><td colspan="3">※AI등활용 ① 자동채점 및 정답률 분석, ② 탐구환경, 협업 및 생산 도구
• 학습 주제: 그래프로 나타난 실생활 속 변화 관계 탐구하기
• 수업 설계: 상호작용과 협력을 통한 "개념 기반 탐구학습" 설계
- 문제풀이 선행학습에 치중하여 개념 오류를 바로잡아야 하는 학생 다수
• 수업 실행
- 도입 진단평가(퀴즈)로 오개념 진단하고 보충 설명
- 개별 활동 자신의 관심 분야(기후 위기, 멸종위기 동물)나 실생활 소재(국가대표 경기와 치킨 판매량)와 관련된 다양한 그래프를 조사하여 의미 해석, 변화 예측, 그래프에 나타나지 않은 정보 추측하기
- 모둠 활동 각자 조사한 내용을 모아, 그래프 해석(의미, 변화 예측, 숨은 정보 추측)에 대한 수학적 근거가 충분한지 토론하여 검증→ 변화하는 두 양 사이의 관계를 수학적으로 표현하여, 세상을 이해하고 예측하는 데에 활용할 수 있다는 개념(지식)으로 일반화(구성)→ 개념 설명에 가장 적합한 사례를 선정하여 발표자료 공동 제작
- 마무리 모둠별 탐구결과 발표 및 상호 평가, 개별 피드백
• 수업 성찰
- 동학년 수학교사, 영양교사와 협력해서 그래프 해석을 어려워하는 학생들을 위해 학생들에게 익숙한 급식메뉴와 잔반의 관계에 관한 도전과제 제작</td></tr>
</table>

출처: 교육부(2024). 디지털 기반 교육혁신 역량강화 지원방안.

이 교사가 수업혁신을 지원하는 도구로 AI·디지털 기술을 활용하고 있음을 보여준다. 이처럼 교사는 학생별 맞춤 학습을 통해 학습 참여도와 학습자 주도성을 신장시키는 도구로 AI 디지털교과서를 활용하되, 교사의 수업설계에 따라 AI디지털교과서를 주도적으로 재구성하여 활용하거나 개념 기반 탐구학습에 필요한 에듀테크(탐구, 협업, 생산 도구 등)를 필요에 따라 선택하여 수업에 효과적으로 활용할 수 있다.

❸ A사의 AI 디지털교과서

앞서 교육부가 제시한 AI 디지털교과서의 핵심기능 열 가지를 제시했다. 이 중 가장 주목할 것은 UDL과 AI 튜터, AI 보조교사 기능이다.

> 보편적 학습 설계(Universal Design for Learning)란 특수교육에서 장애학습자를 비장애학습자와 통합하는 차원을 넘어서서 다른 학습 수준과 능력 및 배경 변인 등을 지닌 학습자들이 자신에게 맞는 교육을 제공받을 수 있도록 도와주자는 취지에서 사용되는 개념으로 기존 교과서와 AI 디지털교과서의 가장 큰 차이점이라 할 수 있다. 또 AI 튜터와 AI 보조교사의 차이점은 AI 튜터는 학생을, AI 보조교사는 선생님을 지원하는 인공지능의 역할을 하며 기존의 디지털교과서가 교과서의 내용을 PDF로 만든 모습이었다면, AI 디지털교과서는 기존 교과서의 내용을 담고 있을 뿐만 아니라 선생님의 수업 준비부터 진행까지 모두 도와주고 학생과 대화하는 모습을 구현할 수 있다.
>
> [A사] AI 디지털교과서, 그것이 궁금하다.

현재 시장에는 다양한 AI 코스웨어가 존재하며, 각각의 AI 코스웨어마다 저마다의 장점을 가지고 있다. 특히 대부분의 코스웨어는 학생 진단을 통해 수준별 문제를 제공하고, 이를 통한 학습을 지원하는 데 중점을 둔다. 일부 AI 코스웨어의 경우 학습 경로와 동영상 강의를 제공하기도 하지만 교사의 수업 설계에 기반한 수업의 전과정이 아닌 일부 문제풀이 학습에 국한된 최적의 학습 경로와 콘텐츠 추천, 맞춤형 학습 지원이 대부분이라 아쉬움이 남는다.

A사의 장점은 지식맵 생성과 실시간 모니터링을 통해 수업 관리를 원활하게 하고, 학습 자료 관리 기능을 통해 필요할 때 언제든지 자료를 불러와 수업에 활용할 수 있다. 추가로 동영상 수업, 문제 풀이, 차트 및 그래프 생성, 참고 자료를 활용한 모둠 학습, 프로젝트 기반 수업 등을 자유롭게 설계할 수 있다. 또 교사가 수업에서 화면을 공유하면 교사의 태블릿PC에서 필기가 불가능해 칠판을 활용하여 수업을 진행해야 한다. 뿐만 아니라 AI튜터 기능은 현재 적용되지 않고 있고, 오답 문제에 대한 유사 문제가 자동으로 연결되지 않아 이 부분을 수업에 적용하고 싶다면 다른 AI 코스웨어를 사용하여 학생 수준에 맞는 학습경로를 생성해서 제공해야만 한다.

❹ A사의 AI 디지털교과서를 활용한 수업 사례

1) 교육과정 살펴보기

2015 개정 교육과정 고등학교 1학년 수학 영역인 '기하'의 핵심 개념 '도형의 방정식'의 평면좌표와 직선의 방정식을 운영한 사례를 보여주고자 한다. 고등학교 1학년에서 배우는 내용 중 학생들이 가장 어려워하는 단원으로 기하적 요소를 시각적으로 보여주고 이해시키기 위해 AI 디지털교과서에 있는 임베디드, 그래프 그리기, 동영상 강의, 문제 배포 등의 다양한 기능을 활용하여 학생들의 이해도를 최대한 높이고자 설계하였다. 고등학교 수학의 기하 영역의 내용 체계와 성취기준을 보면 다음과 같다. 이 수업은 2022 개정 교육과정 공통수학2

의 '도형의 방정식'의 평면좌표와 직선의 방정식에서도 적용하여 운영할 수도 있다. 2015 개정 교육과정과 2022 개정 교육과정에서 크게 변화된 부분은 없다.[1]

(1) 2015 개정 교육과정

가. 내용 체계

[표 2.4] 내용체계

영역	핵심 개념	일반화된 지식	내용 요소	기능
기하	도형의 방정식	좌표평면에 나타낸 점, 직선, 원과 같은 도형은 대수적으로 표현된다.	• 평면좌표 • 직선의 방정식 • 원의 방정식 • 도형의 이동	• 계산하기 • 이해하기 • 설명하기 • 판별하기

나. 성취기준

① 기하

좌표평면에 나타낸 점, 직선, 원과 같은 도형은 대수적으로 표현된다. 도형의 방정식은 기하적 대상을 방정식으로 나타내어 기하와 대수의 연결성을 경험할 수 있게 하고, 도형을 새로운 관점에서 다루어봄으로써 직관적인 사고에서 논리적이고 창의적인 사고로 발전시키는 데 도움이 된다.

평면좌표

- [10수학02-01] 두 점 사이의 거리를 구할 수 있다.
- [10수학02-02] 선분의 내분과 외분을 이해하고, 내분점과 외분점의 좌

1 해당 교육과정의 일부 내용만 발췌해서 제시함.

표를 구할 수 있다.

직선의 방정식

- [10수학02-03] 직선의 방정식을 구할 수 있다.
- [10수학02-04] 두 직선의 평행 조건과 수직 조건을 이해한다.

ㄱ. 학습 요소

- 내분, 외분

ㄴ. 교수·학습 방법 및 유의 사항

- 직선의 방정식과 원의 방정식은 중학교에서 학습한 내용과 연계하여 다룬다.
- 도형의 방정식 학습을 통해 기하와 대수의 연결성을 이해할 수 있도록 다양한 교수·학습 경험을 제공한다.
- 직선의 방정식, 원의 방정식, 도형의 이동을 다룰 때 공학적 도구를 이용할 수 있다.
- 도형의 이동을 다양한 상황에 적용해 보는 활동을 통해 그 유용성과 가치를 인식하게 할 수 있다.
- '내분점', '외분점', '원의 방정식' 용어는 교수·학습 상황에서 사용할 수 있다.

ㄷ. 평가 방법 및 유의 사항

- 도형의 방정식은 도형을 좌표평면에서 다룰 수 있음을 이해하는 수준에서 다루고, 계산이 복잡한 문제는 다루지 않는다.
- 기하 영역의 주요 개념에 대한 이해를 평가할 때에는 과정 중심 평가를 할 수 있다.

(2) 2022 개정 교육과정

가. 내용 체계

[표 2.5] 내용체계

핵심 아이디어		평면도형을 식으로 표현하는 것은 도형 사이의 위치 관계와 도형의 이동에 대한 탐구의 유용한 도구가 된다.
범주 \ 구분		내용 요소
지식·이해	도형의 방정식	• 평면좌표 • 직선의 방정식
과정·기능		• 수학적 절차를 수행하고 계산하기 • 도형의 방정식의 개념, 원리, 법칙 탐구하기 • 적절한 전략을 사용하여 문제해결하기 • 도형을 방정식과 연결하기 • 식과 그래프, 수학 기호 등을 표현하기 • 도형의 방정식을 실생활과 연결하기 • 도형의 방정식의 개념, 원리, 법칙이나 자신의 수학적 사고와 전략을 설명하기
가치·태도		• 실생활과의 연결을 통한 도형의 방정식의 유용성 인식 • 대수와 기하를 연결하는 사고의 전환으로 수학에 대한 흥미와 관심

나. 성취기준

① 도형의 방정식

[10공수2-01-01] 선분의 내분을 이해하고, 내분점의 좌표를 계산할 수 있다.

[10공수2-01-02] 두 직선의 평행 조건과 수직 조건을 탐구하고 이해한다.

ㄱ. 성취기준 해설

• [10공수2-01-01] 선분의 내분을 도입하기 전에 두 점 사이의 거리를 구하는 방법을 다루고, 내분은 수직선 위에서, 좌표평면 위에서 구할 수 있도록 점차

확장하여 다룬다.

ㄴ. 성취기준 적용 시 고려 사항

- 도형의 방정식 영역에서는 용어와 기호로 내분, 대칭이동, $f(x,y)=0$을 다룬다.
- 도형의 방정식 학습을 통해 대수와 기하를 연결하는 사고의 전환으로 수학에 대한 흥미와 관심을 갖도록 다양한 교수·학습 경험을 제공한다.
- 두 직선의 평행 조건과 수직 조건은 중학교에서 학습한 일차방정식과 일차함수의 그래프, 직선의 방정식과 연계하여 다룰 수 있다.
- 직선의 방정식, 원의 방정식, 도형의 이동을 다룰 때 공학 도구를 이용할 수 있다.
- 도형의 방정식은 도형을 좌표평면에서 다룰 수 있음을 이해하는 수준에서 다루고, 계산이 지나치게 복잡한 문제는 다루지 않는다.
- 내분점, 원의 방정식 용어는 교수·학습 상황에서 사용할 수 있다.

2) AI 디지털교과서 수업설계모델을 바탕으로 한 수업사례

아래 모델은 앞에서 언급한 교사가 이끄는 교실혁명을 위한 디지털 기반 교육혁신역량 강화 지원방안에 첨부된 AI 디지털교과서의 수업설계모델이다. 교육부가 제시한 이 모델은 크게 4단계로 이루어져 있다. 1단계는 수업 및 학습자를 분석한다. 이를 바탕으로 2단계 개별학습 또는 협력학습의 교수, 학습 방법을 결정한다. 그리고 3단계에서는 결정된 교수·학습방법과 적합한 활동을 선택하고 구조화한다. 마지막 4단계는 실제 수업 차시의 흐름을 구성하고 어느 차시에 AIDT를 사용하는지 명시하면 모델이 완성됨을 나타내고 있다.

[그림 2.59] AI 디지털교과서를 활용한 개념 기반 탐구 수업 설계 모델

AI 디지털교과서의 수업설계모델 : 500만 수업 맥락에 찰떡 모델 만들기

① 수업 및 학습자 분석

학생별 수준, 취약점 확인이 필요한가?

- Yes: 진단평가
- No: 학습현황 확인

V 학습요구 진단

V 학습목표 설정

② 교수·학습방법 결정

학생목표 달성에 학생 간 수준차가 영향을 미치나?

- Yes: 개별학습 먼저
- No: 협력학습

V 개별학습

- 내용 설계
- 학습자원구성
- 학습전략제안

V 협력학습

- 유형 결정(토론, PBL 등)
- 과제 설계
- 학습자원구성

③ 적합한 활동 선택+구조화

* 원칙

맥락: **학생이 실제 삶의 맥락에서 문제를 해결하도록 돕는가?**

지식구성: **학생이 지식을 구성하고 자신의 경험을 성찰하도록 돕는가?**

상호작용 및 협력: **학생들 간 상호작용과 협력을 돕는가?**

맞춤교육: **학생의 사전지식이나 특성을 고려한 맞춤교육을 돕는가?**

(개별학습)

V 교수 학습활동: 과제수행 / 학습과정 점검·조절 / ⓣ 모니터링 조절

V 평가 및 성찰: 목표 도달 수준 확인하기 / 학습과정·결과탐색 / ⓣ 피드백

V 보충·심화: ⓣ 학습제안 / 수행 / ⓣ 피드백

(협력학습)

V 활동 안내: 활동 이해 / 팀 빌딩 / 계획 수립 / ⓣ 모니터링

V 활동 참여: 활동 수행 / ⓣ 코칭 / 결과 발표

V 평가 및 성찰: 목표 도달 수준 확인 / (개인/팀)과정·결과 탐색 / 평가·피드백

V 보충·심화: ⓣ 학습제안 / 수행 / ⓣ 피드백

④ 모델 완성

* 예시

1차시

- 문제상황에 대한 학생별 질문 작성 &유사질문으로 모둠구성

⋮

2~3차시 AIDT

- 협업도구 활용하여 문제 해결 단계별 활동 수행

⋮

4~5차시

- 수행 결과 발표 및 모둠 간 평가 AIDT & 모니터링 및 디지털 포트폴리오 토대로 과정·결과평가 / 교사 피드백

⋮

6차시

- 자기 질문에 대한 해답을 구하는 과정과 결과에 대한 성찰일기 작성

AIDT 지원 기능 (①)

- 학습진단 및 분석
- 교사대시보드: 학생별 학습현황 및 학습이력 관리

AIDT 지원 기능 (②)

- **(개별학습)** 학습경로, 문항콘텐츠 추천 및 재구성
- **(협력학습)** 모둠구성, 과제관리

AIDT 지원 기능 (③)

- **(개별학습)** 과제제시 / 학습전략 제안 / 형성평가 / 총괄평가 / 자동채점 / 오답노트 / 추가 학습 제공 / 피드백 설계 / 모니터링 및 학습 분석 / 지능형 AI튜터링
- **(협력학습)** 탐구학습환경 / 생산형(창작)도구 / 소통 및 협업 도구 / 디지털 포트폴리오 / 과정 및 결과 평가 지원 / 피드백 설계 / 모니터링 및 학습분석

- ⓣ 는 교사활동,
- 모델 완성(예시)은 선택한 활동을 구조화한 수업 흐름
- AIDT를 활용하는 수업에서만 AIDT 표시

아래 사례는 위 모델을 바탕으로 기본적으로 전통적인 강의식 배움 활동을 추가하여 재구성한 수업이다.

(1) 수업 및 학습자 분석

수업의 구성 및 학생 개개인의 수준을 확인하기 위해 A사에서 제공하는 문제와 자체적으로 선별한 문제를 AI 디지털교과서에 추가하여 진단평가를 실시하였다. 이처럼 대부분의 AI 코스웨어에서 다수의 문항들을 제공하고 있기에 단원이나 수업을 시작하기 전에 이 평가를 수행하여 학생의 이해도를 측정하고 그에 따라 수업 구성 및 형성평가의 난이도 등을 조정하면 된다. 하지만 개별학습으로 진행하는 문제풀이 수업과 같이 학생들의 학습 깊이에 따라 성취수준이 모두 다르고 A사에서 제공한 문제 중 진단평가로 적합한 문제가 없다고 판단될 때에는 진단평가로 평가하고 싶은 문제를 직접 입력해 평가할 수도 있다.

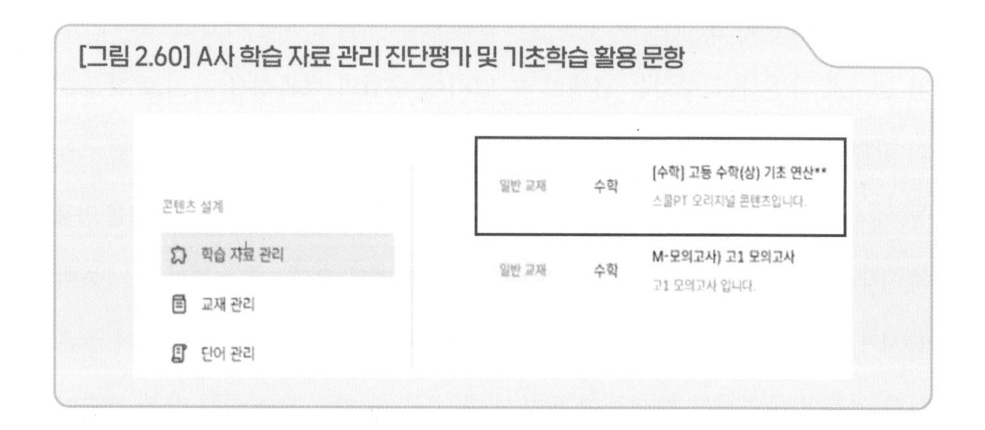

[그림 2.60] A사 학습 자료 관리 진단평가 및 기초학습 활용 문항

(2) 교수·학습방법 결정

수업 및 학습자 분석이 완료되면 다음으로는 학습목표치 도달을 위해 학습내용에 따른 교수·학습방법을 결정하기 위해 학생 중심의 개별학습을 할지, 협력학습을 할지, 혼합학습을 할지 등을 결정한다.

개별학습을 계획한 경우 학생별 학습경로나 문항콘텐츠를 사전에 구성하여 학생들에게 배포하고, 협력학습의 경우에는 모둠구성이나 협업(토론, PBL 과제탐구 등)의 활동을 사전에 계획해야 한다. 이 외에 혼합학습의 경우에도 수업 목적에 맞는 수업을 사전에 계획하여 구성해야만 한다.

(3) 적합한 활동 선택과 구조화의 원칙

맥락, 지식구성, 상호작용 및 협력, 맞춤교육이 될 수 있도록 과제수행, 학습과정·결과탐색, 모니터링, 포트폴리오, 피드백 등의 적합한 활동을 선택하고 이를 구조화한다.

가. 강의식 수업에서의 개별학습 수업 운영

기존 서책형으로 운영했던 전통적 방식인 강의식 수업을 AI 디지털교과서로 대체해 수업을 한 사례로 기존 서책형과 다르게 학생들의 다양한 정보를 직접 눈으로 확인하며 수업을 진행할 수 있기에 수업의 효과성을 높이고 학생들의 상태를 파악하기가 수월했다. 수업 운영은 아래 제시된 그림과 같이 탐구활동, 강의식 수업(학습 내용에 따라 그래프의 이해가 필요하다고 판단 시 에듀테크를 이용해 시각적으로 그래프를 그려보는 활동도 했다.), 문항(예제, 유제), 대표문항 문제풀이(교사가 생각하는 대표 유형문제) 순으로 수업을 운영했다. 이후 사전에 찍어 놓은 문항 일부의 동영상를 학생들이 필요시 다시 볼 수 있도록 제공해 반복 학습이 이루어 질 수 있도록 하며, 보충 문제를 통해 학생의 변화 추이를 관찰했다. 중단원, 대단원 마무리 활동에서는 게임 등의 활동을 추가로 구성하여 적절한 보상을 줌으로써 수업의 참여도가 자연스럽게 높아질 수 있도록 했다.

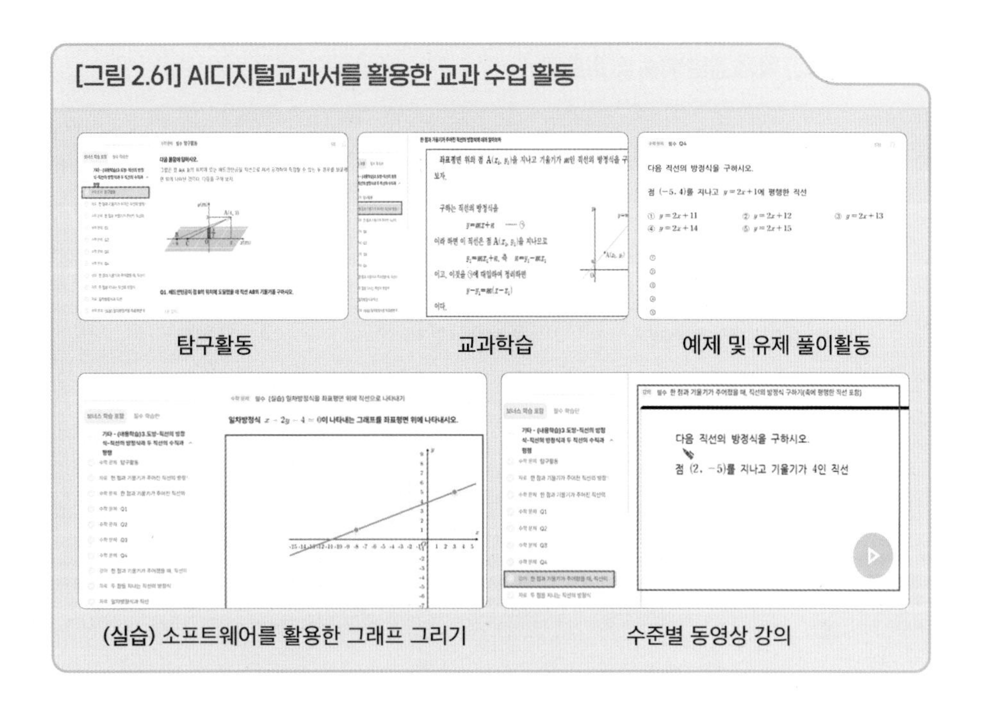

[그림 2.61] AI디지털교과서를 활용한 교과 수업 활동

나. 문제풀이(형성평가, 대단원 평가 등)에서의 개별학습 수업 운영

실제 수업에서는 강의식 수업으로 진행한 경우에는 중단원 단위로 나눠 형성평가를 개별학습으로 진행하였다. 학생들의 수준을 고려하여 차시당 10문제 내로 두 개의 수준으로 중하 수준, 상 수준(실력 업)으로 나눠 학생 중하 수준을 해결한 후 상 수준의 문제를 해결하도록 하였고 문제 풀이 시간에는학생들에게 틀린 문제만 듣도록 자율권을 부여했다. 문제를 잘 해결하지 못하는 학생들은 개별학습 보고서를 참고하여 지속적으로 관찰하고 채팅이나 손글씨, 텍스트 기능을 이용하여 도움을 주었다.

[그림 2.62] 학생 개별 학습 및 피드백

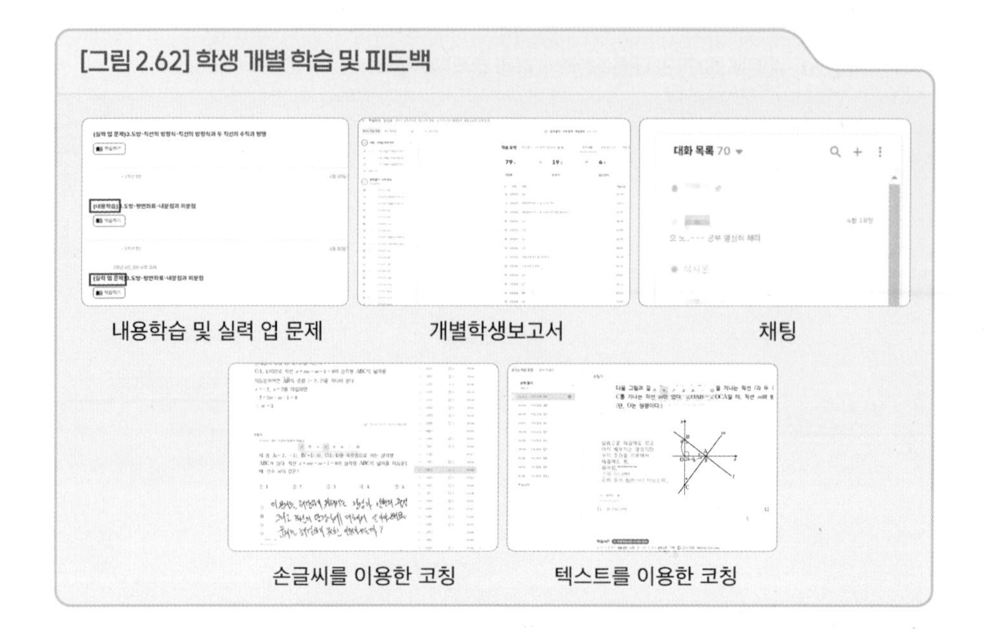

다. (추가) 협력학습 수업 운영

온라인의 경우 기존 에듀테크를 활용하여 AI 디지털교과서에 링크를 삽입하여 다양한 에듀테크를 활용하여 협업학습을 했다.

① 수업 도입 시

- 용어 알기 활동: 웹 백과사전을 활용하여 용어 정리 및 실생활 활용 예를 찾아 기록하는 활동
- 용어 질문하기 활동: 용어를 듣고 떠오르는 질문 내뱉기(이미지, 감정, 과거 경험, 실생활 사례 등)

② 수업 활동: 협동 주제 탐구

- 타 에듀테크를 활용한 협동 주제탐구: 배움과 관련된 주제를 선정하고 이를 개념 기반에 의거해 마인드 맵으로 용어를 정리하고 내용과 연관된 실생활 사례나 현재 사회 이슈와 관련된 주제를 선정해 이를 분석하거나 해결, 새로운 것을 창안하는 활동을 전개함.

예) 2024 파리올림픽에 새로운 종목 제안(수학에서 배운 내용을 중심으로)

[그림 2.63] 에듀테크를 활용한 협동 학습

AI 디지털교과서 내 타 에듀테크 연계활동

결과물 공유 모둠활동 연결 화면

파리올림픽 조별활동

(4) 모델 완성

계획한 수업설계모델에 따라 개별학습 수업 운영 시 실제 수업을 다음과 순으로 운영한다.

> *개별학습 시 수학 수업의 흐름
> 진단평가 또는 복습 ⇨ 교과학습(탐구활동 → 교과내용 학습 → 예제 → 유제풀이 → 교과내용 학습 → 예제 → 유제풀이 → … → 끝)

개별화 수업 운영 시 학생 대시보드의 개별 활동 결과 및 학습이력, 문항별 정답률 등을 총체적으로 확인 후 분석한 결과를 바탕으로 교수학적 처방을 내린다.

[그림 2.64] 학생 학습 대시보드

특히 추가적인 코칭(피드백)이 필요하다고 판단되는 경우 개별적으로 상담 및 학습 관리 등을 추가적으로 실시한다.

[그림 2.65] 학생 필기 및 풀이 피드백

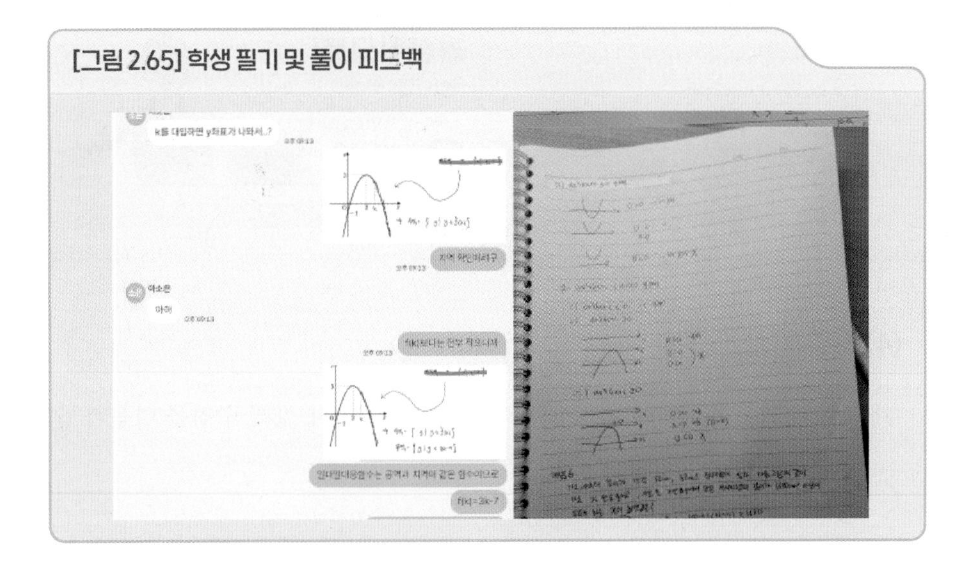

❺ 수업 사례에 활용된 AI 디지털교과서 기능

이번 내용은 A사의 기본 기능 및 수업 교재 제작 과정을 저자의 실제 수업 사례를 바탕으로 설명하고자 한다.

- 수업에 구성에 반드시 알아야 하는 메뉴나 기능, 절차 등은 ❶과 같이 원문자로 표기, 그렇지 않은 경우는 ○로 표기함.

1) A사 기본 기능 알아보기

(1) 로그인

A사에서 제공하는 학교전용 온라인 교실 홈페이지 주소에 접속하여(교사, 학생) 사전에 등록한 ID(이메일 주소)와 비밀번호를 입력하면 로그인 할 수 있다.

[그림 2.66] 로그인

학생의 ID와 비밀번호는 학교에서 자체적으로 부여한 ID로 생성하면 초기 관리가 편리하다.

(2) 교사의 대시보드

A사에 인증받은 교사 ID로 로그인하면 맨 처음 다음과 같은 화면이 나타난다.

❶ 학습: 학생들의 접속했을 때 나타나는 화면으로 교사 ID를 마이 클래스에 학생 ID처럼 등록하지 않으면 학생들의 수업 내용을 볼 수가 없다. 교사는 차후에 제작한 교재가 해당 클래스에 제대로 들어갔는지 확인하기 위해 반드시 수업 반마다 학생으로 등록하는 걸 추천한다.

[그림 2.67] 교사의 대시보드

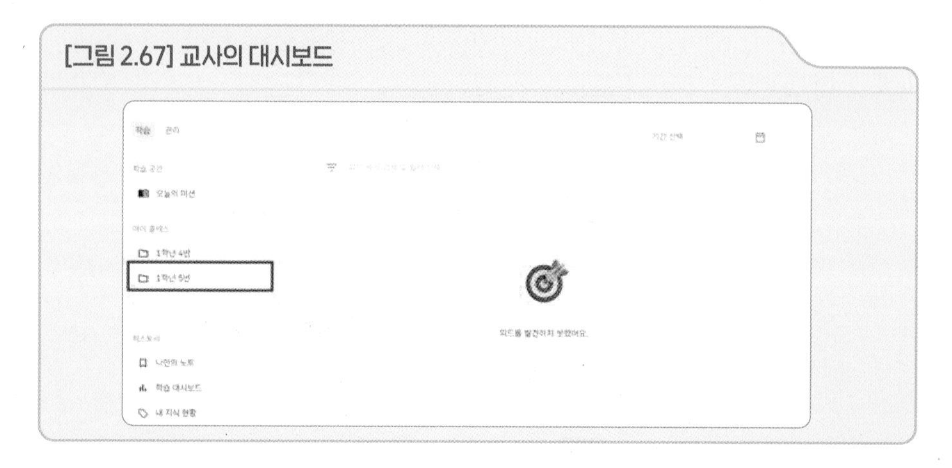

** 현재 교사 아이디로는 반에 배포한 학습자료가 보이지 않는 상태로 해당반에 교사를 등록하면 배포한 자료를 볼 수 있음.

[그림 2.68] 교사의 대시보드

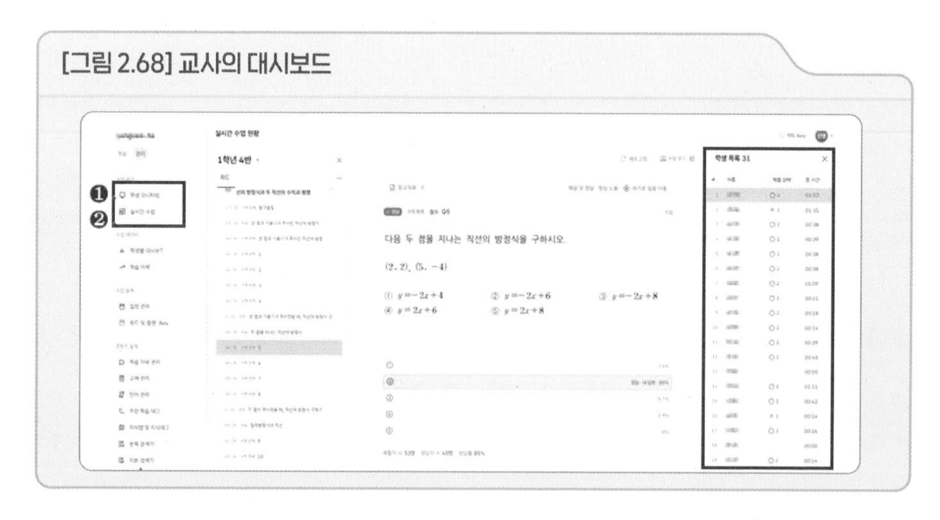

❷ 관리: 선생님들의 학습자료 관리, 수업 교재 생성, 수업 설계, 수업 진행, 학생 관리 등을 할 수 있다.

(3) 수업공간

❶ 학생 모니터링: 개별 학생들의 접속 여부 및 주어진 학습의 현재 진행 상황 등을 알 수 있고,, 수업시간 설정, 비밀번호 초기화 등을 할 수 있다.

❷ 실시간 수업: 반별로 구성된 수업 교재를 실시간으로 수업할 수 있다. 교재에 접속한 학생들 일괄 이동 및 수업모드(교사가 학생들의 자율적 이동을 통제), 학생들의 실시간 과제 제출 상태를 알 수 있다.

(4) 수업 데이터

- 학생별 대시보드: 학생들의 개별 학습 현황을 확인할 수 있다.
  * 전체적으로 과제별, 문제별 학습 현황 데이터는 아직 제공되지 않고 있다.
- 학습이력: 전체 학생들의 피드별 학습완료율, 학습상대, 학습일을 알 수 있다.

[그림 2.69] 수업 데이터

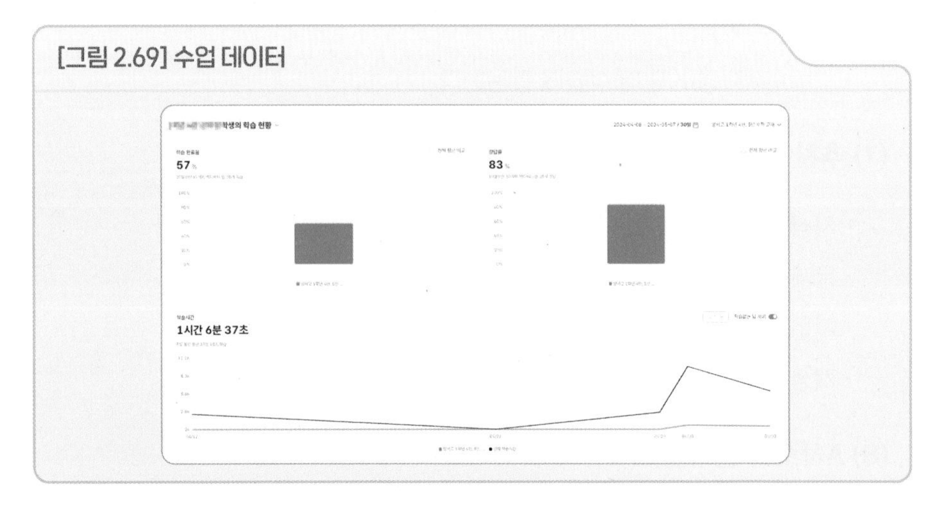

(5) 수업 설계

- 일정 관리: 개인별로 학생들의 일정이 달력에 표기되며 공지사항, 커리큘럼 복제 및 교체, 삭제 등을 할 수 있다.
- 피드 및 플랜: 학생들에게 개별적으로 추가 플랜을 제시할 수 있다.

[그림 2.70] 수업 설계

(6) 콘텐츠 설계

❶ 학습자료 관리: 수업, 학습에 활용되는 모든 자료 제작하거나 기존 업체에서 제공한 자료를 가져올 수 있다.

❷ 교재 관리: 학습자료 관리에 자료들 바탕으로 교사가 원하는 수업 교재를 생성할 수 있다.

- 단어 관리: 영어 단어 학습에 활용한다.

(7) 추천 학습 태크

- 지식맵 및 지식태그: 단원별 지식맵과 태그를 안내한다.
- 문제 검색기: 유사 문제를 검색할 수 있다.
- 지문 검색기: 영어 학습에 활용한다.
- 계정 관리: 기본 정보, 비밀번호 변경, 회원 탈퇴 등을 할 수 있다.

(8) A사로 수업하기

A사의 교재구성은 학습자료를 만들고 이를 조합한 교재를 구성하는 시스템으로 이루어져 있다. 여기서 커리큘럼은 교수자의 수업 설계에 맞게 내용 및 문제 등을 구성하여 실제로 학습이 가능한 교과 과정으로,

커리큘럼 → 스터디 모듈 → 스터디 유닛 → 액티비티

순으로 교재를 구성해야 한다. 이 부분이 다른 AI 코스웨어와 다르게 처음 설계 시 다소 복잡하다고 느낄 수 있다. 이제 교재를 제작해 보자.

가. 1단계

[그림 2.71] 1단계

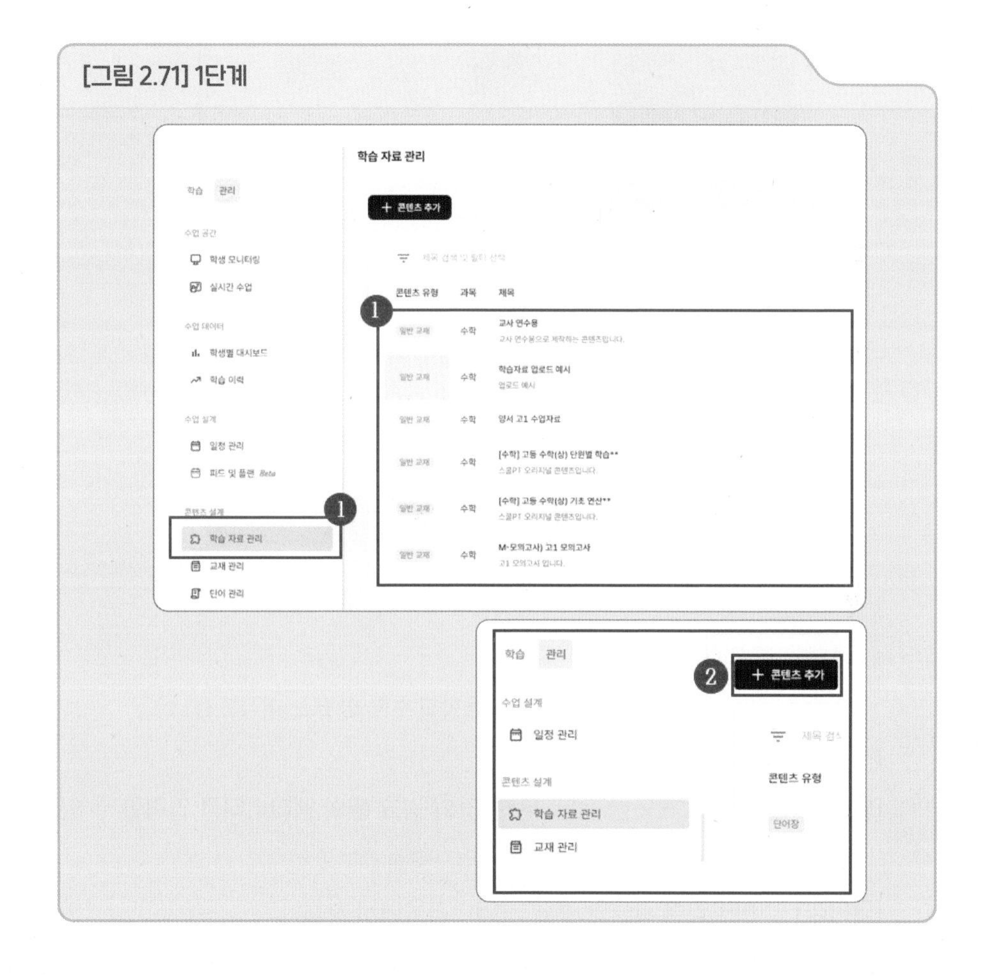

❶ 학습 자료 관리 클릭

❷ 상단에 [콘텐츠 추가] 클릭을 눌러 새 콘텐츠 생성 가능

나. 2단계: 콘텐츠 추가

[그림 2.72] 2단계

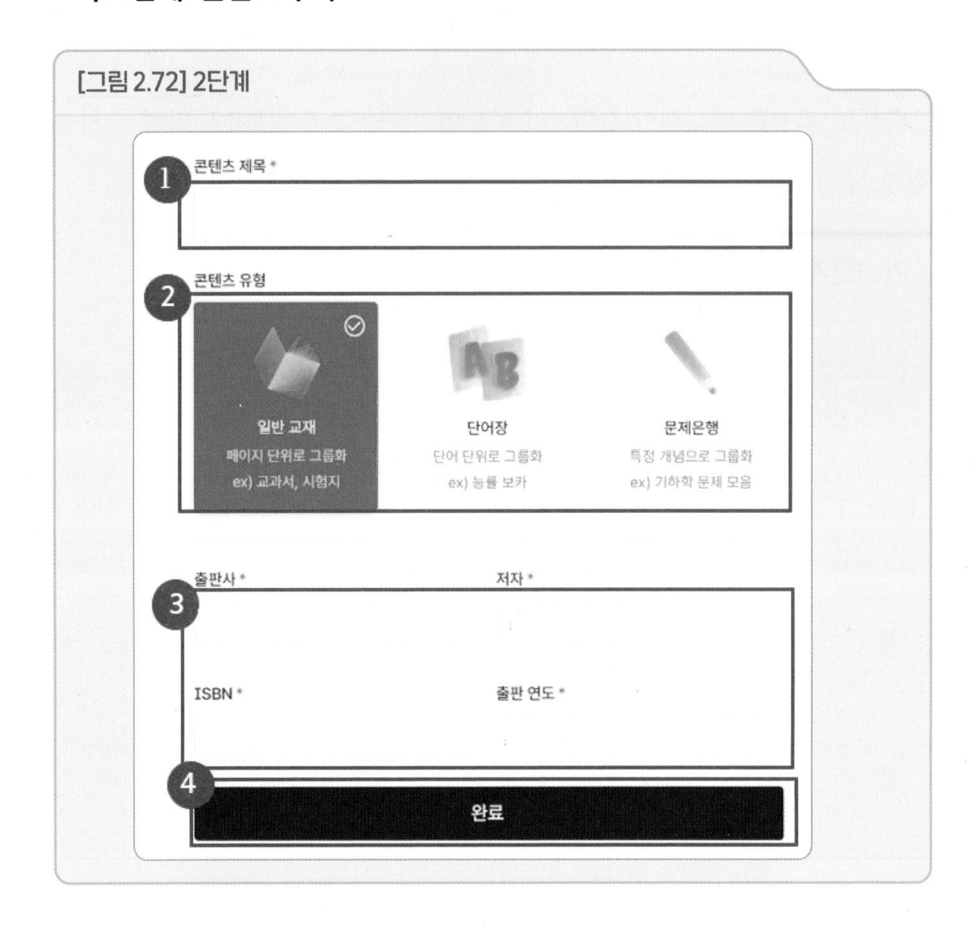

❶ 콘텐츠 명 입력

(학습 자료명으로 입력하면 좋음. 예: 고등학교 수학-상 또는 미적분 등)

❷ 콘텐츠 유형 선택

[일반 교재] 단어를 제외한 지문, 문제, 강의 링크 등의 액티비티를 입력할 수 있는 콘텐츠 ← 수업 교재를 제작 시 일반 교재로 선택

[단어장] 단어만 입력 가능한 콘텐츠(영어과목에서 사용)

[문제 은행] 문제를 유형별로 모아놓은 콘텐츠

❸ 출판사/저자/ISBN(13자리)/출판 연도 - 임의로 입력

❹ ❶ ~ ❸ 입력 후 완료 클릭

다. 3단계: 콘텐츠 정보: 소개, 특이사항, 과목 등

❶ 학습 과목 수학 선택

❷ ❶ 입력 후 저장 클릭

라. 4단계: 콘텐츠 편집

챕터: 콘텐츠 모듈을 일정한 기준에 따라 나눠놓은 폴더

콘텐츠 모듈: 일정한 기준에 따라 액비티비(강의 또는 문제)를 넣을 수 있는 폴더

❶ 챕터 추가(자동으로 챕터 생성) → 챕터명 위 연필 모양 클릭하여 챕터명 수정

❷ 콘텐츠 모듈 추가(챕터명의 +버튼으로도 가능)

❸ 콘텐츠 모듈 추가에서 문제 제목 입력하고 페이지는 임의로 입력 후 저장 클릭

❹ 콘텐츠 모듈 형성

[그림 2.73] 4단계

마. 5단계: 액티비티 생성(원하는 액티비티 추가-수학 문제, 자료, 강의)

액티비티: 학습, 강의, 문제 등 교수학습 중 가장 작은 단위의 콘텐츠

학습 자료 관리에서 제작한 액티비티를 교재 관리의 챕터 → 스터디 모듈 → 스터디 유닛의 액티비티로 넣어야 학생들의 교재에 액티비티가 나타남.

① 5-1단계: 수학 문제 액티비티 추가

❶ 수학 문제 액티비티 추가

❷ 수학 문제 액티비티 선택- 문항 번호 표기

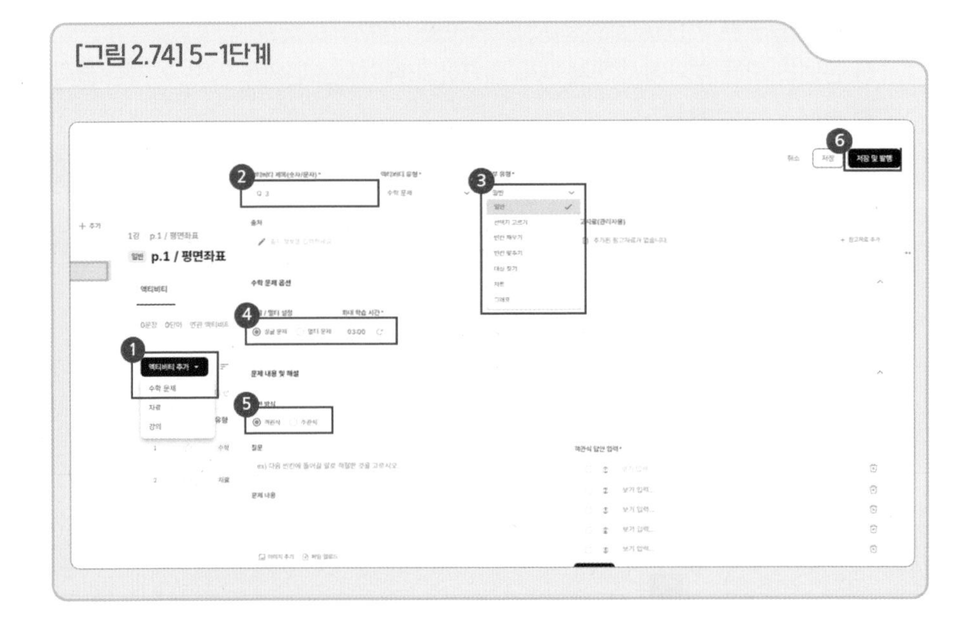

[그림 2.74] 5-1단계

❸ 문제 유형 선택

그래프나 차트 선택 시 차트, 그래프 그리기, 좌표 찾기 등의 조작적 활동을 할 수도 있다.

❹ 싱글문제/멀티문제: 문항 개수를 설정 가능

❺ 객관식/주관식

- 발문 및 답안 제작시 LeTax 문법 사용 가능

❻ 입력 후 저장

② 5-2단계: 자료 액티비티 추가

❶ 자료 액티비티 추가: 질문에 다룰 내용을 넣는다.

❷ 이미지 추가 및 파일 업로드를 통해 내용을 생성한다.

[그림 2.75] 5-2단계

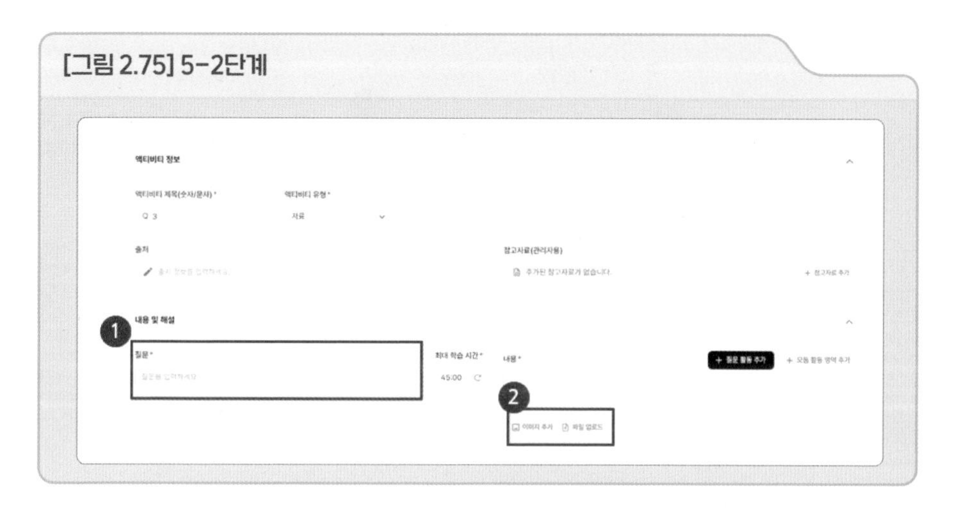

③ 5-3: 강의 액티비티 추가

[그림 2.76] 5-3단계

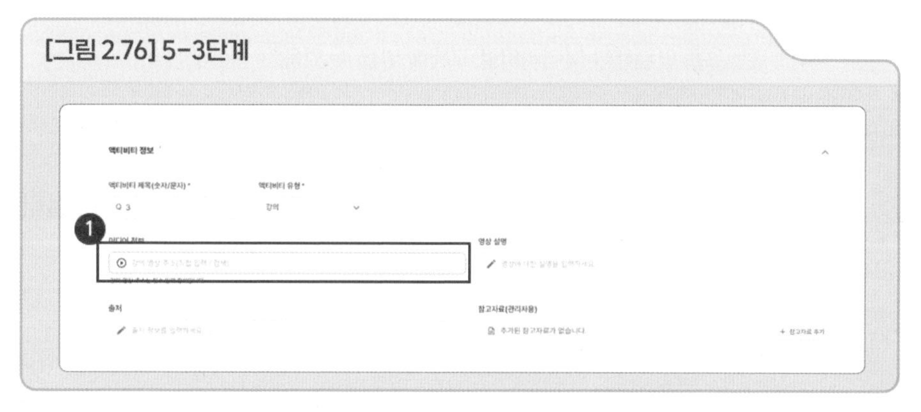

❶ 강의 액비티비 추가:미디어 정보 입력 창에 강의의 동영상 주소를 입력한다.

바. 6단계: 교재 관리

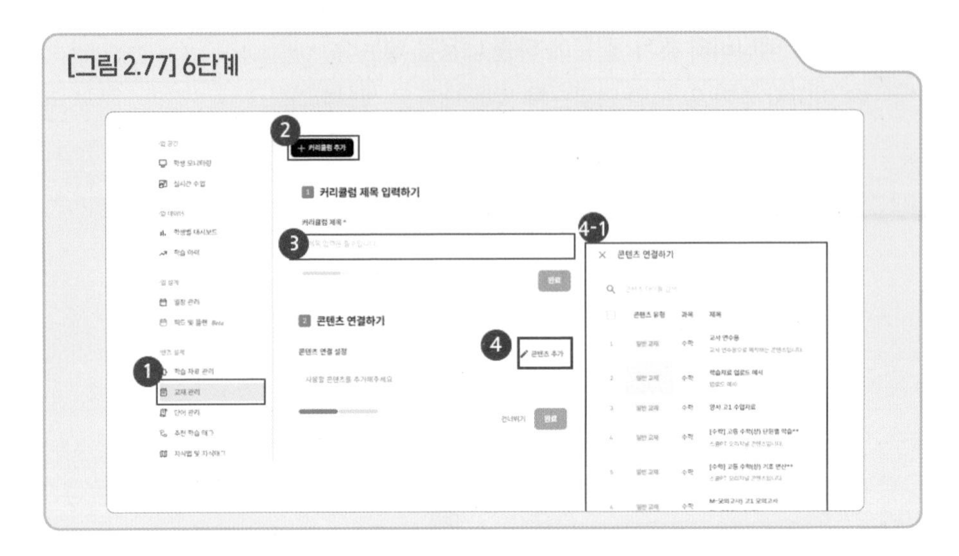

[그림 2.77] 6단계

❶ 교재 관리 클릭

❷ 커리큘럼 추가

❸ 커리큘럼 제목(교재명) 입력

❹ 콘텐츠 추가: 제작 또는 제공된 학습 자료 클릭하여 콘텐츠 연결하기

4-1 콘텐츠를 연결해야 액티비티를 교재에 넣을 수 있음.

사. 7단계: 스터디 모듈 및 스터디 유닛 생성하기

스터디 모듈: 일정한 기준에 따라 수업용 액비티비(강의 또는 문제)를 넣는 폴더

스터디 유닛: 1차시 수업 운영하기에 필요한 액티비티 구성 폴더

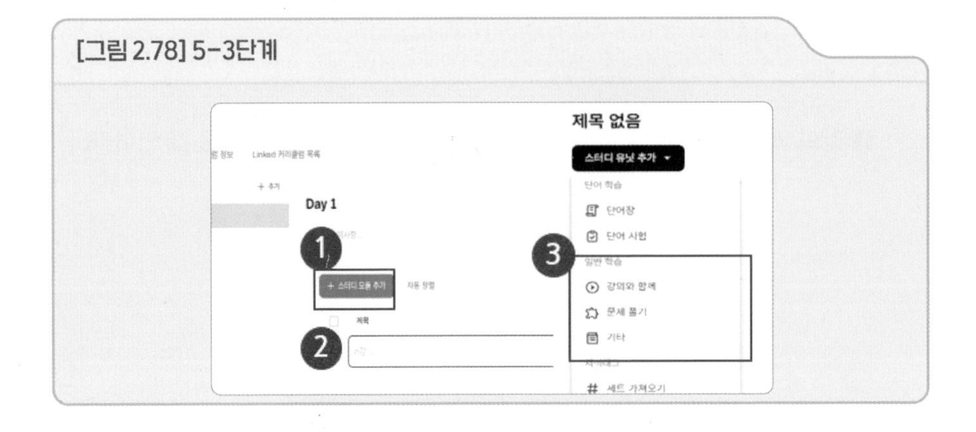

[그림 2.78] 5-3단계

❶ 스터디 모듈 추가

❷ 제목 입력

❸ 스터디 유닛 추가

강의와 함께: 강의 + 기타 자료 제시

문제 풀이: 액티비티를 문제로만 구성가능

기타: 자료, 문제, 강의 등 모든 액티비티를 사용하여 구성 가능

아. 8단계: 교재 배포하기

[그림 2.79] 8단계

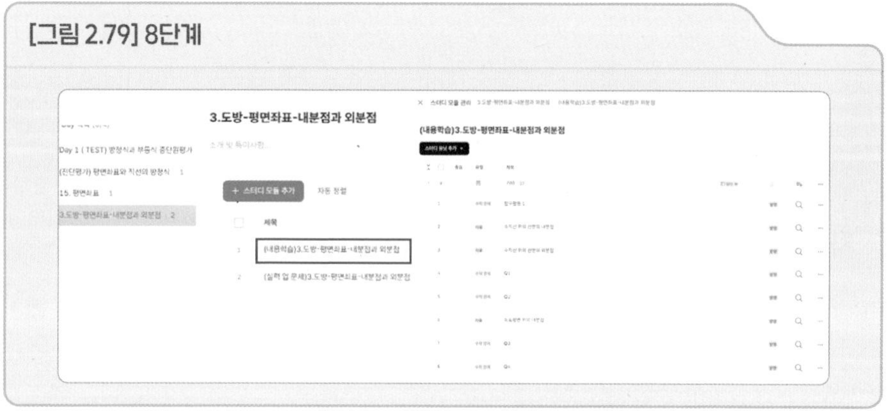

[그림 2.80] 8-1 단계

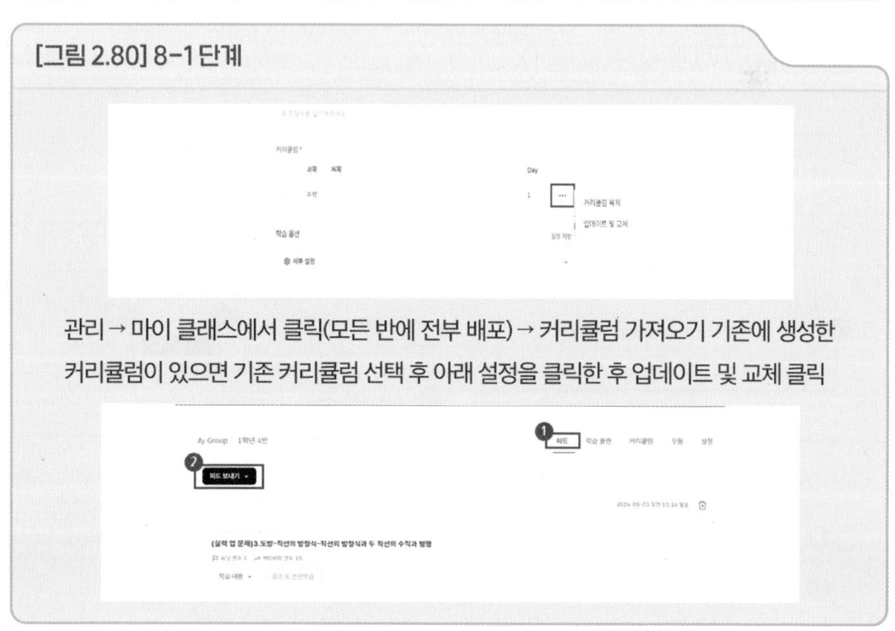

관리 → 마이 클래스에서 클릭(모든 반에 전부 배포) → 커리큘럼 가져오기 기존에 생성한 커리큘럼이 있으면 기존 커리큘럼 선택 후 아래 설정을 클릭한 후 업데이트 및 교체 클릭

자. 9단계: 수업하기

[그림 2.81] 9단계

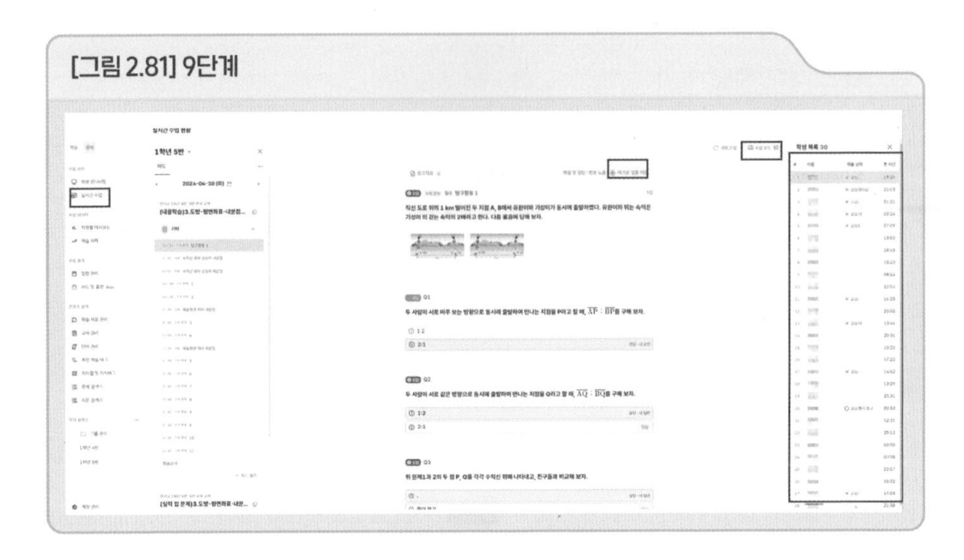

차. 10단계: 기타(상호 작용 도구)

자료 액티비티 생성을 통한 개별 활동을 추가할 수도 있고 모둠 활동 영역 추가를 통해 수업을 구성할 수도 있다.

[그림 2.82] 10단계

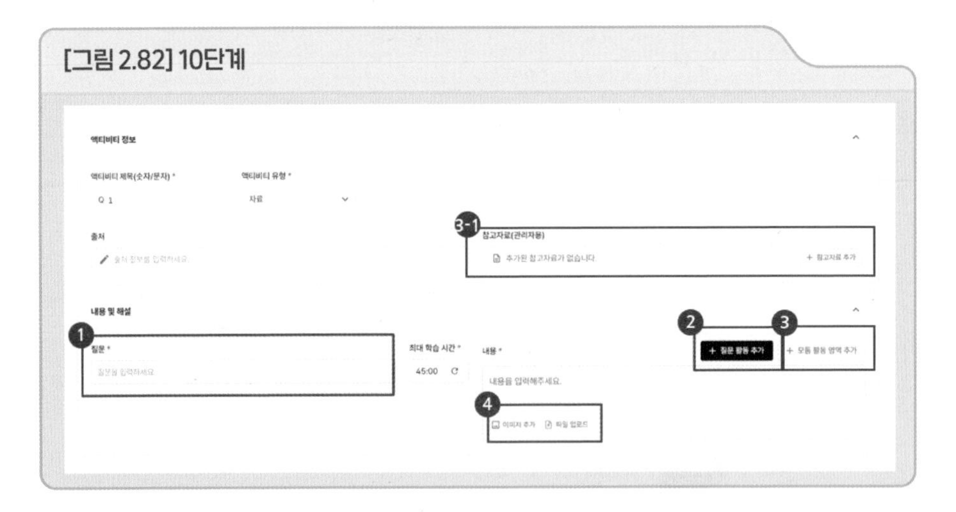

❶ 질문 입력하기

❷ 질문 활동 추가

질문에 대한 학생 개개인의 답을 얻고자 할 때, 활용

❸ 모둠 활동 영역 추가

3-1 협업툴 링크 업로드

모둠 활동을 위한 공동 작업링크 삽입- 구글 문서, 패들렛, 카훗 등 다양한 사이트 제공

❹ 이미지 추가, 파일 업로드

액티비티 생성 시 이미지 추가 및 파일 업로드 기능이 있는 경우 자료 제작을 수월하게 할 수 있다.

- 이미지 업로드: 화면 캡쳐 후 붙여넣기 가능(1장만 가능)하며, 이미지 파일로 업로드 시에는 여러 장의 이미지 업로드도 가능하다. 이미지 업로드 후 배율 설정이 가능
- 파일 업로드: 한글 파일, PDF, PPT 등 가능

4 맺음말- AI 디지털교과서에 대한 지금까지의 견해

AI 디지털교과서는 아직 공개적으로 등장하지 않았다. 현재 많은 사람들이 AI 디지털 교과서를 AI 코스웨어와 혼동하고 있는 상황이다. 하지만 중요한 것은 AI 코스웨어가 AI 디지털 교과서의 구성 요소 중 하나라는 점을 명확히 인식해야 하는 것이다. 이러한 인식을 바탕으로 우리는 AI 디지털교과서의 일부분인 AI 코스웨어를 수업에서 활용하고 이를 통해 미래의 교수-학습 설계를 어떻게 구성할지에 대한 심도 있는 고민을 해야 할 것이다.

분명 AI 코스웨어는 디지털 교육 도구로서 혁신적인 가능성을 지니고 있다. 대부분의 AI 코스웨어라는 플랫폼은 AI 기반 학습 지원 시스템으로서 이미 많은 교육 현장에서 긍정적인 변화를 이끌어내고 있을 것이 분명하다. 하지만 기술의 빠른 발전과 교육 요구의 다양화에 발맞추어 지속적으로 더 교육현장에 맞게 변화하여 AI 디지털교과서에 탑재되어야 한다. 특히 아직은 부족해 보이

는 개인화 및 맞춤형 학습 강화 경로를 더 세밀한 학습 데이터 분석을 통해 학생들의 학습 스타일과 선호도를 파악하고, 이에 기반한 더욱 정밀한 개인화 학습이 가능하도록 해야 할 것이다. 더 나아가 이전에 학습 또는 개인적 성향까지 분석하여 학생 공부패턴에 적합한 예측 알고리즘을 개선하여 학생의 미래 학습 성과를 예측하고, 이를 바탕으로 더욱 효과적인 학습 개입이 이루어질 수 해야 한다. 또 저작권 문제가 교육목적으로 활용되는 소프트웨어 업체로 확장되지 않도록 해야 하고 조금더 교사와 학생들에게 편리한 인터페이스가 제공되어야 할 것이다. 더 나아가 협업 기능(공동작업)을 강화를 통해 학생 간, 학생과 교사 간, 학생과 AI챗봇 간의 실시간 상호작용이 제공되어야 할 것이다. 또 교육부, 교육청, AI 디지털교과서 개발업체, 각종 출판사가 모두 협업하여 교사들에게 다양한 교육 콘텐츠 확보 및 접근성을 향상시켜줘야 한다. 끝으로 안정성 문제도 해결해야 한다. 대부분의 AI 코스웨어가 웹 기반으로 개발되다 보니 학교 무선망의 불안정할 시 학생들의 수업 기록이 저장되지 않거나 수업 중에 접속이 되지 않는 경우가 있다. 이 경우 수업에 참여하지 못하는 돌발사항이 발생할 수 있고, 자주 이런 현상이 발생하면 수업에 대한 불만과 교육의 질이 저하될 수 있으므로 성급한 도입보다는 안정적으로 A 디지털교과서가 학교 현장에 도입될 수 있도록 관계자들 모두가 노력해야 할 것이다.

참고문헌

- [A사] AI 디지털교과서, 그것이 궁금하다. https://blog.naver.com/school_pt/223244288990
- KERIS(2023). AI 디지털교과서 도입을 위한 쟁점 분석 및 개발 전략. KERIS.
- KERIS(2023). AI 디지털교과서 서비스 모델 및 프로토타입 시연회. KERIS.
- 교육부(2024). 디지털 기반 교육혁신 역량 강화 지원방안. 교육부.
- 교육부, KERIS(2023). AI 디지털교과서 개발 가이드라인. KERIS.
- 김학희(2023). 교과별 생성형 AI 활용 길라잡이. KERIS.
- 정영식, 유정수(2024). 체제적 교수설계에 따른 AI 디지털교과서 기반의 교수학습 모형 개발. 정보교육학회논문지 제28권 제1호.
- 한정윤 외(2023). AI 기반 맞춤형 교육의 현황과 과제. 한국교육개발원.

CHAPTER 4

PART 02

▶ AI 디지털교과서 활용 수업 : 정보 교과 사례

▶ 권순찬

1 정보교과 수업 변화의 필요성

2023년 2월 뉴스를 통해 교육부가 2025년부터 수학·영어·정보 교과에 인공지능(AI) 디지털 교과서를 도입한다는 내용의 발표가 있었다. 교육부에서는 교과의 특성에 맞는 인공지능 기술을 적용해 인공지능 디지털 교과서를 개발한다는 계획이었는데 수학 교과에는 인공지능 튜터링 기능을 적용해 학생 맞춤 학습을 지원하고, 영어 교과에서는 인공지능 음성인식 기능을 활용해 듣기뿐만 아니라 말하기 연습도 지원한다는 내용을 포함했다.

정보 교과에서도 정규 교육과정 내에서 프로그래밍 교육 체험과 실습을 강화하는 데 방점을 둔다는 내용이 발표에 포함되었다. 하지만 더 놀라운 것은 이러한 인공지능 디지털 교과서를 발표 후 2년 후인 2025년 중학교 1학년부터 단계적으로 도입한다는 내용이었다.

교육부 계획에 따르면 AI 디지털교과서에서 제공되어야 할 핵심 기능으로

AI에 의한 학습 진단과 분석(Learning Analytics), 개인별 학습 수준과 속도를 반영한 맞춤형 학습(Adaptive Learning), 학생의 관점에서 설계된 학습 코스웨어(Human- centered Design)를 제시하고 있다.

정보 교과는 이러한 핵심 기능이 필요한 교과이다. 2015 개정교육과정에 초등학교는 실과에, 중학교는 필수로, 고등학교는 선택과목으로 편성되어 있다 보니 학습자 간의 정보교과에 대한 수준 차이가 크다. 특히 프로그래밍의 실습 비중이 큰 교과이다 보니 AI 디지털교과서의 도입으로 큰 효과를 볼 수 있을 것으로 예상이 된다.

이번 장에서는 AI 디지털교과서를 준비하는 정보교사 입장에서 AI 디지털교과서를 수업에서 어떻게 활용할 수 있을지 알아보기로 한다.

2 정보교과에서의 AI 디지털교과서

정보 수업에서 AI 디지털교과서를 도입하게 되면 어떤 모습이고 어떤 변화를 가져다줄까?

2022 개정 정보과 교육과정에서 중학교 정보과 총괄목표를 살펴보면 '컴퓨팅 사고력을 기반으로 인공지능을 포함하는 컴퓨팅 기술을 활용하여 미래 사회에서 다양한 분야의 문제를 발견하고 해결할 수 있는 기초적인 능력을 함양'이라는 내용으로 컴퓨팅 기술과 같은 디지털 기반 수업을 강조하고 있으며 고등학교 인공지능 기초에서도 총괄목표 일부분에 '인공지능을 다양한 분야의 문제를 창의적으로 해결하기 위한 핵심 도구로서 프로그래밍할 수 있으며, 인공지능의 윤리적 쟁점에 관한 올바른 가치관과 태도를 함양'이라는 인공지능

을 교과에서 활용하는 내용에 대해서 강조하고 있다.

또한 중학교에 디버깅에 대한 내용이 신설이 되어 프로그래밍 실습에서 자동채점 기능이 필요하게 되었다.

이러한 특징을 비추어보면 정보 교과는 AI 디지털교과서를 활용한다면 교육과정 운영에 큰 도움이 될 것이라고 예상이 된다.

AI 디지털교과서의 가장 큰 특징은 학생 개개인의 특성과 학습 상황을 파악하고 맞춤형 교육을 제공하는 것이다. 정보 교과에서 맞춤형 교육은 매우 필요한 기능이다. 정보 교과는 2015 개정교육과정에서 공통 교육과정을 도입하였으나 초등학교는 17차시, 중학교에서는 34차시라는 매우 적은 차시로 운영되고, 고등학교는 선택과목으로 운영된다.

하지만 학교급별로 운영하는 방식이나 제공하는 경험이 다르다 보니 학생의 정보 격차가 매우 크다. 특히 프로그래밍 실습 시간에는 학생의 수준 차이로 인해 진행에 어려움을 겪은 적이 많다. 프로그래밍 교육에 대한 이해가 높은 학생부터 키보드를 활용하여 문자를 입력하는 것이 어려운 학생이 있다 보니 넓은 수준 차이를 해결하는 데 정보교사라면 한번쯤 고민하였을 것이다. 만약 AI 디지털교과서가 학생 개개인의 정보 수업 수준과 학습 상황을 파악하여 교육을 제공할 수 있다면 정보 교사가 갖는 고민은 해결될 수 있을 것이다.

또한 대시보드를 통해 학생의 학습 데이터 분석 자료를 제공하고 교육 주체 간의 소통을 지원한다. 이를 위해 전국 교실에 무선 네트워크 환경을 구축하고 통합 로그인을 도입하여 편리하게 접속할 수 있도록 하였다. 정보 교사이지만 학생의 학습 데이터를 분석하여 소통에 활용한 것은 생각보다 쉽지 않은 일이다. 학습 관리 시스템을 활용하여 정보 수업을 진행하지만 활동에서 발생하는 데이터를 수집하기에 제한되거나 수집된 데이터라도 분석하기 어려운 경우가 많다. 이러한 점에서 AI 디지털교과서는 학생의 학습 데이터를 분석하여 대시보드를 제공하는 것은 크게 의미가 있다고 생각한다. 정보교사는 자신이 가르치는 학생의 학습 분석 자료를 제공받아 학습이나 진로에 대한 상담을 하는 소통의 자료로 활용할 수 있기 때문이다.

그리고 AI 디지털교과서는 학생에게는 기본적으로 초기 학습 진단 및 분석을 통해 학생별 최적의 학습 경로 및 콘텐츠를 추천하고 AI튜터를 통해 맞춤형 학습 지원을 제공한다. 정보 교사는 수업을 설계하고 학생 맞춤형 처방을 통해 데이터 인식과 분석과정에서 AI 보조교사의 도움으로 빠르고 쉽게 학생들을 파악할 수 있으며, 콘텐츠를 재구성하거나 추가할 수 있다. 학생의 학습 이력, 학생의 정서 등을 데이터 증거 기반으로 관리 운용이 가능하다.

이런 AI기술을 통해 교사는 인식, 평가, 기록의 과정에서 벗어나 시간을 아낄 수 있다. 교사는 학생들의 강점과 약점을 쉽게 파악하고 데이터에 기반한 학습 평가와 기록을 통해 교육 전문가로서 심도있는 코칭과 상담을 할 수 있게 된다.

3 정보교과에서의 AI 코스웨어의 특징

현재 정보교과를 바탕으로 만들어진 AI 디지털교과서는 프로토타입만 공개된 상태이다. 프로토타입의 형태도 현재 시중에서 프로그래밍 교육을 위한 AI 코스웨어 형태와 유사하다. 이에 시중에 활용하고 있는 AI코스웨어를 바탕으로 교육부에서 제시한 AI디지털교과서 서비스를 중심으로 소개하고자 한다.

[그림 2.83] 정보교과에 활용할 수 있는 AI 코스웨어

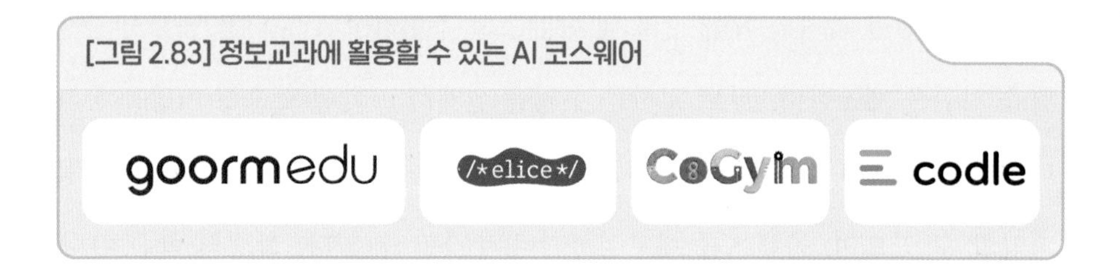

❶ 다양한 프로그래밍 언어 지원 및 편리한 실습 환경 제공

정보교과에서는 프로그래밍 실습의 비중이 높다. 그렇기 때문에 프로그래밍 실습 환경의 구축은 매우 중요하다. 또한 학교급별 다루는 프로그래밍 언어도 다르다. 초등학교와 중학교는 엔트리나 스크래치와 같은 블록 기반의 프로그래밍 언어를 주로 활용하고 고등학교에서는 주로 C언어나 파이썬 등의 텍스트 기반의 프로그래밍 언어를 활용한다.

[그림 2.84] 정보수업에 활용되는 프로그래밍 언어

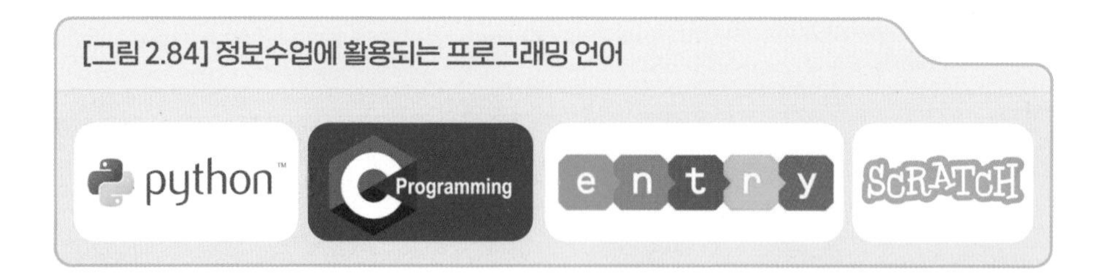

대부분의 AI 코스웨어에서는 텍스트 기반 프로그래밍 언어와 블록 기반 프로그래밍 언어를 모두 실습할 수 있도록 제공하고 있어 학교급이나 학교 현장

상황에 맞춰 프로그래밍 실습을 할 수 있다.

[그림 2.85] 텍스트 기반 프로그래밍 실습 환경(C사)

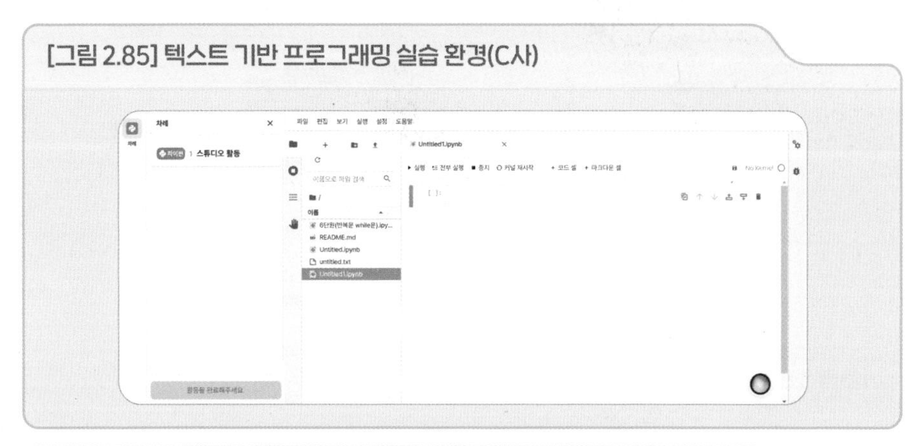

[그림 2.86] 블록 기반 프로그래밍 실습 환경(E사)

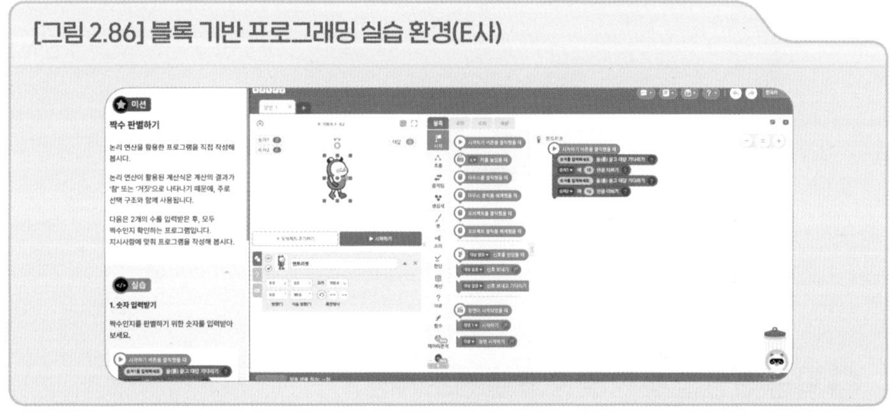

프로그래밍 실습 시 학생이 작성한 프로그램이 올바르게 작성하였는지 채점 기능도 제공한다. 정보교사의 어려움 중 하나가 프로그래밍 실습 시 잘못 작성된 곳을 찾거나 올바르게 작성했는지 확인하는 일이다. 학생이 작성한 프로그램을 하나하나 확인해야 하는 것은 많은 시간이 소요된다. 실습 시 프로그램에서 오류가 나서 질문하는 학생이 발생한 경우 수업 진행의 끊김이 발생한다. 하지만 AI 코스웨어를 활용하면 실습 진행시 프로그램 작성이 올바른지, 오류는 어느 지점에서 발생했는지를 쉽게 확인할 수 있다.

[그림 2.87] 프로그램 채점 화면(E사)

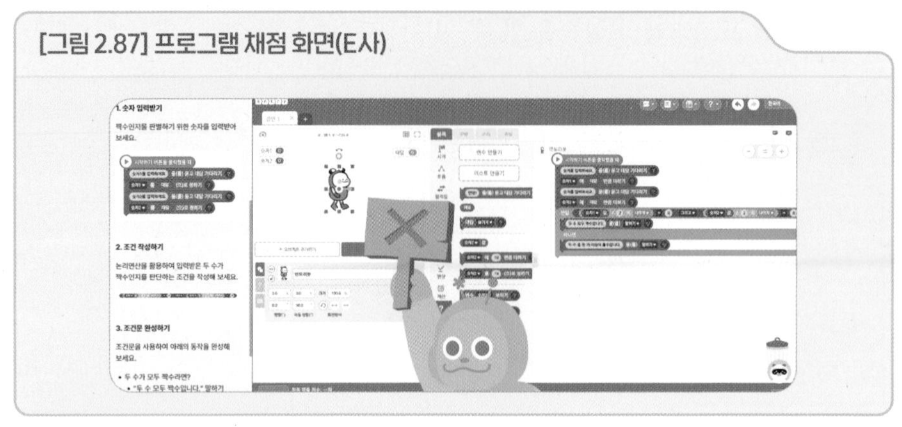

[그림 2.88] 프로그램 채점 화면(C사)

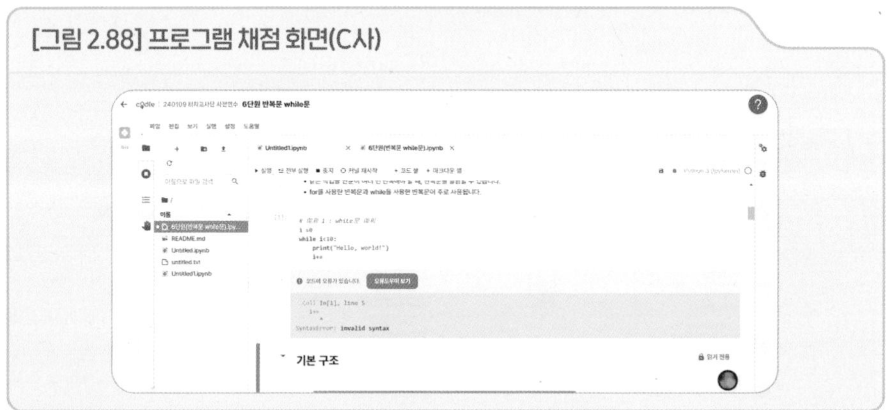

❷ 학습 진단을 통한 맞춤형 콘텐츠 제공

중학교에서 정보수업을 진행하기 전 학생들에게 엔트리라는 블록기반 프로그래밍의 학습 경험을 물어보면 대부분의 학생들을 배우고 왔다고 한다. 하지만 막상 프로그래밍 실습을 하면 학생의 프로그래밍 수준은 다양했다. 어느 한 학생은 초등학교 때 프로그래밍을 배웠지만 기억이 나지 않는다고 하고 다른 학생은 기본적인 컴퓨터를 다루는 소양이 부족한 학생이었다. 그러다 보니 초기에 계획했던 수업대로 진행하기가 어려웠다. 하지만 이번에 도입되는 AI디지털교과서는 이러한 나의 고민을 학습 진단을 통한 맞춤형 콘텐츠 제공을 통해 해결할 수 있는 가능성이 있다.

AI디지털교과서에서는 진단평가나 형성평가를 통하여 학습자의 기존 개념 지식, 개념 이해도, 오답 유형 등을 종합적으로 진단하고 분석하여 학습자의 수준을 파악한 후 이를 통해 개인별 현재의 성취도를 파악한 후 학생의 수준에 맞는 콘텐츠를 제공한다. 학습자의 학습 과정을 실시간으로 분석하여 학습자가 문제를 해결하는 데 소요되는 시간이나 시도 횟수, 정답률 등을 바탕으로 학생의 수준을 판단하고 수준에 맞는 콘텐츠를 제공한다.

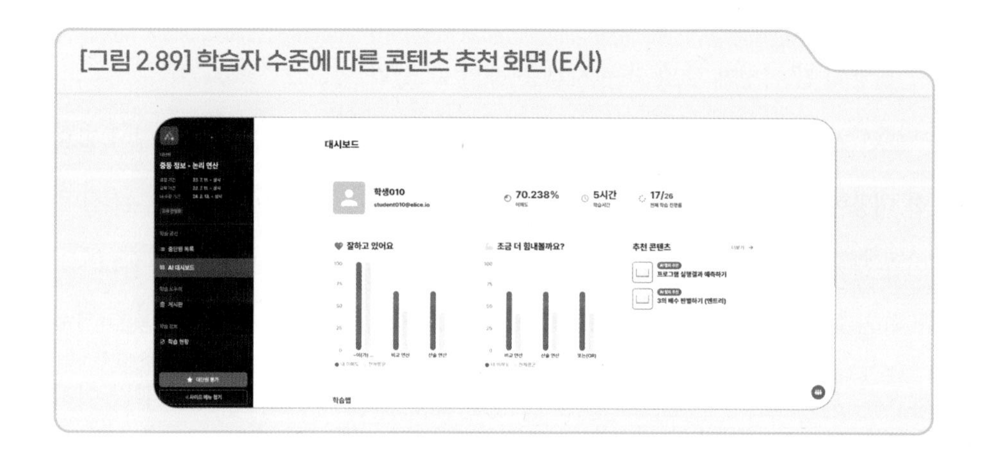

[그림 2.89] 학습자 수준에 따른 콘텐츠 추천 화면 (E사)

위의 사진은 엘리스에서 학습 후 대시보드에서 콘텐츠를 추천하는 화면이다. 인공지능 기술을 활용하여 학습자의 학습 활동 데이터를 바탕으로 맞춤형 콘텐츠를 제공할 수 있다.

❸ AI 튜터(보조교사) 기능

현재 많은 AI코스웨어에서 GPT 기반 서비스를 제공하고 있다. 이러한 GPT를 활용하면 개별화된 챗봇이나 AI튜터 기능을 제공할 수 있다. AI튜터 기능은 AI 기술을 이용하여 학생의 학습상태를 분석하여 부족한 부분의 원인을 찾아 이를 개선할 수 있는 전략을 조언해 주는 서비스이다. AI 튜터에게 궁금한 내용을 질문하면 AI튜터가 즉각적으로 답변을 제공하는 기능으로 특히 학생이 특정 개념에 대해 궁금한 점이나 이해하지 못한 부분이 있을 때 언제든지 도움을 받을 수 있다.

이 기능은 정보교과에서 매우 필요한 기능이다. 정보교과 수업에서는 당연한 이야기지만 컴퓨터를 많이 활용한다. 특히 문제해결 프로젝트를 진행할 때 정보를 찾거나 문서와 같은 콘텐츠를 작성할 때 검색엔진을 많이 활용한다. 하지만 검색 엔진을 활용하는 활동은 예상보다 많은 시간을 필요로 한다. AI튜터를 활용하면 이렇게 소요되는 시간을 줄일 수 있다.

또한 AI튜터를 활용하면 학습 과정에서 이해가 잘 안되거나 보충 설명이 필요한 내용에 대해 추가적으로 학습자료를 제공할 수 있으며, 개념에 대한 부연 설명, 연습 문제, 관련 학습 자료 추천 등을 통해 학습을 보완하는 기능을 제공한다.

실습 비중이 큰 정보교과에서는 실습시간에 학생들이 질문을 많이 한다. 질문으로 실습 진행이 어려운 경우도 많다. 만약 AI튜터가 실습과정에 겪는 어려움을 도와줄 수 있다면 훨씬 수월하게 실습을 진행할 수 있을 것으로 예상된다.

[그림 2.90] AI튜터(왼쪽,E사/오른쪽,G사)

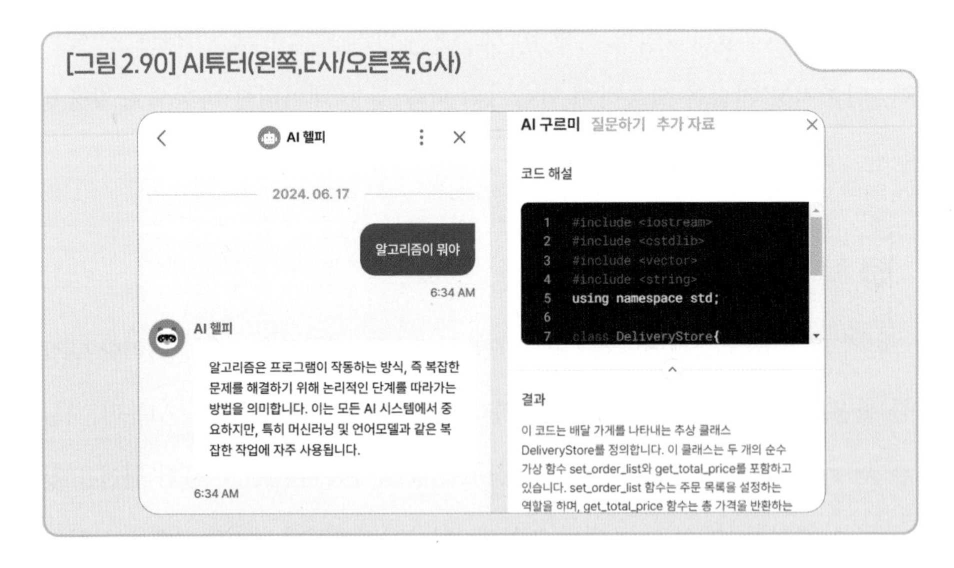

④ 대시보드 기능

AI 디지털교과서에서는 학습자의 학습상태과 학습지원에 필요한 정보를 시각적으로 분석하여 제시하는 대시보드 기능을 제공하고 있다. 현재 AI코스웨어에도 학습자의 학습 참여, 학습 성취, 학습 이력, 학습 분석 등을 파악해 스스로의 학습을 성찰하고 목표를 설정해 달성할 수 있도록 구성되어 있다. 또한 대시보드를 통해 교사는 개발 학생의 세부 영역에 대한 학습 상황을 한눈에 확인하고 맞춤형 수업 설계가 가능하도록 지원하고 있다.

[그림 2.91] 대시보드(E사)

4 정보 교과 AI 코스웨어 활용 사례

❶ 수업 모형

AI디지털교과서를 활용하기 위한 교수학습 모델은 크게 기본 예습 모형과 복습 모형, 그리고 집중케어 모형 세 가지 모형으로 분류할 수 있다(경기도 교육청, AI활용 맞춤형 교육 가이드).

기본 예습 모형은 디지털 AI 기반 교육을 통해 맞춤형 교육을 지원할 수 있는 장점을 살리면서 교실 수업에 효과성을 도모하도록 설계된 모형이다. AI 기술을 활용한 사전 학습 경험과 교실의 대면 학습 경험이 통합된 형태이다. 정보 교과에서는 프로그래밍의 실습이나 문제해결 프로젝트의 비중이 높다보니 교육과정을 운영하는데 시수가 부족한 경우가 많다. AI 디지털교과서를 통해 수업 전 학습자에게 사전 학습을 하고 진단평가의 결과를 대시보드를 통해 교사에게 공유하고 실제 교실에서의 수업 시간에는 토의 토론, 문제 기반 학습 등 학습 활동으로 수업을 구성할 수 있다. 즉 AI 디지털교과서를 통해 맞춤형 사전학습과 진단시스템을 통해 학생들은 보다 높은 수준의 학습 활동을 하는데 더 많은 시간을 쓸 수 있게 되고 교사 입장에서는 교육과정을 위한 충분한 수업 시간을 확보할 수 있게 된다.

[그림 2.92] 기본·예습 모형

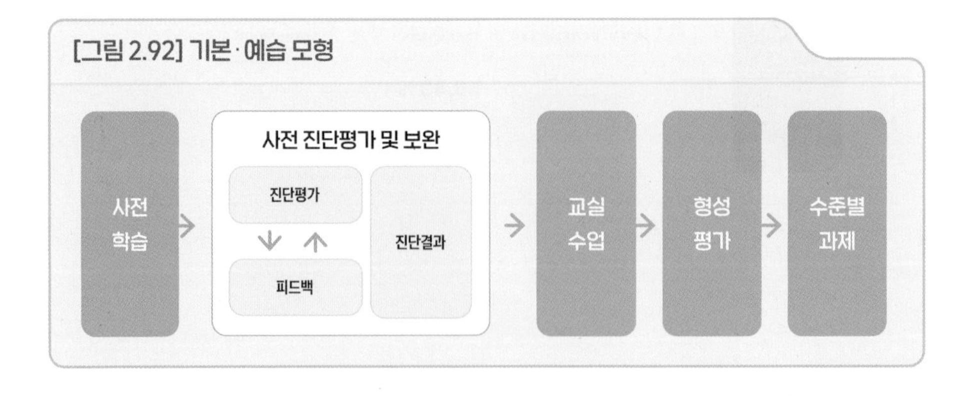

예를 들면, 정보 수업 전 프로그래밍 실습에 대한 진단 평가를 통해 학습자의 프로그래밍 능력을 확인하고 프로그래밍의 능력이 부족한 학생에게는 보충학습 과제를 미리 제시하여 사전학습을 하게 하고 수업을 진행할 수 있을 것이다.

복습 모형은 교실 학습 후 AI 디지털교과서의 진단평가를 통해 학습의 학습 이해 수준을 점검하고 필요 시 개별적 혹은 교사 지도하에 복습하여 학습 주제에 대한 완전학습을 지원하는 모형이다. 교사는 먼저 교실 수업을 통해 학생 중심 수업을 진행한 후 AI 디지털교과서를 통해 사후 진단평가를 진행한다. AI 디지털교과서를 통해 평가에서 나온 결과에 따른 피드백과 콘텐츠 추천을 받게 된다. 그리고 교사는 학생의 이해 수준에 대한 분석 결과를 확인하고 이에 따라 추가학습을 진행하게 된다.

[그림 2.93] 복습 모형

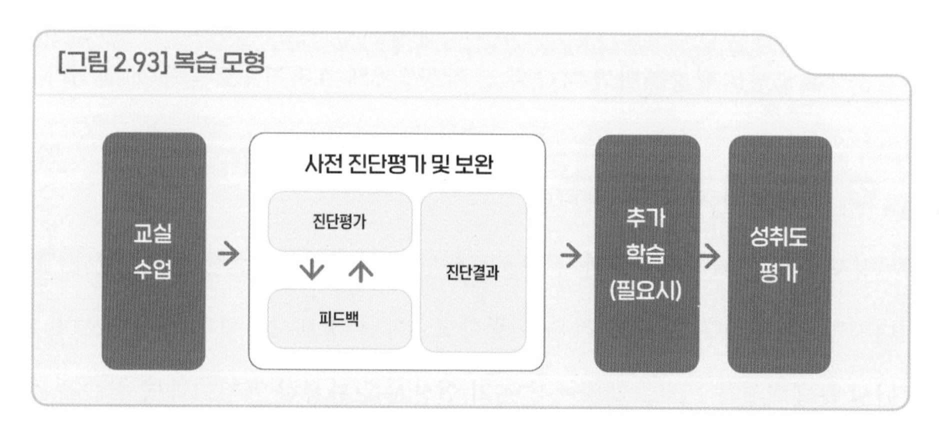

복습 모형을 정보교과에 적용해본다면 프로그래밍 수업 진행 후 수업에서 배운 프로그래밍에 대한 이해 수준을 확인하고 진단 결과에 따라 1차시 정도 수준별로 보충학습을 진행하여 성취기준에 도달할 수 있도록 진행할 수 있다.

집중 케어 모형은 학습 부진 학생 등을 AI 디지털교과서를 활용하여 진단하고 이를 바탕으로 온라인 보충 학습이나 튜터링을 제공하여 학습 이해도를 높이는 모형이다. 학습격차가 큰 정보교과에서 실습을 따라오지 못하는 학생을 대상으로 구성할 수 있는 모형이라고 생각된다. AI 디지털교과서를 통해 진단평가를 실시하고 진단 결과에 맞춰 동영상, 교재 등 학습 자료를 활용하여 온라인에서 보충학습을 진행한다. 필요 시 튜터링을 활용할 수도 있다.

[그림 2.94] 집중케어 모형

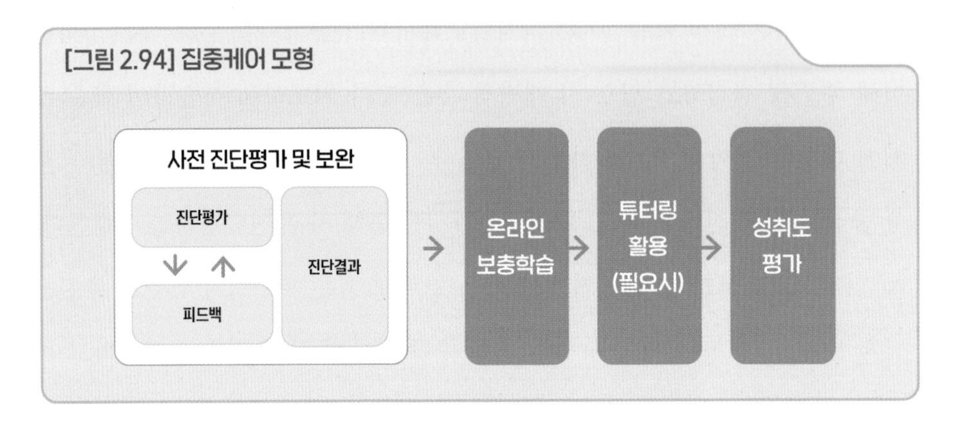

정보교과는 학습격차가 크다. 특히 초등학교에서 배운 경험이 다양하기 때문에 집중케어 모형을 활용한다면 학습 부진 학생들에게 효과적으로 적용할 수 있다.

❷ 정보 수업 설계 및 실천

정보교과용 AI디지털교과서 프로토타입을 적용한 수업을 진행하였다. AI디지털교과서 프로토타입 적용은 중학교 3학년 정보시간에 진행하였으며, 3단원 문제해결과 프로그래밍에서 논리 연산자를 활용한 프로그래밍 실습을 주제로 구성하였다.

수업의 도입 부분에서는 이전 차시에서 배운 입력과 출력에 대한 내용으로 구성하였고 AI디지털교과서를 활용하여 진단평가를 실시하였다. AI디지털교과서를 활용 시 가장 눈에 띄는 특징 중 하나가 바로 진단평가를 통해 학생의 학습상태를 진단하고 분석한다는 점이었다. 이를 통해 보충학습이 필요 시 진행하고, 불필요 시 바로 개념학습 및 실습으로 진행하도록 하였다.

또한 실습과 형성평가, 자기 설문조사는 AI 디지털교과서를 통해 진행하였다. 학생의 활동을 분석할 수 있는 부분은 모두 AI 디지털교과서를 활용하도록 수업을 구성하였다.

[표 2.6] AI 디지털교과서를 활용한 수업 구성 예시안

<table>
<tr><th colspan="2">교과명</th><th>정보</th><th>대상</th><th>중학교 3학년</th></tr>
<tr><td colspan="2">대단원</td><td>Ⅲ. 문제해결과 프로그래밍</td><td>소단원</td><td>3. 프로그래밍</td></tr>
<tr><td colspan="2">차시</td><td>2차시(90분)</td><td>학습 방법</td><td>강의,
AI DT 활용 실습</td></tr>
<tr><td colspan="2">학습 목표</td><td colspan="3">1. 논리 연산자의 개념을 설명할 수 있다.
2. 논리 연산자를 활용하여 프로그램을 작성할 수 있다.</td></tr>
<tr><td colspan="2">준비물</td><td colspan="3">• 교사: 수업 지도안, PPT 자료, 노트북, AI DT
• 학생: 노트북, AI DT</td></tr>
<tr><th colspan="2">학습단계</th><th>교수·학습 활동</th><th>자료 및 유의점</th><th>시간(분)</th></tr>
<tr><td rowspan="3">도입</td><td>전시 학습 확인</td><td>• '입력과 출력'영역에서 만든 프로그램에는 어떤 것이 있는지 설명하도록 유도한다.</td><td></td><td>3분</td></tr>
<tr><td>학습 목표 제시</td><td>• 학습 목표를 제시한다.</td><td></td><td>2분</td></tr>
<tr><td>진단 평가</td><td>• 진단평가를 실시한다.
• 진단평가 결과 확인하고 AI튜터가 추천 콘텐츠 확인하기</td><td>AI DT</td><td>10분</td></tr>
<tr><td rowspan="5">전개</td><td>보충 학습</td><td>• 변수, 산술연산자와 비교 연산자, 제어구조의 개념 안내하기</td><td>필요시</td><td>10분</td></tr>
<tr><td>동기 유발</td><td>• 연산자를 활용한 실생활 사례 찾기</td><td>AI DT</td><td>20분</td></tr>
<tr><td>개념 학습</td><td>• 논리 연산의 개념 설명하기</td><td></td><td>10분</td></tr>
<tr><td>실습</td><td>• 논리 연산을 활용한 프로그램 작성하기
• 복습 퀴즈 안내하기</td><td>AI DT</td><td>20분</td></tr>
<tr><td>형성평가</td><td>• 논리 연산에 대한 개념 형성평가 실시하기</td><td>AI DT</td><td>10분</td></tr>
<tr><td rowspan="2">정리</td><td rowspan="2">정리하기</td><td>• 자기 설문조사</td><td>AI DT</td><td>5분</td></tr>
<tr><td>• 다음 차시 예고</td><td></td><td></td></tr>
</table>

AI 디지털교과서를 활용하면서 편리했던 점은 수업에 활용되는 콘텐츠를 쉽게 제공받을 수 있고 자신이 원하는 형태로 재가공하거나 추가할 수 있다는 점이었다.

학생들은 교사가 설정한 수업을 바탕으로 진행한다. 크게 구성을 보면 진단평가와 개념 학습하기 형성평가, 자기 설문조사로 구성하였다.

진단평가를 통해 학생의 현재상태를 분석하고 분석 결과에 따라 보충이 필요한 학생들에게는 보충학습 자료가 제공이 된다. 아직은 프로토타입이다 보니 제한적으로 콘텐츠가 제공되었다.

[그림 2.95] 진단평가(E사)

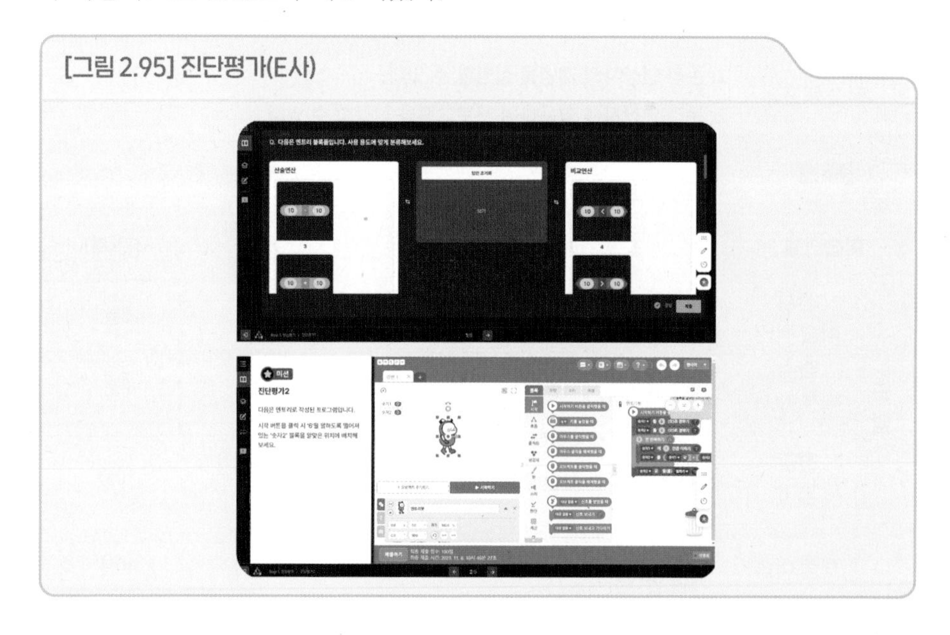

진단평가의 특징은 정보교과의 특성에 맞게 프로그래밍 실습을 할 수 있다는 점이었다. 객관식이나 주관식과 같은 문제뿐만 아니라 실습을 통해 학생의 현재 학습 상태를 파악할 수 있다는 점에서 편리하였다.

본 수업은 사례를 통해 학습 개념을 찾아 활동할 수 있는 콘텐츠를 탑재하여 학생들의 학습 참여를 유도하였다. 퀴즈형식으로 되어 있다 보니 학생들이 몰입하여 참여할 수 있었다.

[그림 2.96] 수업 콘텐츠와 학생 활동 사진(왼쪽: E사)

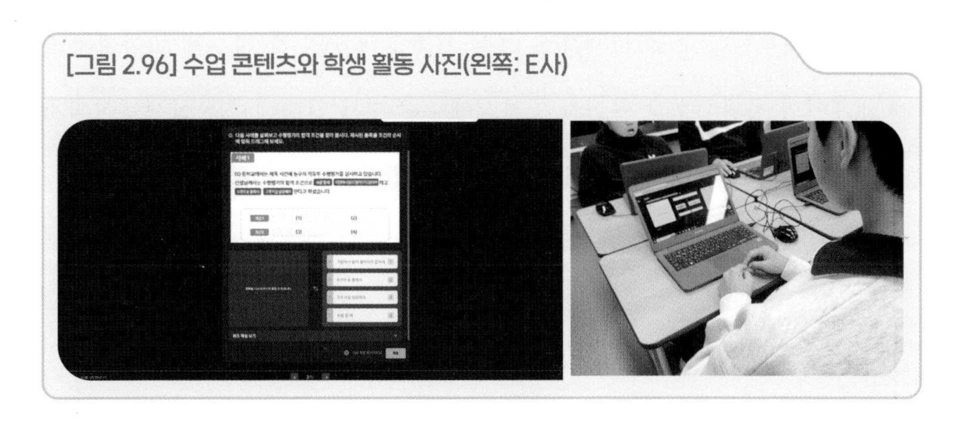

지금까지 해 온 정보 수업은 실습이 많다 보니, 정보 교사는 매우 바쁘다. 하지만 AI 디지털교과서를 통한 실습에서는 수월함을 느꼈다. AI 디지털교과서 안에 AI 튜터가 지원되어 학생들이 어려워하는 내용을 AI 튜터를 통해 해결할 수 있다. 예를 들어 프로그래밍 실습 문제를 해결하기 위해 짝수를 찾는 알고리즘을 모르거나 해결 방안을 찾기 어려울 때 AI튜터에게 질문을 하면 해결에 도움이 되는 자료를 제공해 주었다.

[그림 2.97] AI 튜터(E사)

또한 대시보드를 통해 학생들의 학습 진행률, 이해도를 한눈에 파악하고 학생 개개인의 성취수준을 확인하고 분석해주니 교사 입장에서는 학생들이 무엇이 부족하고 필요한지를 빠르게 파악할 수 있었다.

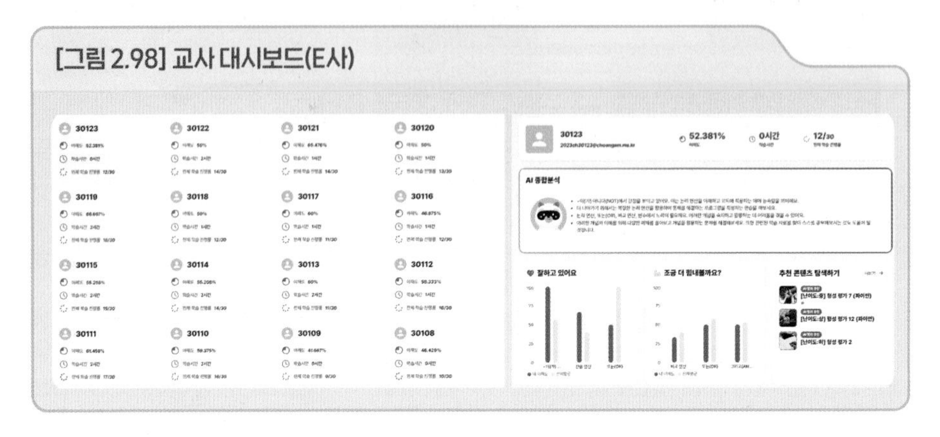

[그림 2.98] 교사 대시보드(E사)

5 AI 디지털교과서 도입을 준비하는 정보 교사에게 한마디

AI 디지털교과서가 프로토타입이라 기대했던 완전한 기능을 모두 체험해봤다고 할 수 없지만, AI 디지털교과서가 교실에 도입되게 되면 이전에 꿈도 꾸지 못하였던 개별 학생 맞춤형 수업을 이룰 수 있다고 생각한다.

특히 모든 학생의 학습 상태를 파악하고 분석하여 이와 관련된 학습자료를 준비하는 일련의 교사의 준비 활동은 현실적으로 불가능한 것이라고 여겼는데, AI 디지털교과서를 통해서는 가능할 수 있다는 생각이 들었다. 또한 AI 디지털교과서를 활용한 수업 설계 및 진행 시 수업 중에서도 교사와 학생, 학생과 학생 간의 상호작용 활동이 데이터로 저장되어 교사가 자신의 교수활동을 기록하고 평가하는 데 큰 도움을 줄 수 있을 것이라고 생각이 된다. 이를 통해 교사는 수업의 효과성을 확인하고 이를 개선하여 발전시킬 수 있을 것이다.

이를 통해 교사의 역할이 많이 변화될 것이라고 생각이 된다. 기존 지식 전달자에서 수업을 설계하는 역할이 더욱 강조가 될 것이다. 학생에게 어떤 경험을 제공해야지 상위의 학습이 이루어질 수 있을지 고민하게 될 것이며 지식을 기억하고 이해하는 활동은 효과성이 높은 AI 디지털교과서가 주로 담당하게 되고 적용, 분석, 평가와 같은 상위 학습 단계는 교사가 학생 참여 중심 수업과 과정 중심 평가로 진행해야 할 것이다.

또한 AI 디지털교과서를 잘 활용하기 위한 교사의 디지털 역량이 필요할 것으로 예상이 된다. 특히 AI 대시보드에서 시각화되어 제공되는 정보를 잘 활용하기 위해서는 데이터를 분석할 수 있는 능력이 필요하다. 분석된 자료가 이해하기 쉽게 시각화되면 좋겠지만 분석된 결과가 무엇을 의미하는지를 알기 위해서는 정보교사 뿐만 아니라 AI 디지털교과서를 활용하는 교사라면 기본 소양으로 가지고 있어야 AI 디지털교과서를 100% 활용할 수 있을 거라고 생각이 된다.

AI 디지털교과서의 특징 중 완성된 학습 콘텐츠를 제공하는 것이다. 하지만 학교 특성, 교사의 교육철학, 교수방법이 다르기에 제공되는 콘텐츠가 입맛에 맞지 않을 수 있을 것이다. 그렇기 때문에 AI 디지털교과서를 활용하는 교사는 AI 디지털교과서에 활용할 수 있는 자신만의 콘텐츠를 제작할 수 있는 능력이 필요하다. 생성형AI와 같은 첨단 디지털 기술을 활용한다면 효율적으로 적은 노력으로 완성도 높은 콘텐츠를 제작할 수 있다. 그렇기 때문에 교사는 다양한 AI 디지털기술을 활용하여 콘텐츠를 개발하는 역할도 필요하게 될 것이다.

AI 디지털교과서도 활용되면서 나오는 피드백을 통해 지속적으로 기능과 사용자 UI가 업데이트 될 것으로 예상된다. 우리가 평소에 활용하는 다양한 에듀테크도 기능 개선 작업을 통해 지속적으로 업데이트가 되고 있다. AI 디지털교과서도 기능 개선이 되지 않을까 조심스럽게 예상해본다. 그렇기 때문에 교사는 AI 디지털교과서에 대한 활용 방법에 대해 지속적인 관심이 필요하다.

마지막으로 AI 디지털교과서를 효과적으로 활용하기 위한 교사의 지속적인 전문성 개발이 필요하다. AI 디지털교과서를 효과적으로 활용하기 위한 다양한 AI 디지털 기술을 습득하고 활용하는 역량이 많이 필요할 것이다. 혼자서 AI 디지털 역량을 개발하는 방법도 있지만 교원학습공동체를 통해 함께 배우면 효과적으로 배울 수 있을 것이다.

AI 디지털교과서로 인해 교사는 AI 기술이 교사의 역할을 대체할 것이라고 걱정한다. 하지만 AI 기술은 교사의 역할을 대체하지 못할 것이다. AI 기술을 활용하는 사람이 그 자리를 대체할 것이라고 생각이 된다.

AI 디지털교과서의 도입을 통해 500만의 학생을 위한 500만의 교과서가 만들어 지길 기대한다.

참고문헌

- 경기도교육청(2023). AI 활용 맞춤형 교육 가이드.
- 교육부(2023). AI 디지털교과서 개발 가이드라인.
- 교육부고시 2022-33 초 중등학교 교육과정 총론
- 구름EDU
- 엘리스

CHAPTER 5

PART 02

▶ AI 디지털교과서 활용 수업 : 영어 교과 사례

▶ 이종혁

1 영어 교과 수업 변화의 필요성

영국 산업혁명 이후 시작된 최초의 근대교육은 주로 산업 사회의 요구에 부응하기 위해 설계되었다. 이 시스템의 주요 특징은 대량 생산 모델을 교육에 적용한 것이다. 학생들은 연령별로 분류되어 같은 내용을 같은 속도로 배웠으며, 표준화된 교육과정을 따랐다. 이는 공장 시스템과 유사한 구조로, 효율성과 균일성을 강조했다. 예를 들어, 학생들은 종소리에 맞춰 수업을 시작하고 끝냈으며, 획일화된 교복을 입고 규율을 엄격히 지켜야 했다. 교육의 주요 목표는 기본적인 읽기, 쓰기, 셈하기 능력을 갖추고, 공장에서 일할 수 있는 규율 있는 노동력을 양성하는 것이었다.

건축가 유현준 씨는 '감옥같은 학교 건물을 당장 바꿔야 하는 이유'라는 제목의 강연을 통해 19세기에 생각하던 전화기, 비행기, 자동차는 그 개념과 기능 변화에 따라 전혀 다른 디자인으로 변했지만 학교 디자인은 놀랄만큼 동일하다는 것을 꼬집었다. 효율만을 중시하고 인재를 공장에서 찍어내듯 만드는 곳으로 흡사 교도소 디자인과도 비슷하다고 얘기했다.

[그림 2.99] 산업혁명 당시의 도구와 시스템

출처: 유현준, 학교 건물을 당장 바꿔야 하는 이유(유튜브 세바시)

[그림 2.100] 21세기의 도구와 시스템

출처: 유현준, 학교 건물을 당장 바꿔야 하는 이유(유튜브 세바시)

21세기에도 역시 같은 건물에서 같은 시스템을 활용한 교육 중이지만, 우리의 교실은 계속 변화하고 있다. 과거의 우리와 단절된 어떤 특별한 것이 갑자기 나타난 것이 아니다. 우리는 꾸준히 변화하고 있고, 그 변화가 쌓여 외형 변화로 나타날 때는 분절적 변화가 느껴지는 수준일 뿐인 것이다.

개인적 변화의 경험의 역사를 짧게 되새겨보면, 교직에 발을 들인 첫 해 2002년에는 6차 교육과정에서 재량영어라는 과목을 맡아 학습자 분석을 통해 디즈니 애니메이션을 편집해 학년 맞춤형 수업을 진행하였다. 2003년에는 경기도 교육청의 외국어교육기반학습 사업을 통해 영어 스킷(짧은 연극)을 지원할 공간을 만들어 학습자 맥락을 통한 영어 학습 지원 시스템을 구축하였고, 때마침 지원된 원어민 사업을 연계하고 영자신문 제작과 영상제작의 콘텐츠 제작을 통한 교육도 진행하였다. 이후 외국어 학습의 가장 기본이 되는 어휘력 강화 학습을 위해 단어 정리 및 쪽지시험 방식을 꾸준히 진행하였으나 교사의 과도한 시간투자를 줄이기 위해 2011년에는 OMR 스캐너 회사에 의뢰해 학생 개별 문제지 자동 출제 및 자동 채점을 진행하는 영단어 자동출제 프로그램을 개발하여 2019년까지 사용하였다.

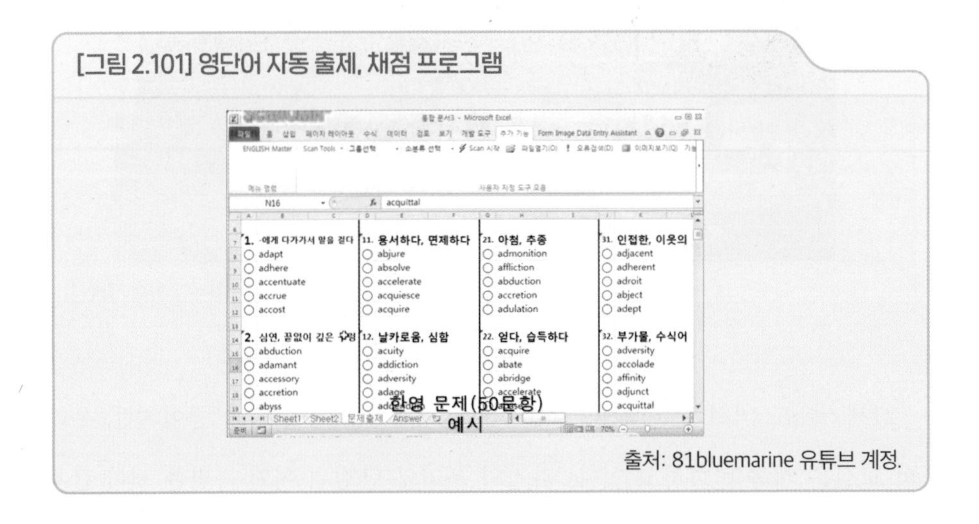

[그림 2.101] 영단어 자동 출제, 채점 프로그램

출처: 81bluemarine 유튜브 계정.

같은 2011년에 아이패드와 애플티비를 구매하여 교실 환경에서의 국내 첫 무선 미러링 특별실을 구축하였고, 파워포인트 화면과 교과서의 글자 배치가 달라서 힘들어 하던 학생들에게 교과서 PDF를 그대로 보여주며 학생들이 수업에 더 쉽게 몰입할 수 있는 시스템을 구현하였다. 이후 교내 교사연구회가 구축되고 이 연구회가 전문적 학습 공동체로 운영되며 2023년 본교 디지털 선도학교의 근간이 되었다. 2012년에 시작한 영어 심화 프로그램으로 시작되었던 TEDx 프로그램은 2019년 하남고TV 채널을 통해 학생들의 목소리를 담는 방식으로 변화하고 있다.

[그림 2.102] 학생들의 목소리를 담는 하남고TV

영어교실을 구축하던 2003년처럼, 2024년에는 고교학점제 공간재구조화를 통해 학습 공간의 유연성, 지원공간의 복합성, 공용공간의 활용성, 동선의 효율화를 지원하는 교육공간을 구성하였고, 역시 스킷 활동 지원 공간도 다시 구성하게 되었다.

한 사람의 경험만으로도 부족하다면 7차 교육과정 도입 이후만 살펴보아도 2008년 입학사정관제, 2012년 누리과정, 수학교육 선진화 방안, 2015년 2015

개정교육과정 시행, 2018년 수능영어 절대평가, 중학교 자유학년제 도입, 2019년 개정누리과정 시행, 2022년 CBT 학업 성취도 평가, 2022 개정교육과정 시행, 2025 고교학점제 전면시행, 2028년 미래형 수능 도입 등으로 우리 교육은 꾸준히 변화하고 있는 중이다.

결론적으로 '우리의 수업은 바뀌어야만 하는가'라는 질문에 대해 답하자면, 우리의 수업은 이미 계속 바뀌어왔다고 말할 수 있겠다. 학습자의 맥락을 반영하여 수업을 준비하고 바꿔오던 우리들에게 AI 디지털교과서라는 새로운 무기가 주어지는 것 뿐이다. 다만 무기는 날을 잘 세우고, 사용법을 정확히 알아야 다치지 않는다는 점을 명심해야겠다.

2 2022 개정교육과정의 영어 교과

2022 개정 영어과 교육과정은 여러 가지 주요 특징을 갖고 있다. 이 중 가장 중요한 부분은 '영어 의사소통 역량'을 핵심 역량으로 설정하는 것이다. 이는 영어로 제시된 다양한 정보를 습득하고, 문화적 산물을 향유하며, 자신의 생각을 창의적으로 표현하고, 영어 사용 공동체 참여자들과 협력적으로 상호 작용할 수 있는 능력을 의미한다.

[그림 2.103] 영어과의 총괄 핵심역량

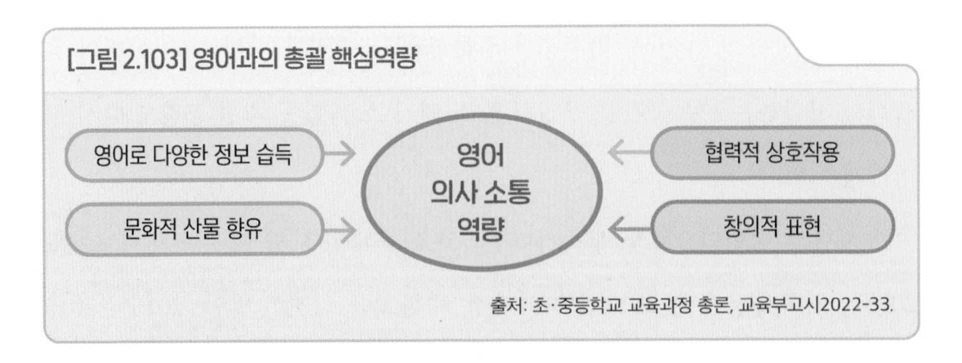

출처: 초·중등학교 교육과정 총론, 교육부고시2022-33.

또한 영어과 교육과정은 기존의 언어 기능인 말하기, 듣기, 쓰기, 읽기를 '이해'와 '표현' 두 영역으로 재구성하고 있다. 이해 영역에서는 듣기와 읽기뿐만 아니라 이미지, 동영상 등이 다양하게 결합된 방식으로 제공되는 영어 지식 정보를 처리하고 사용하는 능력인 보기 능력도 기른다. 표현 영역에서는 말하기와 쓰기에 더해 다양한 매체를 통해 말, 글, 시청각 이미지 등을 활용하여 자신의 느낌, 생각, 의견 등을 전달하는 능력인 제시하기 능력도 추가한다.

[그림 2.104] 영어과 역량 및 영역 구성

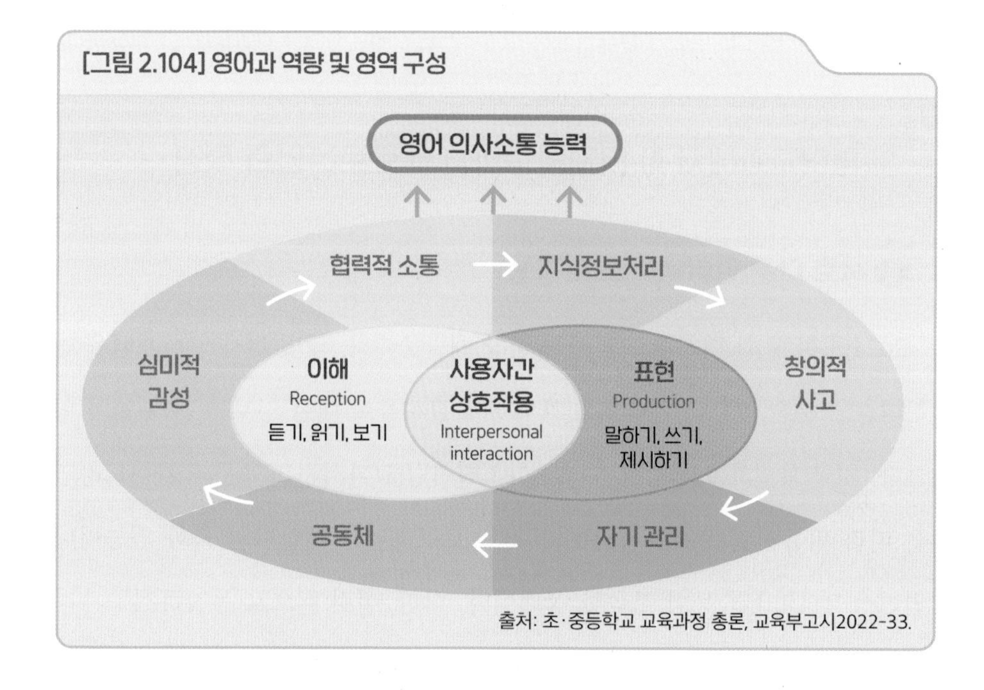

출처: 초·중등학교 교육과정 총론, 교육부고시2022-33.

2022 개정 교육과정은 또한 실생활 맥락과 연계한 의사소통 중심의 영어 교육을 강조한다. 학습자의 삶과 연계된 실제적인 상황에서 영어를 습득하고 사용할 수 있도록 하며, 언어 사용의 목적과 결과를 수반하는 과업 중심의 학습을 권장한다. 이를 통해 학생들이 미래 사회에서 필요로 하는 실질적인 영어 능력을 키울 수 있도록 구성되어 있다.

지금까지의 학습은 주로 이해 영역에 치중되어 있었고, 조금 늦게 이해하거나 조금 덜 이해하는 학습자라 하더라도 집단교육을 받는 것이 큰 무리가 없었다. 그러나 이러한 집단교육은 표현 영역도 이해 영역의 변이형태로 학습이 진행되기가 쉬웠다. 성인 영어교육의 회화 수업과 토플 수업을 생각해보면 이해가 쉬우리라 생각한다. 결국 2022 개정교육과정의 영어교과는 개별화 교육이 이루어져야 영어 의사소통 역량을 키울 수 있다. AI 디지털교과서의 맞춤형 콘텐츠 제공 기능이 그 역할을 해낼 수 있으리라 기대한다.

3 영어교과에서 AI 디지털교과서 프로토타입의 특징

❶ 서로 다른 인터페이스와 기능

2024년 현재 AI 디지털 교과서는 한창 개발중이다. 몇몇 회사가 시스템을 만든다는 소문은 있으나 콘텐츠를 책임질 출판사들에 대한 정보는 거의 찾기 힘들다. 지금 확인하고 체험할 수 있는 AI 디지털 교과서는 교육부의 가이드라인을 따라 만들어진 프로토타입뿐이다. 프로토타입은 개발사의 특화 기능이나 편리성 및 UI, UX 등이 부족한 상태이다. 다만 '이런 식으로 동작하겠구나'라는 것을 보여주는 선에서 만족해야 한다. 프로토타입 개발사는 코딩 교육으로 유명한 E사와 온라인 콘텐츠 제공 플랫폼 S사 두 곳이 선정되어 있으며 동일한 가이드라인을 따르고 있음에도 전혀 다른 느낌의 교과서를 제공하고 있다. 프로토타입도 계속 업그레이드 중이며, 정식 AI 디지털 교과서가 검인정되는 연말까지 AI 디지털 교과서의 자리를 차지하겠다.

[그림 2.105] AI 디지털교과서 프로토타입 화면

❷ 다양한 학습지원과 대시보드

AI 디지털교과서 프로토타입은 2024년 현재 수학과 정보 교과처럼 대시보드를 통해 학생에 대한 데이터를 대시보드 형태로 제공받을 수 있다. 수업을 진행하고 과제를 제시하는 방식은 기존의 구글 클래스같은 LMS 형태에서 흔히 보던 것과 동일하다. 그러나 AI 기술을 활용하여 다양한 학습 지원 도구와 시스템이 채택되고 있다. 대표적으로 음성 인식 및 합성 기술을 활용한 맞춤형 콘텐츠로 실시간 대화학습을 지원하고, AI 튜터는 학습자의 학습을 지원하며, 학습 진행 상황을 분석하여 대시보드로 제공해 준다.

[그림 2.106] AI 디지털교과서 프로토타입 대시보드 화면

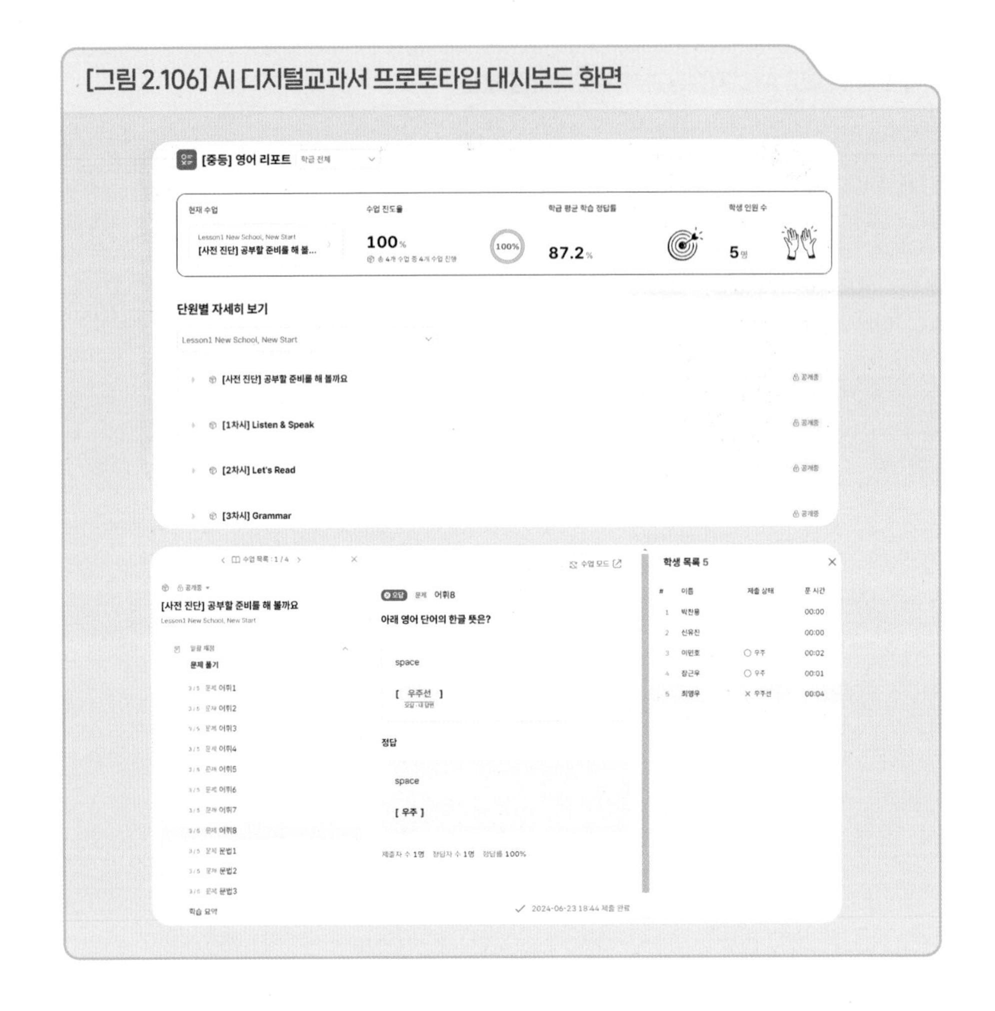

❸ 맞춤형 콘텐츠

또한 디지털 교과서의 학습 데이터를 분석하여 학습자의 성취도와 학습 패턴을 파악하고, 이를 바탕으로 개인 맞춤형 학습 콘텐츠와 학습 전략을 제공할 수 있다. 교사는 AI 보조교사의 도움을 받아 개별 피드백 추천자료를 제공받고 추천에 대한 설명 내용을 검토한 뒤, AI 보조교사가 추천한 맞춤형 학습 데이터를 발송할 수 있다.

[그림 2.107] AI 디지털교과서 맞춤형 컨텐츠 추천 화면

또한 교사는 대시보드를 통해 상세한 학습 데이터를 검토할 수 있다.

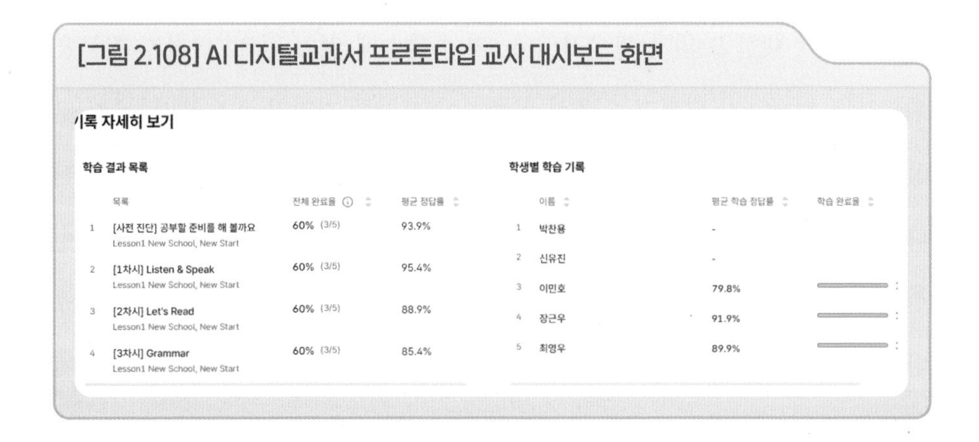

[그림 2.108] AI 디지털교과서 프로토타입 교사 대시보드 화면

❹ 모둠활동 지원

모둠 구성을 지원하는 것도 독특한 기능 중 하나라고 볼 수 있는데, 수동으로 배정하거나 랜덤으로 배정하는 것 모두 가능하다. 향후에는 학생에 대한 데이터를 반영하여 같은 성향별로 모둠을 배치하거나 다른 성향들을 골고루 섞거나 성취도를 기준으로 적절하게 배치하는 등의 지원도 기대해 볼 만하다.

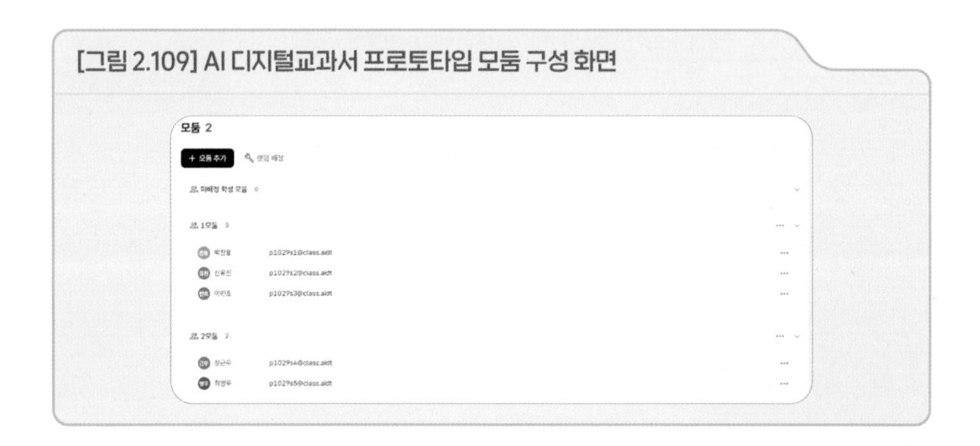

[그림 2.109] AI 디지털교과서 프로토타입 모둠 구성 화면

❺ 다양한 기기 지원 고려 필요

영어 교과에서 AI 디지털 교과서를 효과적으로 활용하기 위해서는 학습자의 기기 환경에 대한 고려가 필수적이다. 영어 학습에 있어 듣기, 말하기 활동을 원활하게 수행하기 위해서는 음성 입출력이 가능한 기기가 필요하며, 쓰기 활동을 위해서는 손글씨 입력이 가능한 태블릿이나 전자펜 등의 도구가 요구된다. 그러나 현재 학생들에게 지급되는 스마트 기기의 종류와 성능이 다양하여, 현재는 키보드가 기본 장착된 모델인 노트북이나 크롬북을 표준으로 개발되었다. 향후 AI 디지털 교과서의 개발과 보급에 있어서는 학습자의 기기 환경에 대한 표준화된 가이드라인을 마련하고, 다양한 기기에서의 호환성을 고려한

설계가 이루어져야 할 것이다. 궁극적으로는 다양한 교과의 특성을 지원할 수 있는 기기를 개발하여 표준화 장비로 보급할 필요가 있다.

4 AI 코스웨어 활용 수업 사례

앞서 이야기 한 것처럼 2024년 현재 AI 디지털 교과서는 프로토타입만 제공되고 있다. 이에 현재 교육 현장에서는 AI 코스웨어를 그 대용으로 사용하고 있다. AI 코스웨어도 개인화된 학습 경험, 실시간 피드백, 적응형 콘텐츠 제공 등 AI 디지털 교과서가 지향하는 주요 기능들을 이미 구현하고 있다.

다음은 AI 코스웨어를 활용한 수업 설계 예시이다. 일부 기능 부분은 비 코스웨어를 활용하기도 하였다.

❶ 수업 및 학습자 분석

1-1. 수업 상황

- 수도권 신도시 고등학교 3학년 대상 수능특강영어 교과 수업
- 학급당 28명 내외이며 학업역량이 우수한 편
- 불필요한 대화나 수업에 방해되는 행동을 하는 학생이 없음
- 서로에게 방해되는 행동을 자제하는 경향이 있음
- 부족한 부분이 공개적으로 드러나길 원치 않음

1-2. 교수학습 목표

- 지문을 이해하여 주어진 문제를 정확하게 풀 수 있다.
- 본문에 사용된 어휘를 안다.
- 문장의 구조와 글 흐름의 구조를 분석할 수 있다.

1-3. 사용 코스웨어의 기능

- 어휘학습지원
- 문장 구조 분석
- 개인 맞춤형 말하기 훈련
- 대시보드 활용

1-4. 학습 전략

- AI 코스웨어를 활용한 대시보드 활용 수업
- 비코스웨어 에듀테크를 활용한 시각화 학습자료 활용
- 기본 모형 학습 전략 채택

[그림 2.110] 수업 설계 모형

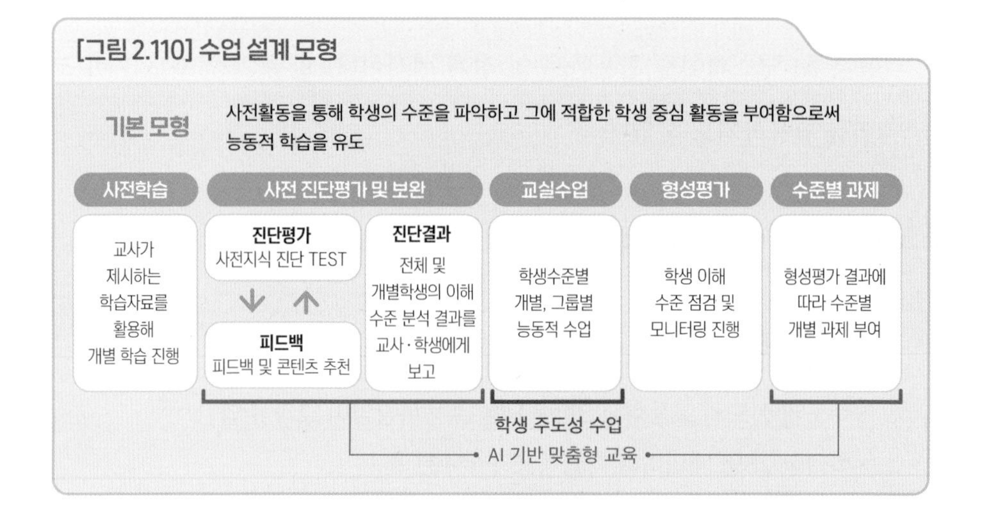

❷ 수업 진행

2-1.

- AI 코스웨어 원아워를 활용해 진단평가를 통해 학생별 수준차를 보정하고 학습 준비도 정도를 확인할 수 있다. 진단평가는 주로 어휘 학습으로 진행하였고, 다른 학습자보다 빠르게 문제를 풀어낸 학생에게는 본문을 학습할 수 있

도록 AI의 도움을 받아 추가 질문을 사전에 제작해 제공해 주었다.

[그림 2.111] AI 코스웨어 원아워의 단어학습 화면

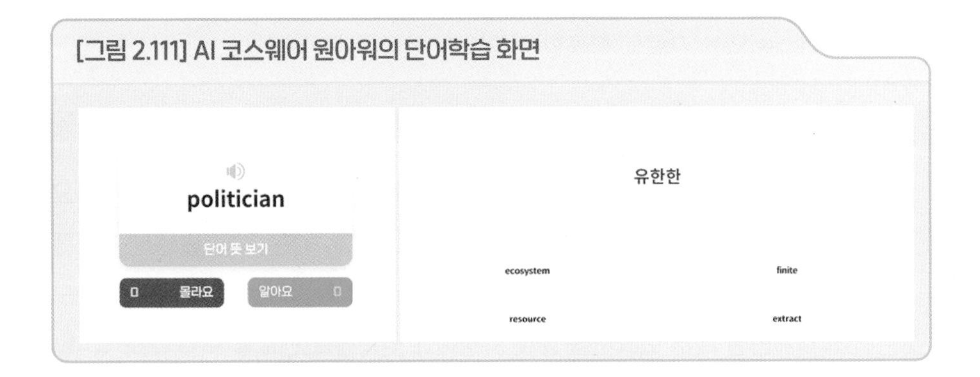

2-2.

• 대시보드를 통해 학생 상황 파악을 파악할 수 있었고, 학생들의 현재 문제점들을 확인하고 조치를 취했다. 진단평가의 목적은 세 가지의 단어학습이었고 이는 아는 단어인지 확인하는 것과 영단어의 뜻을 확인하는 것, 그리고 우리말을 보고 영단어를 떠올리는 방식이었다. 일찍 끝낸 학생들은 어순 배열과 빈칸 완성같은 문장 학습까지 진행하게 하였다. 문제를 틀린 학생도 재풀이의 기회를 가질 수 있기 때문에 결국 100점을 받을 때까지 풀이 학습을 진행하였고, 실제 수업에도 긍정적인 영향을 미쳤다. 스마트기기를 갖고 있지 않은 경우에는 짝과 함께 학습하기도 하였다.

[그림 2.112] AI 코스웨어 원아워의 학생 학습현황 화면

과제 현황 그래프

리포트	제출 상태	이름	단어 고르기	해석 고르기	단어 써보기	어순배열(중)	빈칸 써보기(하)
학생 리포트	부분 제출	김	100점	100점	100점	100점	0점
학생 리포트	부분 제출	김	10 김 학생의 해석 고르기 결과		100점	-	-
학생 리포트	부분 제출	김	100점	100점	-	-	-
학생 리포트	부분 제출	권	100점	100점	100점	-	-
학생 리포트	미제출	김	-	-	-	-	-
학생 리포트	부분 제출	김	100점	100점	100점	100점	100점
학생 리포트	제출완료	김	100점	100점	100점	100점	100점
학생 리포트	미제출	김	-	-	-	-	-
학생 리포트	미제출	김	-	-	-	-	-
학생 리포트	부분 제출	김	100점	100점	100점	-	-
학생 리포트	부분 제출	김	100점	100점	100점	100점	93점
학생 리포트	부분 제출	나	100점	100점	-	-	-

2-3.

- AI의 분석데이터를 통해 많은 정보를 얻을 수 있고 수업시간에 유의미하게 활용할 수 있는 자료도 확보할 수 있다.

2-4.

- 그러나 과도한 대시보드 활용은 자제하고 학생 맞춤형 하이터치를 위해 필요한 부분만 살펴보도록 하였고, 개인별 세부 보고서 같은 것의 활용은 자제했다. 하지만, 수업 현장에서 필요한 상황이 온다면 확인하는 것이 필요할 수도 있다. 개인별 세부 보고서를 통해 학생에게 맞춤형 코멘트를 보낼 수도 있다.

[그림 2.113] AI 코스웨어 원아워의 AI 분석 대시보드 화면

2-5.

• 본문 학습을 위해 원아워의 읽기 기능을 활용하였고, AI 분석을 통해 자동으로 정리된 자료를 함께 보며 학생들이 내용을 확인할 수 있게 하였다.

[그림 2.114] AI 코스웨어 원아워의 본문학습 화면

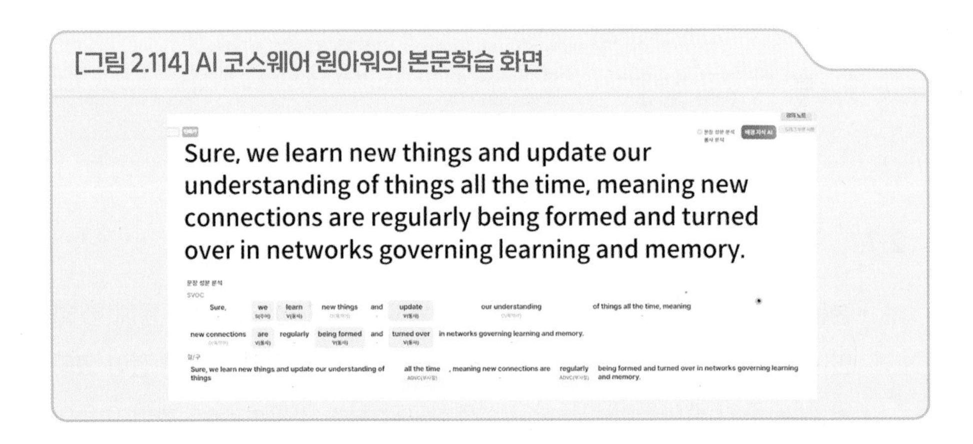

2-6.

- 문장 단위로 본문을 학습할 경우 전체 흐름을 이해하지 못하는 경우가 상당히 많다. 특별히 대학수학능력 시험을 대비한 교재들에 추상적인 개념 설명이 많이 포함되어 있어 전체 문장을 한눈에 개괄하며 이해해야 하기에 스마트 기기인 아이패드의 PDF리더 프로그램 굿노트를 구동하였고, 필기 기능과 화면 미러링 기능을 활용해 수업을 진행하였다. 학생들은 교과서와 동일한 편집화면을 볼 수 있어서 설명을 따라오거나 필기할 때 어려움이 그다지 많지 않았다.

[그림 2.115] 아이패드 앱 굿노트 활용 화면

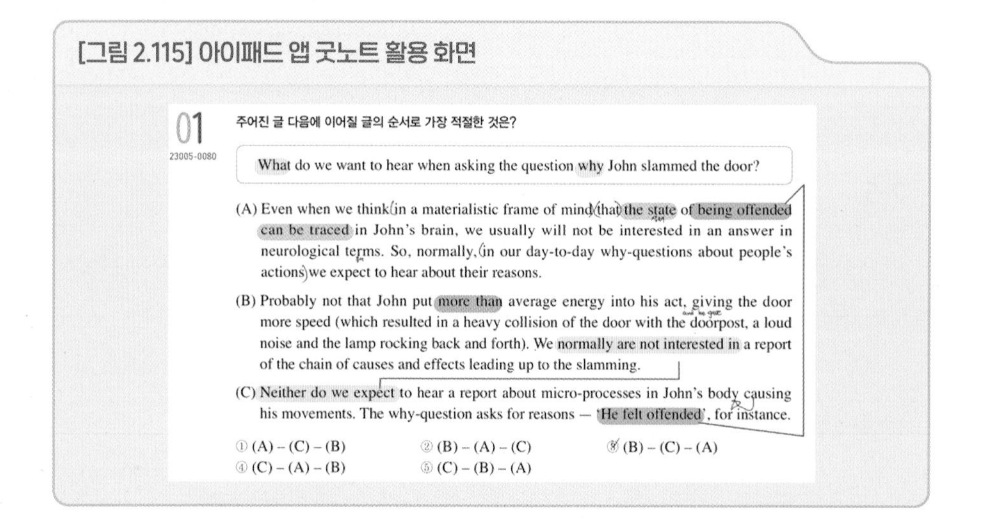

01 주어진 글 다음에 이어질 글의 순서로 가장 적절한 것은?

23005-0080

What do we want to hear when asking the question why John slammed the door?

(A) Even when we think in a materialistic frame of mind that the state of being offended can be traced in John's brain, we usually will not be interested in an answer in neurological terms. So, normally, in our day-to-day why-questions about people's actions we expect to hear about their reasons.

(B) Probably not that John put more than average energy into his act, giving the door more speed (which resulted in a heavy collision of the door with the doorpost, a loud noise and the lamp rocking back and forth). We normally are not interested in a report of the chain of causes and effects leading up to the slamming.

(C) Neither do we expect to hear a report about micro-processes in John's body causing his movements. The why-question asks for reasons — 'He felt offended', for instance.

① (A) – (C) – (B)　② (B) – (A) – (C)　③ (B) – (C) – (A)
④ (C) – (A) – (B)　⑤ (C) – (B) – (A)

2-7.

- 본문 분석 자료와 이와 관련된 보충자료를 아이패드 넘버스 앱을 통해 한 화면에 정리할 수 있었다. 일반 PDF나 슬라이드쇼 프로그램과 다른 점이 있다면 쉽게 줌인 줌아웃이 가능하고 설명하고자 하는 곳으로 빠른 화면 이동이 가능하기에 수업자료 제작이나 수업 실행이 간단하게 끝날 수 있었다. 학습자료의 편집 화면이나 자료의 배치 등으로 고민하는 시간이 없어서 필요 콘텐츠의 확보에 더 힘을 쓸 수 있다. 넘버스 앱에 다양한 자료가 쉽게 임베드

되었고 특히 유튜브의 경우 광고가 뜨지 않고 재생되어 수업시 특별한 애로 사항이 발생하지 않는 장점이 있다. 학생 스마트기기의 카메라를 이용한 본인의 필기 사진 올리기나 표(테이블)를 중간에 배치해 단어 자동 채점 시스템을 엑셀 함수로 만들어 넣기도 가능했다. 다만 넘버스 파일을 배포하고 학습 내용을 실시간으로 확인할 수 있는 기능들을 대시보드 형태로 확인할 경우 기존 AI 코스웨어의 대시보드 활용과 함께 진행하여 과도한 모니터 의존 현상이 나타날 수 있으므로 간단하게 애플의 파일공유 시스템인 에어드롭으로 원본 파일만 공유하게 되었다. 이 자료는 수업중에도 활용 가능하지만 가능하면 복습을 지원할 수 있도록 제작하였다.

[그림 2.116] 아이패드 앱 넘버스에 각종 자료 임베드된 화면

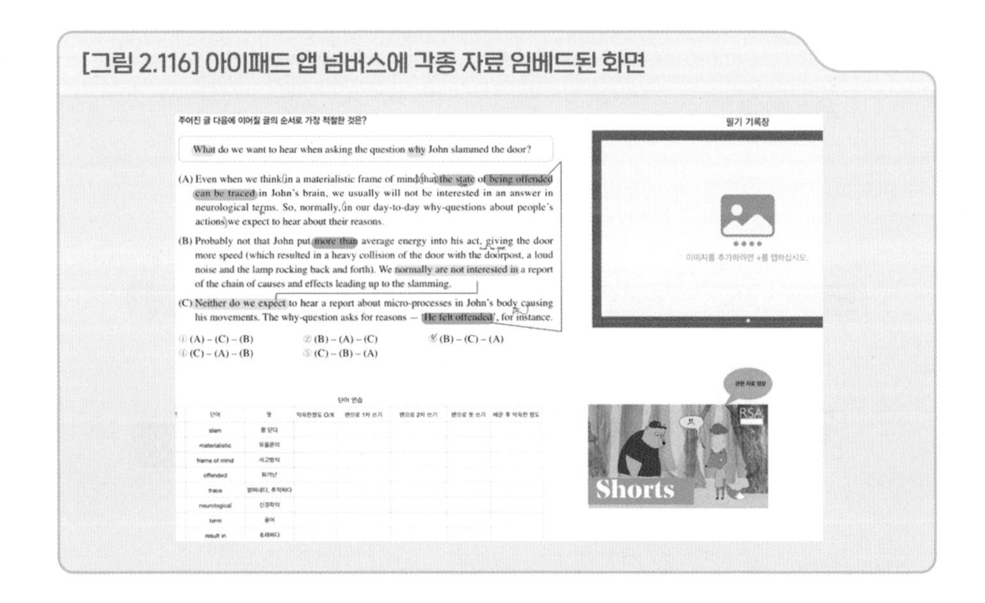

2-8.

• 글의 초반에 언급한 의사소통 역량은 2022 개정교육과정이 영어 학습을 통해 얻고자 하는 가장 중요한 역량이었으며 이는 단순 문장 분석으로만 되는 것이 아니고 이해와 표현 영역 모두에서 이루어져야 하는 것이다. 읽기 학습에 사용한 원아워도 말하기 쓰기 지도 및 평가를 잘 지원하고 있지만, 말하기

와 쓰기 영역에서는 AI를 통해 학생 맞춤형 콘텐츠를 제공하는 데에는 플랭이 특화되어있다. 단순한 인터페이스와 빠른 응답성이 좋고 학생이 처음 사용할 때 레벨 테스트 과정을 반드시 진행하도록 하여 동일한 과제를 수행하더라도 학생 수준에 맞는 과제를 수행하도록 하고 있다.

[그림 2.117] AI 코스웨어 플랭의 말하기 훈련 화면

③ 수업 평가

대시보드를 통해 클래스 단위와 학생 단위의 보고서를 확인할 수 있으며 대시보드는 AI 보조교사의 역할까지 수행하여 학생 개인별 피드백을 보낼 수 있

는 기능까지 갖추고 있었다. 이 보고서를 환류하여 다음 수업 계획에 반영하는 학생 맞춤형 수업을 추진하는 것이 적절해 보인다. 그러나 수업에 활용했던 AI 코스웨어나 PDF 리더 프로그램은 그 한계로 인해 전문적 분야로 나누어 수업하고 있는 상황이다. 즉, 전체 수업에 대한 통합적인 보고서를 대시보드로 제공받을 방법이 없는 것이다. 특화 영역을 나누어주었기에 수업의 형태가 크게 바뀔 이유도 없다. 현재 이 부분은 교사의 통합적 이해를 바탕으로 진행해야 한다고 생각한다. 아직 우리는 AI 디지털 교과서를 기다리고 있고, 교과서가 출시한 이후에도 한동안 교과서도 학생들을 학습해야 하고, 꾸준한 업데이트가 진행될 것이기 때문이다.

5 맺음말

AI 디지털 교과서는 확실히 교육 현장에 새로운 도구를 제공하지만, 이는 교사의 역할과 전문성을 대체하는 것이 아니라 보완하는 것이다. 지금까지 살펴본 것처럼 교사들이 해온 중요한 역할들은 여전히 유효하며, 오히려 더욱 중요해질 수 있다. 따라서 교사들은 AI 디지털 교과서를 두려워하거나 거부할 필요 없이, 이를 자신의 교육 철학과 방법론을 보완하는 강력한 도구로 인식하고 적극적으로 활용할 수 있다. 이는 단순히 새로운 기술을 사용하는 것이 아니라, 교사의 전문성과 AI의 장점을 결합하여 더 나은 교육 환경을 만들어가는 과정이 될 것이다. 교사들이 자신의 경험과 전문성에 대한 자신감을 가지고, AI 디지털 교과서라는 새로운 도구를 효과적으로 활용한다면, 이는 교육의 질을 높이고 학생들에게 더 풍부하고 의미 있는 학습 경험을 제공하는 데 크게 기여할 수 있을 것이다.

• 참고문헌

- 교육부(2023) AI 디지털교과서 개발 가이드라인
- 교육부고시 2022-33 초 중등학교 교육과정 총론
- 유튜브 세바시 유현준, 감옥같은 학교를 당장 바꿔야 하는 이유
- 유튜브 하남고 TV
- 유튜브 81bluemarine
- AIDT 프로토타입
- 원아워
- 플랭 클래스
- 아이패드 굿노트, 넘버스

PART 03

교사가 이끄는 교실 혁명

CHAPTER 1

PART 03

▶ 교사가 이끄는 교실 혁명 : 미래 교육을 위한 교사의 핵심역량[1]

▶ 김진관

1 교육 혁신의 방향성과 AI 디지털교과서의 역할

❶ 개별 맞춤형 인공지능 활용 교육은 또 다른 '이오'의 세계

영화 '매트릭스: 리저렉션(2021)'을 보면 매트릭스 시리즈 이후의 세계가 펼쳐진다. 나이를 먹어 예전 같지 않은 게임 개발자 네오가 수상하리만큼 안정적으로 반복되는 일상에 이상함을 감지한다. 네오는 동료들의 도움을 받아 파란약을 거부하고, 빨간약을 마침내 선택하게 되는데, 이전에는 볼 수 없었던 존재들로부터 도움을 받게 된다. 그들은 '합성 지성체'들로, 본질적으로 기계이지만 인간과 협력하는 존재들이며, 이전 매트릭스 시리즈에서는 등장하지 않았던 새로운 캐릭터들이다. 이들은 영화 속에서 선과 악의 구분을 넘어선 중간

1 이 챕터의 내용은 "교사가 이끄는 교실혁명(초등편)"의 내용과 동일한 내용입니다.

지대의 협력을 상징한다. 이전 매트릭스 시리즈는 0과 1로 이루어진 이진법적 세계를 배경으로 하며, 네오와 스미스, 인간과 기계처럼 명확하게 대립하는 요소들이 존재했다. 다시 말해, 이 세계에서는 중간 영역이 없었다. 그러나 합성지성체와 같은 새로운 존재들이 등장하면서, 이들과의 상호작용 및 협력을 통해 인간이 주도하는 새로운 세계가 형성되었고, 이곳은 기존의 '시온'이 아닌 '이오'로 알려지게 되었다.

영화 매트릭스에서 벗어나 교사들의 현실에 대해 이야기해보자. 교사들은 일주일 평균 54시간을 일하며(Rand Corporation, 2022), 특히 K-12[2] 교사들은 전체 산업에서 가장 높은 번 아웃(Burn Out) 비율을 보이며, 44%가 실제로 소진을 경험하고 있다(Imed Bouchrika, 2022). 인공지능을 활용해 교사들의 업무를 경감하고 웰빙(Well-Being)을 향상시키는 것은 매우 중요한 일이다. 그러나 단순히 업무 경감과 효율성 향상에만 천착할 수는 없다. 교사의 주된 핵심활동은 수업이기 때문이다.

맞춤형 개별화 학습은 교육 분야에서 오랫동안 꿈꿔왔지만 실현되지 않은 영역이다. 이러한 맥락에서 개별 맞춤형 인공지능(AI) 활용 교육은 마치 영화 '매트릭스' 속의 네오가 새로운 차원의 세계를 경험하는 것과 같다. 네오는 현실을 직시하기 위해 파란약을 거부하고 빨간약을 선택해야 했다. 우리도 디지털 기반 수업의 혁신과 맞춤형 개별화 학습의 가능성을 논의할 때에, 매트릭스에서처럼 현실을 직시할 수 있는 '빨간약'이 필요하지 않을까 생각해본다.

2 미국의 의무교육 체계, 유치원을 포함한 초등학교 1학년부터 고등학교 3학년까지를 의미함.

[그림 3.1] 영화 매트릭스의 빨간약, 파란약

출처: ChatGPT-4(2024.03.27.) "Draw the red medicine and the blue medicine in the movie Matrix".

❷ 가장 큰 변화의 메시지는 '인공지능 기술 자체'일 수 있다

세계적인 미디어학자인 마셜 매클루언(Marshall McLuhan)은 1964년에 출간한 저서 'Understanding Media(미디어의 이해)'에서 '미디어는 메시지다(The medium is the message)'라는 표현을 했다. 태초에 매스(Mass)라 불리는 대중(大衆)이 있었고, 이 대중이 미디어(Media) 곧, 매체(媒體)를 탄생시킨 것이라는 게 상식적인 이해겠으나, 매클루언은 이를 역으로 뒤엎는다. 매체가 탄생한 것이 먼저라는 말인데, 즉 매체 덕분에 서로 연결되며 공통의 특질을 갖게 된 군집들이 생겨났고, 이들이 연결되어 연합된 형태인 대중이 비로소 탄생할 수 있었다는 말이다. 책, 라디오, TV, 유튜브, SNS 등으로 대표되는 이러한 미디어의 진화가 현재는 인공지능의 큰 파도에 앵커링(Anchoring) 되어 있다는 점은 그 누구도 부인할 수 없는 사실이다.

[그림 3.2] 지식혁명의 방아쇠를 당긴 금속활판 인쇄술

출처: ChatGPT-4(2024.03.27.) "the sight of people first printing books in the Middle Ages".

백년지대계를 고민하며, 교육을 세심하게 다뤄야 한다는 의식을 가진 교육자들은 본질을 언제나 생각하지 않을 수 없다. 교육의 본질이 무엇이며, 그 본질을 이루기 위해 도입하는 수단의 위치를 명확히 한계 짓는 것은 매우 가치 있는 작업이다. 수단보다 본질을 추구하는 것은 무엇보다 배가 산으로 가지 않도록 방향을 잡아준다는 점에서 매우 중요하다.

하지만 때론 덜 중요하게 생각했던 도구가 세상을 변화시키기도 한다. 물론 여기에서의 도구는 인공지능 기술을 포함한 미디어 곧, 매체이다. 매체는 무언가를 담는 그릇에 비유될 수 있다. 그러나 그릇 수집가들에게 그릇은 무언가를 담는 용기로서의 그릇이 아니라 소장하고자 하는 대상 그 자체가 된다. 이러한 맥락에서 현재 생성형 인공지능(Generative AI)의 캄브리아기 시대를 맞이한 가장 중요한 변화의 메시지는 매클루언이 말했듯이 미디어 그 자체가 될 수 있다.

수단이라 여겨졌던 인공지능이 본질을 재정의하며, 전체 밑그림을 다시 그

릴 것을 요구하고 있다면 우리는 어떻게 대응해야 할까? 본질에 대한 중요성은 가슴 깊이 간직하되, 인공지능에 대한 광범위하고 다양한 이해를 추구하는 것이 명확한 밑그림을 그리는 데 더욱 도움을 줄 수 있을 것이다. 이런 맥락에서 인공지능 리터러시(AI Literacy)는 언어와 수학 능력과 함께 중요한 디지털 기초소양으로 인식되어야 하며, 이는 2022 개정교육과정이 지향하는 바이다. 마셜 매클루언의 말을 요즈음 시대에 맞게 조금 변형해보면, 최근 가장 큰 변화를 가져오는 메시지는 바로 '인공지능 기술 자체'라고도 표현할 수 있겠다.

❸ 핵 개인의 시대, 인공지능과의 협업

데이터 마이너 송길영은 '시대예보: 핵 개인의 시대(2023)'라는 책에서 요즘 시대를 쪼개지고, 흩어지며, 홀로 서는 핵 개인의 시대라 표현한다. 지능화와 고령화가 만나 만들어내는 이중나선은 시대변화의 방향을 알려주는 중요한 축이며, 이는 결국 인간이 모든 분야에서 신체적 작업을 자동화하는 로봇과 지적이고 창의적인 활동을 자동화하는 인공지능과 공존하게 될 것임을 시사한다.

인공지능과 협력하는 개인의 출현은 과거의 반인반마인 켄타우로스가 아닌, 인간의 절반과 인공지능의 도움을 받는 절반으로 구성된 증강된 인간(Augmented Human)으로서 인류의 새로운 진화를 예고한다.

과거 정보의 비대칭성에 기반한 권위주의 시대가 사라지고, 인공지능의 지원을 받는 개인이 느슨하게 연결된 네트워크를 통해 독립적으로 자립하는 새로운 형태의 개인이 등장하고 있다. 이러한 변화는 OECD 2030이 제시하는 학습 나침반(Learning Compass)에서 역량과 더불어 핵심 개념으로 제시되고 있는 학생의 행위 주체성(Student Agency)[3]에 대한 강조와도 맥을 같이 한다.

[그림 3.3] OECD 교육 2030: 미래교육과 역량

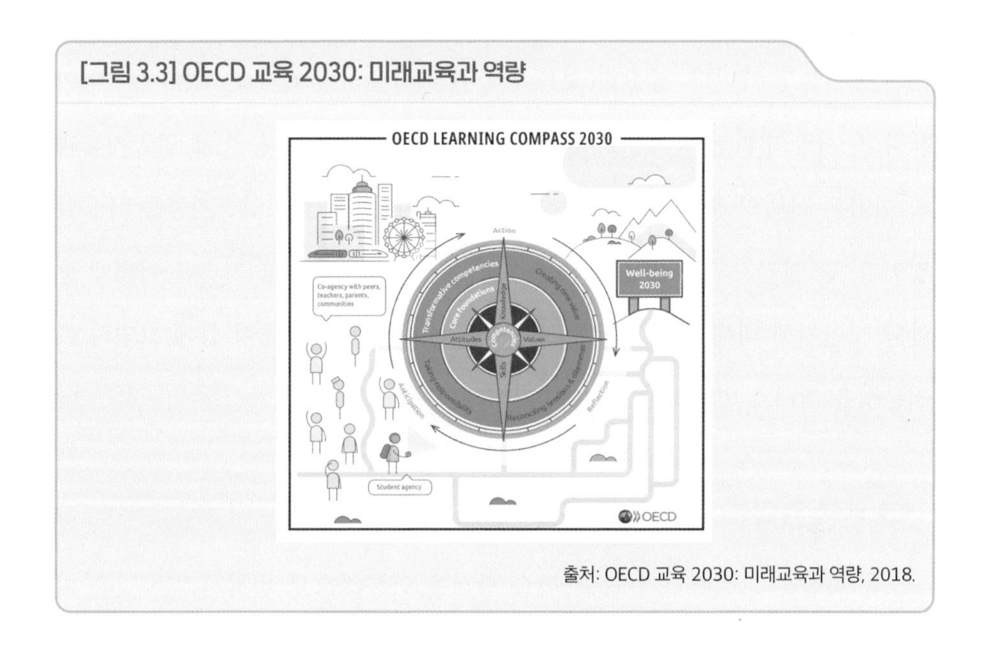

출처: OECD 교육 2030: 미래교육과 역량, 2018.

기술 발전의 속도와 사회 변화의 추세를 고려할 때, 인공지능은 그 범용성으로 인해 사회의 모든 분야를 재편할 수 있는 강력한 영향력을 가지고 있다. 특히 교육 분야에서 인공지능 기술의 활용을 금지하는 것은 마치 석기시대에서 철기시대로의 큰 도약(Quantum Jump)을 거부하는 것과 비견될 수 있다.

과거, 주술과 과학의 경계에 있었던 연금술은 현대 과학의 엄격한 실험 방법과는 거리가 멀었음에도 불구하고, 알코올, 아세트산, 에테르, 질산, 황산 등 중요한 화학 물질의 발견과 실험 도구의 개발 및 개선에 결정적인 역할을 했다. 이는 연금술이 근대 화학의 탄생에 크게 기여했음을 의미한다.

3 OECD 교육 2030(2018)에 의하면, 세계에 책임의식을 가지고 자신을 둘러싼 사람, 사건, 환경이 나아질 수 있도록 적극적이고 능동적으로 참여하는 것을 의미한다.

세상의 모든 물질을 금으로 만드는 만능의 기술은 없다. 마찬가지로 인공지능은 만능의 기술이 아니다. 그렇다고 해서 인공지능이 어떤 분야에도 쓸모없는 무용지물도 아니다. 중요한 것은 인공지능 기술의 장점과 한계를 정확히 이해하고, 재앙이 아닌 축복으로 활용하는 방법을 찾는 것이다. 이제 인공지능과의 협업은 선택의 문제가 아니라 생존의 문제이다. 이제는 인공지능을 사용할 것인가, 말 것인가의 논쟁을 넘어서서 교육 안에서 인공지능 기술을 어떻게 통합할 것인지에 대해 교육 당국, 교육 전문가, 현장의 교사들이 함께 고민하고, 전문성을 최대로 발휘해야 할 때인 것이다.

❹ 교육 혁신은 곧 자율적 수업 혁신

교육 혁신은 교실에서의 교수·학습 방식을 근본적으로 변화시키는 것을 의미한다. 이는 교사가 가르치는 방법과 학생이 배우는 방법을 실질적으로 개선하여, 교사는 가르침에서 만족감과 성취감을 느끼고, 학생은 미래 사회가 요구하는 핵심역량을 주도적으로 습득할 수 있게 한다. 따라서 교육 혁신은 단순히 새로운 기술을 도입하는 것에 그치지 않고, 교실 내에서 교수와 학습 방식을 자율적이고 근본적으로 변화시키는 것을 포함한다.

이러한 변화를 위한 노력의 일환을 교육부에서는 '디지털 기반의 교육 혁신'이라는 용어로 정의하고 있다. 이러한 변화들 속에는 이제껏 책의 앞선 부분에서 상세히 살펴보았듯, AI 디지털교과서가 자리잡고 있다. 그러나 AI 디지털교과서가 단순히 AI 기술이 도입된 디지털화된 교과서라는 의미를 갖는 것만으로는 부족하다.

AI 디지털교과서는 교육과정의 재구성, 역량 중심 수업, 과정 중심 평가, 그리고 기록의 일체화를 지원하는 핵심 도구로 자리 잡아야 비로소 본래의 취지가 달성될 수 있을 것이다. 2025년 개발되어 선을 보이게 될 AI 디지털교과서가 다음과 같은 자율적 수업 혁신의 지원 도구 역할을 제대로 할 수 있도록 하기 위해서는 일선 현장의 교사들이 이를 어떻게 활용할지에 대해 심도 있게 고민하는 것이 필수적이다. AI 디지털교과서는 다음과 같은 네 가지 주요 역할을 할 수 있다.

첫 번째로, AI 디지털교과서는 교육과정을 좀 더 학생 맞춤형으로 유연하게 재구성하는 데 기여할 수 있다. 이는 자체적으로 탑재된 다양한 교수·학습 콘텐츠들을 데이터베이스(DB)로 구축하고, 이를 기반으로 인공지능을 활용하여 학생들의 현재 상황에 맞는 적절한 자료를 추천함으로써 가능하다. 교사들은 인공지능이 제안한 자료를 기반으로 학습 자료를 추가하거나 수정하고, 학습 순서를 조정하여 학생들에게 적용할 수 있다. 이러한 과정을 통해 학생들은 자신의 관심사와 필요에 맞춰 학습할 수 있으며, 교사는 학생 개개인의 학습 수준과 속도를 고려한 맞춤형 교육을 제공할 수 있다.

두 번째로, 역량 중심 수업 및 과정 중심 평가 지원 역할이다. AI 디지털교과서는 학생들의 역량을 중심으로 한 수업을 가능하게 하며, 학습 과정 자체를 중시하는 평가 방식을 지원할 수 있다. 학생들은 수업 중, 핵심 개념이나 원리를 탐구하며, 이를 내재화하여 자신의 것으로 만드는 과정이 필요하다. 그리고 자기화한 개념을 실제 삶의 맥락 속에 활용하는 과정을 통해 역량을 길러나갈 수 있게 된다. 배움의 과정에서 중요한 것은 각 단계에서 즉각적인 피드백을 통해 학습의 빈틈을 메우는 것이다. 학생들은 자신의 학습과정 속에서 무엇이 부족한지를 즉각적으로 진단받게 되며, 이러한 진단을 기반으로 자신의 부족한 개념을 채우고, 내재화하여 실제 삶의 맥락에 전이할 수 있는 힘을 얻게 된다. 현재까지 대부분의 AI 코스웨어들은 이러한 수준별 문제 풀이를 통한 개념 보완 정도의 수준에 머무르고 있다는 비판을 받기도 하지만, 2022 개정 교육과정이 궁극적으로 추구하는 핵심역량을 획득하기 위해서는 개념 기반의 탐구학습이 이루어져야 한다는 점에서 현 수준의 AI 코스웨어들도 학생들의 개념 형성 및 보완에 일정 부분 기여할 수 있다. 현장의 교사들이 학생들의 개념을 형성시키는 데 있어 AI 디지털교과서를 효과적으로 활용한다면, 교사들은 교수·학습 과정 중에 학생들이 실제 삶의 맥락에서 배움을 활용할 수 있는 기회를 제공하여 학생들의 역량을 함양하는 하이터치(High-Touch)에 더욱 집중할 수 있을 것이다.

세 번째로, 체계적인 학생 데이터의 기록 및 분석 역할이다. 학생 데이터를 체계적으로 기록하고 분석하는 것은 AI 디지털교과서의 중요한 기능 중 하나이며, 이를 통해 각 학생의 학습 이력과 현재 상태를 명확히 파악하는 데 도움이 된다. 교사는 이 정보를 활용하여 학생들의 학습 진도와 이해도를 실시간으로 확인하고 적절한 조치를 취할 수 있으며, 이는 교육 효과를 극대화하는 데 매우 유용하다. 또한, AI 디지털교과서에서 제공하는 기록을 나이스(NEIS)에 학생 개별 평가 결과를 기록하는 초안으로 활용하고, 평가 결과를 가정에 쉽게 전달할 수 있는 방안을 기술적으로 고민한다면, AI 디지털교과서의 활용도는 더욱 증가할 것으로 예상된다.

네 번째로, 맞춤형 개별화 학습 지원 역할이다. AI 디지털교과서는 학생들 각자의 학습 수준과 속도에 맞춰 개별화된 학습 경험을 제공할 수 있는 잠재력을 가지고 있다. 물론 현재는 비슷한 수준의 문제를 제공하거나 학생의 특성을 고려하지 않고 난이도를 조절하는 수준에 머무르는 경우도 있어 비판을 받기도 한다. 그러나 학생들에게 단계별 학습의 기준이 될 수 있는 맞춤형 콘텐츠를 상황별로 제공하고, AI 튜터 기능을 통한 즉각적인 비계(Scaffolding)의 역할을 해줄 수 있다는 점에서 학생들의 자기주도적 학습을 촉진할 수 있다는 장점이 있다. 교사들이 AI 디지털교과서의 맞춤형 개별화 학습 지원 기능을 십분 활용하고, 각 학생들의 인지적 특성, 정의적 특성, 학습 메커니즘에 대한 총체적 이해를 더한다면 교육적으로 큰 효과를 기대할 수 있을 것이다.

AI 디지털교과서를 전술한 네 가지의 교수·학습 지원 도구로서 효과적으로 활용하기 위해선, 교사들이 이 도구의 장단점을 정확히 파악하고, 그 활용법에 대해 심도 있게 고민해야 한다는 점을 다시 한번 강조한다. 이는 동일한 도구임에도 불구하고 AI 디지털교과서를 사용하는 교사의 교수·학습 설계와 디자인에 따라 그 교육적 활용도와 효과가 크게 달라질 수 있기 때문이다. AI 디지털교과서의 이러한 특징은 교사의 교수·학습 설계 능력을 향상시키는 데 기여하며, 교수·학습 혁신의 주도성이 기술이나 도구에 있는 것이 아니라 교사에게 있음을 시사해준다.

2 AI 디지털교과서 정책에 대한 현실적 우려와 극복

❶ 스톡데일 파라독스(Stockdale Paradox)

앞서 살펴본 바와 같이 AI 디지털교과서의 도입은 최근 우리나라 교육 정책에서 디지털 기반 교육 혁신의 중심 요소로 자리 잡고 있음을 볼 수 있다. 이는 정책적인 측면에서 AI 디지털교과서라는 도구가 교육 전문가인 교사에게 제공되어 교실 내 교수·학습 방식의 근본적인 변화를 이끌어낼 수 있는 중요한 역할을 할 것이라는 기대를 담고 있다. 그러나 AI 디지털교과서 정책에 대해 다양한 현실적인 우려와 비판적인 시각이 존재한다는 것도 사실이다. 이러한 우려를 극복하고, 현실적인 인식을 바탕으로 문제를 해결하기 위해서는 스톡데일 파라독스(Stockdale Paradox)의 관점을 적용할 필요가 있다.

[그림 3.4] 제임스 스톡데일

출처: 나무위키, 2023.

스톡데일 파라독스는 미 해군 제임스 스톡데일 제독이 베트남 전쟁 중 포로로 잡혀 8년 동안 베트남의 포로수용소에서 고난의 시간을 보낼 때의 경험에서 유래되었다. 스톡데일 제독은 스톡데일 파라독스를 통해 포로수용소에서 '내일이면 풀려나겠지'라고 단순히 기대만 하는 낙관주의자들이 살아남는 데 실패했으며, 현실을 냉정하게 직시하고 인정하면서도, 장기적으로는 긍정적인 결과를 믿는 태도를 갖는 것이 매우 중요함을 말해주고 있다. 즉, 스톡데일 파라독스는 냉정한 현실 인식과 미래에 대한 낙관적인 신념을 동시에 가지는 낙관적 현실주의의 교훈을 우리에게 일깨워준다. 그렇다면 AI 디지털교과서의 냉정한 현실과 우려는 무엇이며, 이를 극복하기 위해 교사가 가져야 할 태도는 무엇인지 알아보자.

❷ AI 디지털교과서가 도깨비방망이가 될 수 있을까?

AI 디지털교과서를 활용한 교육이 추구하는 궁극적인 목표가 무엇인지에 대해 묻는다면 단연코 학생 개별 맞춤형 학습이라 답할 수 있을 것이다. 1984년, 벤자민 블룸(Benjamin S. Bloom)은 2 시그마 문제를 통해 전통적인 교실 수업과 비교했을 때 1:1 맞춤형 학습이 학생들의 성취도를 평균적으로 +2 표준편차만큼 향상시킬 수 있다고 주장했다.

[그림 3.5] 강의식 수업과 1:1 수업의 효과 비교

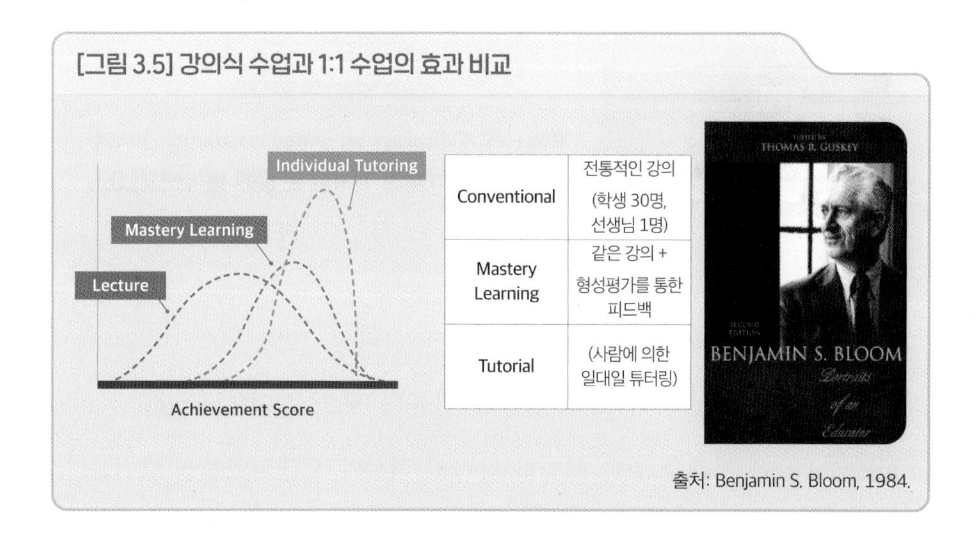

Conventional	전통적인 강의 (학생 30명, 선생님 1명)
Mastery Learning	같은 강의 + 형성평가를 통한 피드백
Tutorial	(사람에 의한 일대일 튜터링)

출처: Benjamin S. Bloom, 1984.

1:1 맞춤형 학습은 교사가 학생 한 명 한 명의 필요와 속도에 맞춰 교육을 진행할 수 있어 학생들의 학습 효과가 크게 향상될 수 있다는 점은 많은 이들이

공감할 수 있을 것이다. 그러나 비용, 인력, 시간 및 공간의 제약으로 인해 이러한 학습 방식을 실현하는 것은 어려운 과제였다. 이제는 인공지능 기술과의 결합을 통해 1:1 맞춤형 학습의 가능성을 탐색하는 현재 단계에 도달했다.

AI 디지털교과서가 추구하는 맞춤형 개별화 학습은 개별화된 상호작용을 기본으로 한다. 이는 학생이 자기주도 학습이라는 이름 아래 동형 문제 풀이에만 몰두하는 것이 아니라, 교사와 학생, 그리고 학생 간의 상호작용을 통해 적절한 피드백과 함께 배움이 이루어지도록 하는 것이다.

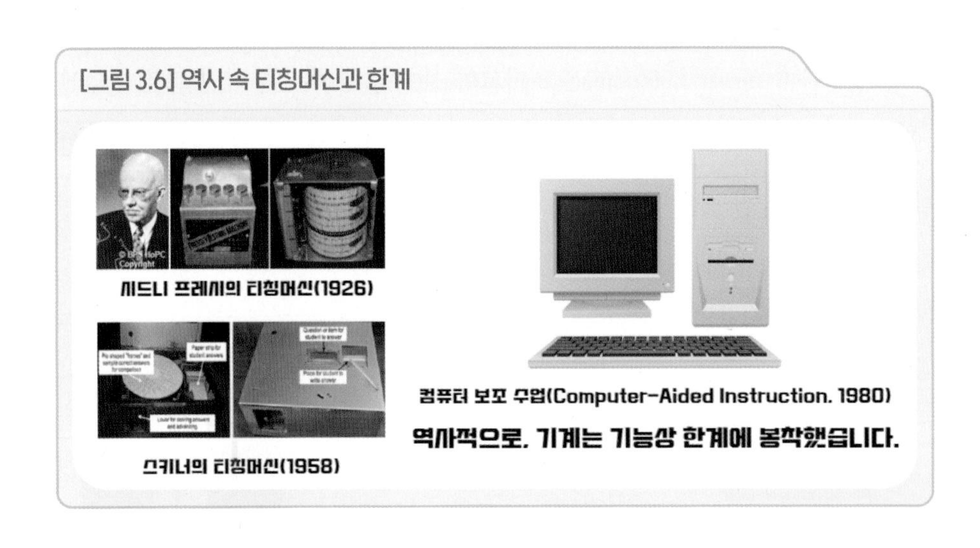

[그림 3.6] 역사 속 티칭머신과 한계

1926년 시드니 프레시(Sydney Pressey)의 티칭머신, 1958년 스키너(Skinner)의 티칭머신, 1980년대에 처음 도입된 컴퓨터 보조 수업(Computer-Aided Instruction) 등은 기계를 통한 개인화 학습의 역사가 오래되었음을 보여준다. 이와 동시에 과거의 티칭머신들이 실패한 이유가 즉각적인 피드백을 주는 데에는 성공했지만, 구체적인 피드백과 상호작용을 개별적으로 제공하지는 못했기 때문이었다는 사실을 우리에게 알려준다. 그러므로 현 시점에서는 인공지능이 수준별 문제풀이식 접근을 담당하는 하이테크(High-Tech)의 역할을 하고, 교사는 수업 중 개별화된 상호작용을 담당하는 하이터치(High-Touch)의 역할을 맡을 것으로 예상된다.

하지만 많은 이들이 AI 디지털교과서가 에듀테크 대표 네 가지 기능인 학습 콘텐츠, 소통, 창작, 관리[4]를 올 인원(All-in-one)으로 통합할 수 있기를 내심 기대하고 있다. 1~2개로 대표되는 특정 핵심 기능만을 제공하는 다양한 에듀테크 도구 활용 경험이 축적되면서 AI 디지털교과서를 바라보는 교육자들의 기대치가 높아지고 있는 상황이다. 그렇다면 많은 이들의 바람대로 AI 디지털교과서가 과연 만능의 도깨비방망이가 될 수 있을까? 필자는 AI 디지털교과서가 만능의 도깨비방망이가 되기를 바라기보다는, 골리앗을 이긴 다윗의 무릿매(Slingstone)와 돌을 기억해볼 것을 제안한다.

[그림 3.7] 다윗과 골리앗

출처: Wikipedia, 2023.

4 한국교육학술정보원(2023). 에듀테크 수업 활용 가이드북(2023년 개정판).

성서에 보면 다윗은 자신이 가장 능숙하게 다루는 무기인 무릿매와 돌을 이용하여, 도저히 이기기에 불가능해 보이는 골리앗을 물리친다. 이러한 행동을 가능하게 한 것은 그의 용기와 지혜, 그리고 골리앗의 이마를 정확히 맞출 수 있다는 확고한 믿음이었다. 실제로 다윗은 아버지의 양 떼를 야생 동물로부터 보호할 만큼의 역량을 갖춘 목자였다. 이 믿음은 막연한 희망과 운에 기댄 것이 아니라 다윗 자신이 목동 역할을 충실히 해오며, 맹수로부터 가축들을 지켜낸 자신의 경험이 증거가 되어 표현된 실력이었다. 다윗은 어찌보면 평범한 무릿매와 돌을 가지고, 골리앗이 아니라 또 하나의 맹수를 다룬 것이라고도 볼 수 있다.

마찬가지로 교사에게 있어 좋은 수업은 달성해야 할 목표이자, 다뤄야 할 맹수이기도 하다. 도깨비방망이와 같은 AI 디지털교과서가 나오지 않더라도, 평범하고 일반적인 종이나 연필 또는 아주 간단한 디지털 도구 하나만을 사용하여도, 중요한 것은 수업을 잘 다루고 요리하는 것이다. 어느 한 교사가 좋은 수업 설계를 할 줄 안다면, AI 디지털교과서 하나만으로 수업을 끝내버리려는 시도는 하지 않을 것일 텐데, 그 이유는 모든 문제를 단번에 해결할 수 있는 만능 열쇠는 세상에 존재하지 않기 때문이다. 다만, AI 디지털교과서에게 무릿매와 돌의 역할은 충분히 기대해볼 수 있을 것이다.

다시 다윗의 이야기로 돌아가 보자. 다윗이 전투에 나가기 전에 사울왕이 다윗에게 갑옷과 투구, 무기들을 주는 장면이 나오는데, 다윗은 이를 거부하고, 자신에게 가장 편하고 자연스러운 무릿매와 돌만 갖고 나선다. 마찬가지로 교사들도 막상 수업에 임할 때, 다윗과 같은 선택을 하는 것을 보게 된다. 즉, '빈도(Frequency)'가 아니라 '강도(Intensity)'[5]가 중요함을 아는 교사들은 막상 수업을 할 때에 성취기준과 학습 목표를 달성함에 있어서 본인이 가장 자신 있게 다룰 수 있는 디지털 도구를 한정해서 사용한다.

AI 디지털교과서는 만능 해결책이 아니라, 현재로서는 무릿매와 돌처럼 유용한 도구로 기대할 만하다. 교사들이 AI 코스웨어를 통해 익힌 무릿매질을 통하여 수업 중 가장 자신 있게 활용할 수 있는 효과적인 도구로 AI 디지털교과서를 꼽을 수 있게 된다면, 그것이 가장 이상적인 상황일 것이다.

❸ 정책 수립의 타당성과 대의명분만으로 충분할까?

인공지능 기술을 활용한 맞춤형 개별화 학습의 당위는 매우 타당하며, 논박의 여지가 크게 존재하지 않는다. 그런 의미에서 인공지능 기술을 활용한 맞춤형 개별화 학습을 실현하고, 디지털 기반 교육 혁신의 핵심 도구로서 AI 디지털교과서를 개발하여, 일선 학교에 보급하는 정책은 그 자체로서 타당하며 환영할 만한 일이다. 하지만 정책 수립의 타당성과 대의명분만으로 AI 디지털교과서 정책을 설명하고, 교육 관계자들과 현장의 교사들을 설득하기에는 분명히 한계가 존재한다. 학교 현장은 매우 다양한 상황과 환경, 맥락 등을 품고 있으며, 같은 도구라 하더라도 각 학교의 특성에 맞게 적용되고 활용되는 방식이 크게 다를 수 있다. 그러므로 AI 디지털교과서를 개발하는 과정에서 다양한 교수·학습 상황과 교육적 환경을 고려하여야 함은 물론이며, 꼼꼼하고도 치밀한 현장 적합성 검증을 다방면으로 거쳐야 할 필요가 있다. 즉, 디지털 교육 혁신

5 주정흔(2022). 개별 맞춤형 인공지능(AI) 활용교육의 가능성과 과제. 서울특별시교육청교육연구정보원.

의 당위에 지나치게 기댄 나머지, '어떻게'가 충분히 논의되지 않은 상태에서의 배치와 확산은 문제가 있을 수 있다.

이러한 점을 극복하기 위해서는 당위의 차원을 넘어서서 학교 교육 안에서 AI 디지털교과서가 어떻게 통합되고, 포섭될 수 있을지에 대해 고민할 수 있는 시간들이 충분히 확보되어야 한다. 결국, AI 디지털교과서의 물리적인 사용 자체가 디지털 교육 혁신을 담보하는 것이 아니라, AI 디지털교과서를 활용한 일상적인 교육 활동에서의 경험과 지식의 축적, 그리고 시행착오를 겪는 과정에서 교육 혁신이 이루어진다. 즉, 추상적이거나 정책적인 구호가 아니라, 일상에서의 실행과 실천을 통한 현실적 논의가 필요하며, 이를 위해서는 교사들의 발 빠른 노력과 더불어 충분한 활용 경험이 요구된다.

또한, 교사들에게 인공지능 기술과 AI 디지털교과서 활용 맞춤형 개별화 학습에 대한 신뢰와 마음의 동의가 우선 확보되어야 한다. 교사들에게 테크놀로지는 도구적 합리성보다 정서적 합리성이 우선함을 인지하고, 새로운 도구가 주는 낯섦과 거부감을 최소화할 수 있도록 매력적인 요소를 최대한 어필할 필요가 있다(주정흔, 2022).

❹ 윤리적 쟁점을 관리하고 감독할 규정이 충분한가?

AI 디지털교과서의 도입과 활용에 있어 윤리적 쟁점을 관리하고 감독할 규정의 부족이 문제로 지적되고 있다. AI 기술은 아직 완벽하지 않다는 점에서 기술적 한계가 분명히 존재하므로 AI 기술의 사용은 개인정보보호, 데이터의 안전한 관리, 그리고 학생들에 대한 공정한 대우와 같은 윤리적 문제를 수반할 수 있다. 예기치 않은 오류나 문제 발생 가능성도 있으며, 이는 교육과정 실행

중 학생들의 심리나 정서에 부정적인 영향을 줄 수 있다. 또한 학생의 학습 데이터가 대량으로 생성된 후, 이를 어떻게 관리하고 감독할지에 대한 구체적인 규정이나 대책이 부족한 상황이다. 빠르게 기술을 도입하여 실현하는 것에 주로 초점을 맞춘 나머지, 사안 발생 후, 약방문 식의 대응이 되어서는 곤란할 것이다. 윤리적 쟁점에 적절히 대응하고, 관리·감독할 수 있는 여건과 기반을 마련하는 데에도 못지않은 관심과 촘촘한 지원이 필요하다.

⑤ AI 디지털교과서가 교육의 질을 담보할 수 있는가?

AI 디지털교과서를 통해 수업이 어떻게 바뀌는지에 관한 상세한 연구나 논의가 아직 충분하지 않다. 박주용(2023)에 의하면 수업 시간에 AI 디지털교과서로 학습한 후, 빠른 학습자들은 토의·토론이나 논술 등의 심화 과제를 수행하고, 어려움을 겪는 느린 학습자들은 다른 추가 보완 과제를 통해 학습을 진행하게 된다고 하나, 자칫 느린 학습자들은 핵심 개념 이해를 바탕으로 한 상호작용에서 완전히 배제될 위험이 있으며, 이들이 수업 시간 내내 단지 개념 보완을 위한 개별 학습에만 몰두하게 될 수 있다는 우려가 있다. 교사 입장에서는 느린 학습자들을 포함한 모든 학습자들의 수업 중 상호작용을 증진시킬 방안을 모색해야 하며, 이를 위해 빠른 학습자와 느린 학습자 집단을 동시에 효과적으로 지도할 수 있는 방안에 대한 지침이나 가이드라인이 필요하다.

또한, 학생들이 역량을 함양하기 위해서는 적절한 난이도의 내용을 학습하며 개념적 이해(Conceptual Understanding)에 다다르도록 충분히 생각해보는 것이 필수적이지만, AI 디지털교과서 내의 AI 튜터 기능이 학생들의 즉각적인 질문에 대해 언제나 답변을 제공한다면, 이는 학생들의 탐구 능력 저하로 이어질 수 있다. 따라서 디지털 교육과 아날로그 교육의 효과성에 대한 면밀한 연구와 검토가 필요하며, 디지털 교육 방식이 모든 상황에 완벽한 해결책이 아니라는 것을 인식하고, 전통적인 아날로그 교육 방식의 유익한 측면을 디지털 교육과 통합하려는 노력이 필요하다.

이에 더해, 학습 동기 면에서 교사의 학습 안내와 모니터링, 피드백이 없는 AI 학습 플랫폼[6] 활용은 성취동기가 이미 형성되어 있는 소수의 학습자들에게만 의미가 있었다는 연구 결과가 있다. 또한, 현재 AI 코스웨어가 제공하는 학습은 반복 학습을 통해 숙달과 습관을 형성하는 데 도움이 되지만, 그 자체로 개념적 이해나 실제 삶의 맥락에서의 전이에까지 이르게 하지 못함이 지적되기도 하였다.

마지막으로, 미국의 자율형 공립학교인 카르페 디엠 차터스쿨의 사례에서 볼 수 있듯이, 기술을 기반으로 한 개별화된 수업 방식이 모든 학생에게 효과적이지 않아 졸업생들의 성취도가 기대에 미치지 못한 경우도 있다.[7] 이는 맞춤형 학습 방식이 일부 동기 부여가 높은 학생들에게는 유익할 수 있으나, 대다수의 학생들에게는 적합하지 않다는 결론을 내리게 하며, 이러한 방법이 디지털 격차를 더욱 심화시킬지, 아니면 해소하는 데 도움이 될지에 대한 깊고 추가적인 질적, 양적 효과성 검증이 요구된다.

이상에서 살펴보았듯, 이러한 우려들은 AI 디지털교과서를 활용한 교육이

6 인공지능 기술을 활용하여 개인별 맞춤형 학습 경험을 제공하는 시스템을 의미한다. AI 학습 플랫폼은 학습 경험 전반을 개인화하고 관리하는 데 중점을 두는 반면, AI 디지털 교과서는 특정 교과 내용의 학습을 지원하는 데 초점을 맞춘다.

7 성기선(2024). 공영형 협약학교, 실패한 미국 차터스쿨을 본받으려는가. 교육플러스. Retrieved from https://www.edpl.co.kr/news/articleView.html?idxno=9173

효과적으로 이루어지기 위해 선결되어야 할 중요한 핵심 질문들이다. 현실과 이상의 간극을 좁히기 위해서는 이러한 문제들을 신중하게 고려하고, 해결하기 위한 적절한 정책과 연구, 규제, 그리고 지원 체계 등을 촘촘히 마련하는 것이 시급하다.

3 디지털 기반 교육 혁신의 핵심이자 주체로서의 교사

❶ 새로이 요구되는 교사의 역량

학교의 디지털 전환 과정에서 인공지능 기술은 학생들에게 맞춤형 교육을 제공하는 데 큰 도움이 될 것으로 보인다. 이러한 변화 속에서 교사는 인공지능에게 모든 교육과정을 맡기기보다는, 인공지능을 효과적으로 활용하여 이전보다 효과적인 교수·학습이 전개될 수 있도록 노력할 필요가 있다. 새 술은 새 부대에 담아야 하듯이, AI 디지털교과서를 활용하는 교사에게는 단순한 지식 전달자를 넘어 기대되는 새로운 교사 역량들이 있다. 책에서 전술했듯, 교수·학습 설계자, 사회 정서적 지도자, 상호작용 촉진자 등의 역할이 바로 그것이다.

먼저 교사는 교수·학습 설계자(Designer)로서의 전문성이 한층 더 강조될 전망이다. 교육과정은 학생들의 교수·학습의 과정에서 겪게 되는 교육적 경험의 총합이다. 교사는 교육과정에서 인공지능 활용이 필요한 성취기준을 선별하여, 교육과정을 재구성할 수 있는 능력이 필요하다. 또, 인공지능을 활용하여 학생 개개인에게 맞춘 학습을 설계하고, 학생들이 스스로 학습에 주도적으로 참여할 수 있도록 돕는 역량을 갖추어야 한다. 즉, 교사가 교사별 교육과정을 운영하며 인공지능 기반의 데이터 분석 결과로 얻게 되는 학습자의 진단과 그에 적응적으로 설정되는 학습 경로(Course Work)를 세심하게 조정하여 최적의 학습 과정을 설정할 수 있어야 한다. 이를 위해 인공지능이 추천하는 콘텐츠 초안을 바탕으로 교사의 전문성을 더해 적절히 큐레이션(Curation)할 수 있는 역량이 필요하다. 또한, 과정 중심 평가와 그에 따른 피드백을 통해 학생들이 자기 주도적 학습에서 고립되지 않도록 교사와 학생 간, 학생과 학생 간, 교사와 학부모 간의 상호작용을 촉진하기 위한 다각적인 방법을 모색해야 한다. 이렇듯 교수·학습의 설계자이자 디자이너로서의 교사 역할이 일상화된 수업으로 정착되어 구현된다면 이것이 곧 집밥 같은 수업을 가능하게 하는 수업 루틴이 되고, 교사 포트폴리오가 되며, 하나의 교사 교육과정으로 자연스럽게 이어질 수 있게 된다.[8]

두 번째로 교사의 사회 정서적 지도자로서의 역할이 강조된다.

사람의 뇌는 모순의 3중 구조인 신피질, 구피질, 뇌간의 3개 층으로 나뉘는데, 신피질은 '영장류의 뇌'로 불리며 고차원적인 사고를 가능하게 하고, 구피질은 감정을 담당하는 대뇌변연계 부분이다. 뇌간은 가장 오래된 부위로 '파충류의 뇌'라고도 불리며, 기본적인 생명 유지 기능을 담당한다. 뇌의 변연계에 위치한 작은 부위인 편도체는 중간에서 곧잘 신호를 가로채 가는데, 이를 편도체 하이재킹(Amygdala Hijacking)이라 부른다. 이는 편도체의 과도한 대사 작용으로 인해 이성적 사고를 담당하는 뇌의 다른 부위로 정보가 전달되지 못하는 상황을 의미한다.

8 유영식(2020). 수업 잘하는 교사는 루틴이 있다. 테크빌교육(즐거운학교).

즉, 편도체 하이재킹은 감정이 이성보다 먼저 반응하는 상황을 의미한다. 감정적인 요인은 우리의 일상에 큰 영향을 미칠 수 있기 때문에, 교사로서 학생들의 사회적, 정서적 상태를 잘 돌보고 지원하는 능력을 갖추는 것이 중요하며, 이는 학생들의 웰빙을 위해 필수적이라 할 수 있다.

교사는 기존의 지식 전수자로서의 역할에서 벗어나 사회 정서적 지도자로서 학생들이 감정을 이해하고 관리하며, 타인과의 관계를 건강하게 유지할 수 있도록 지원할 수 있어야 한다. 인공지능 기술을 활용한 교육 환경에서도 학생들의 사회 정서적 발달은 하이테크(High-Tech)만으로 대체 불가능한 하이터치(High-Touch)의 중요한 부분으로 남아 있다.[9] 교사는 학생들이 온·오프라인을 넘나들며 상호작용하는 와중에도 긍정적인 사회적 관계를 형성하고 유지할 수 있도록 도움을 주는 사회 정서적 지원자이자 감정 코치로서의 전문성을 발휘해야 한다. 이러한 전문성을 발휘하기 위해 인공지능 기술을 적절히 활용할 수 있으며, 대표적인 사례로 영국의 한 초등학교에서 77명을 대상으로 실시된 iTalk2Learn 인공지능 튜터링 시스템을 꼽을 수 있다.[10] 이 시스템은 학생들이 대화를 통해 학습하는 동안 학생의 목소리로부터 감정 상태를 분석하여, 그에 맞는 정서적 피드백을 제공함으로써 학생들의 학습 성과와 과제 수행 지속률을 향상시켰고, 지루함과 같은 부정적 감정을 느끼는 빈도를 줄였다.

9 이주호, 정제영, 정영식(2021). AI 교육혁명. 시원북스.

10 iTalk2Learn consortium(2015). Talk, Tutor, Explore, Learn: Intelligent Tutoring and Exploration for Robust Learning. Retrieved from https://www.italk2learn.com

[그림 3.8] iTalk2Learn 인공지능 튜터링 시스템

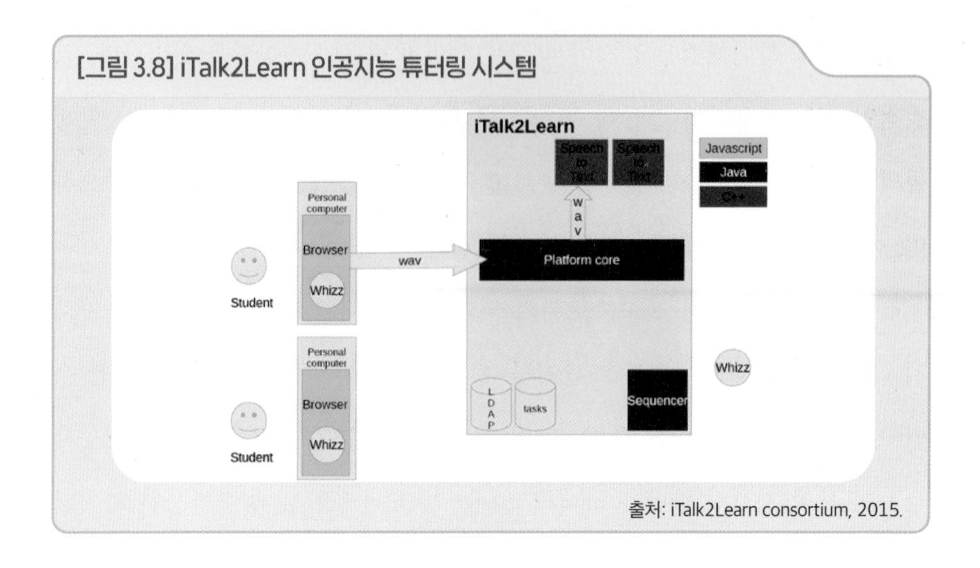

출처: iTalk2Learn consortium, 2015.

Microsoft EDU가 선보인 Reflect는 학습자의 기분과 의욕이 언제 높은지를 모니터링할 수 있으며, 학생 데이터를 통해 특별한 주의가 필요한 시간과 영역을 식별하는 데 도움을 준다. 또한, 개인의 웰빙 요구에 맞는 맞춤형 지원도 제공되어 관심을 받고 있다.[11]

[그림 3.9] Microsoft EDU의 Reflect

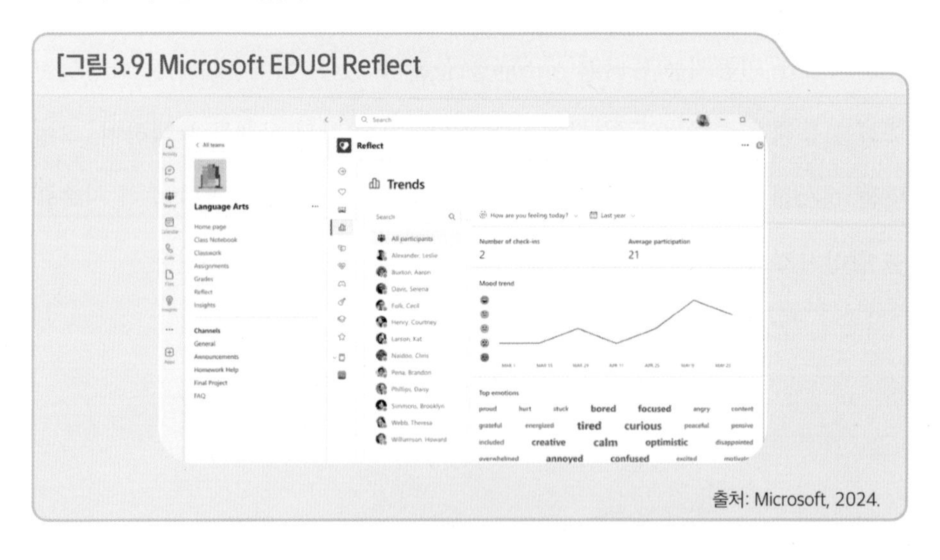

출처: Microsoft, 2024.

11 Microsoft(2024). Microsoft Reflect: A wellbeing app to support connection, expression, and learning. Retrieved from https://reflect.microsoft.com

세 번째로 교사는 상호작용 촉진자로서 중요한 역할을 수행한다. 교사는 상호작용 촉진자로서 학생들 사이의 의미 있는 대화와 협력을 촉진하는 역할을 맡게 되는데, 이는 인공지능 기술이 제공하는 맞춤형 학습의 경험이 학생 자신의 학습 속도와 스타일에 맞춰 학습할 수 있도록 돕는 데에서 머무르는 것이 아니라, 학생들이 서로 소통하고 협력하는 과정에서 학습할 수 있도록 격려해야 함을 의미한다. 이를 위해 교사는 학생들이 팀 프로젝트, 토론, 그룹 활동을 통해 아이디어를 나누고 다양한 시각을 이해하도록 지원하는 역할을 맡는다. 즉, AI 및 디지털 도구를 활용하는 교육은 단순히 개념을 익히는 데 그치지 않고, 배운 내용을 자신의 것으로 내면화하여 실생활에서 협력과 소통을 바탕으로 활용할 수 있도록 지원함으로써 지식의 실질적인 전이와 영속적 이해(persistent understanding)[12]를 촉진하는 것이 목표인 것이다. 이는 영속적 이해를 촉진하기 위해 학생 주도성을 강조하고, 학습자 맞춤형 교육을 제공하며, 교과별 핵심역량을 갖출 수 있도록 하는 2022 개정 교육과정의 방향과도 일맥상통하다 할 수 있다. 학생들이 AI 디지털교과서가 제공하는 일련의 학습경로를 자기주도적으로 학습하고, 서로 협력적인 의사소통을 통해 학습을 더욱 풍부하고 깊이 있는 이해로 발전시키기 위해서는 상호작용 촉진자로서의 교사의 역할이 매우 중요하다.

사실 이외에도 교사에게 필요한 역량은 인공지능을 활용한 데이터 해석 및 데이터 기반 피드백, 인공지능 및 에듀테크상의 기술적 문제 해결, 인공지능 기반 에듀테크 활용, 그리고 인공지능 활용 교육 전문성 개발 등으로 다양하

12 학습자가 학습한 내용을 단순히 암기하는 것을 넘어서서 깊이 있게 이해하고, 그 지식을 새로운 상황에 적용하거나 문제를 해결하는 데 사용할 수 있는 능력을 의미한다.

며,[13] 세부적으로 접근하면 이 글에서 모두 다루기 어려울 정도이다.

결국, 교육의 본질로 돌아가면 우리는 '무엇을 어떻게 가르칠 것인가?'라는 질문과 마주하게 된다. 그리고 이 질문은 AI 디지털교과서 시대를 맞아 '인공지능 도구를 활용해 무엇을 어떻게 가르칠 것인가?', '무엇을 가르치는 데 있어서 인공지능 도구가 과연 효과적인가?', '인공지능 도구의 활용이 학생들의 배움과 실제 역량 개발에 도움이 되는가?'라는 질문으로 변화하며, 이에 대한 본질적이며 근본적인 답변을 우리에게 요구하고 있다.

❷ 디지털 기반 교육 혁신의 열쇠가 된 교사의 역할

현재 AI 및 디지털 도구들에 탑재된 인공지능 기술이 실제 학생들의 특성을 심도 있고 면밀하게 이해한다고 보기에는 어렵다. 즉, 겉으로 드러난 학생들의 외연적인 증상들에 주의를 기울일 수 있을 뿐이지, 실질적이면서도 다차원의 요소들이 얽혀있는 근본적인 원인을 기반으로 처방을 내려주는 만능의 인공지능 기술은 존재하지 않으며, 앞으로도 없을 전망이다. 이러한 기술의 맹점을 보완하고, 교육적인 판단을 내리기 위해서는 교사의 역할이 중요하다. 교사들이 더욱 훌륭한 교사가 될 수 있도록 돕는 인공지능 활용 도구가 필요하며, 이러한 도구들의 개발을 위해서는 교육자가 단순 사용자로서가 아니라 개발자로 함께 참여하며 만들어갈 수 있어야 한다. 즉, 교육의 변화, 교육의 혁신을 AI 디지털교과서를 비롯한 디지털 도구를 기반으로 이루어내고자 할 때, 교사는 인공지능 기술자나 개발자들이 교육 담론을 주도하지 않도록 주의해야 하

13 이동국, 이은상, 이봉규(2021). 인공지능(AI) 활용 교육을 위한 교사 역량 도출 연구. 충북교육정책연구소.

며, 인공지능 기술자들이 실제 교육 문제들이 무엇인지 이해할 수 있도록 도울 필요가 있다. 즉, 교사는 교육 혁신의 핵심이자 주체로서 AI 및 디지털 도구가 교실 수업에 미칠 파급력을 생각하며, 교사와 학생의 주도성을 촉진할 수 있는 방향으로 AI 디지털교과서 및 에듀테크 기반 서비스를 활용해야 한다.

인공지능은 놀라운 잠재력을 가진 도구이나, 분명 한계를 가진 도구이기도 하다. 그런 의미에서 특별히 AI 디지털교과서 활용의 관점에서도 근본적인 문제를 잊어서는 안 되며, 교사가 디지털 교육의 혁신에서 중심적인 역할을 하며 주도권을 가져야 한다는 점이 매우 중요하다. 특히 기술이 급속도로 발전하고 있는 현재와 같은 상황에서는 기존의 교사 역량 강화를 위한 하향식 모델이 한계에 부딪힐 수밖에 없다. 인공지능의 핵심 기술 중 하나인 딥러닝은 그 작동 원리가 블랙박스로 남아 있어, 심지어 모델을 설계한 사람들조차도 주요 사용 방법을 제대로 모르는 경우가 많다. 따라서 기술을 활용하는 데 있어서 교육자들이 엔드 유저(End User)이자 지식을 전달하는 사람으로서, 선험적 지식과 경험을 신속하게 축적하는 것이 필수적이다. 이를 위해 자발적인 교육 커뮤니티를 통한 연구, 신속한 기여, 연결 및 성장의 긍정적인 순환을 이루는 것이 중요하다(김진관, 2024).

현재 융합 교육과 소통을 저해하는 요인으로 작용하는 교과별, 직급별, 성별, 연령별 사일로 효과(Silo Effect)를 제거하기 위해서는 서로 공동으로 공유할 수 있는 목표가 필요하며, 인공지능 기술이 이러한 목표가 될 수 있는 잠재력이 있다. 인공지능 기술의 급격한 발전의 시기에는 교육에 접목된 유용한 인공지능 도구와 서비스 활용법 소개 및 공유뿐 아니라 현대 인공지능 기술 발전의 근간인 오픈소스 문화가 가진 개방성, 투명성, 상호공유, 협력 등의 가치에 대한 강조가 못지않게 필요하다. 인공지능 기술 발전의 근간인 오픈소스(Open Source) 정신은 고착된 교직 문화와 풍토를 혁신하는 데 긍정적인 영향을 줄 수 있다(김진관, 2024). 교사가 인공지능 시대의 교육 혁신을 주도하고 실천할 때, 그 변화가 실현될 수 있음은 물론이다.

4 AI 디지털교과서의 성공적 적용을 위한 제언

이제껏 살펴본 바와 같이, AI 및 디지털 도구를 활용한 맞춤형 개별화 학습과 이를 통한 디지털 기반 수업 혁신을 공교육 안에서 실현하기 위한 정책적 노력이 전방위적으로 진행되고 있다. 디지털 전환 교육의 당위와 명분에 기반한 정책적인 선언은 이미 충분하며, 정책적 선언과 대의만으로는 설득의 한계가 있다는 점도 명확하다.

학교 현장의 맥락과 상황 속에서 맞춤형 개별화 학습이 어떤 인공지능 학습 플랫폼 및 AI 코스웨어를 통해 어떻게 운영되고 있는지, 현재의 한계와 앞으로 해결해야 할 과제는 무엇인지를 질문하고 구체화하는 것이 필요하다. 이를 위해서는 현실적인 문제를 인식하고 개선을 추구하는 스톡데일 파라독스의 지혜가 다시 한번 요구된다.

❶ 선택과 집중에 기반한 고도화

AI 디지털교과서가 반드시 수행해야 하는 핵심은 관찰-분석-진단-추천의 과정을 통해 학생의 강점과 약점을 파악하여 학생에게 적합한 학습 경험을 추천해주는 것이라 볼 수 있다. 여기에서 인공지능의 추천은 학생의 개별화된 학습 경험을 초안으로 제공한다는 의미이지, 그 자체 그대로 실행되어야 함을 의미하지는 않는다.

AI 디지털교과서의 가치와 효용성은 학생 데이터의 수집 및 명확한 진단으로부터 나온다. 이 부분이 '반드시'의 영역이 될 것이고, 그 외의 기능들은 상대적으로 '심지어 혹은 더불어'의 영역이라 생각해 볼 수 있다. 일례로 학습 콘텐츠, 소통, 창작, 관리는 다른 에듀테크 도구들로도 이미 수행이 가능하다. 다만, AI 디지털교과서가 인공지능을 기반으로 해당 기능들을 올 인원(All-in-one)으로 통합하여 제공해 주길 바라는 것인데, 이러한 기능은 '심지어 혹은 더불어'의 영역으로 볼 수 있을 것이다.

학생 데이터의 수집 및 진단이 단순히 문제 몇 개 맞고 틀린 정도를 기반으로 좀 더 쉽고, 어려운 문제를 단순히 제안해 주는 것이 아니라, 가드너의 다중지능이론에 근거해 학생의 개별 지능 프로파일을 심층적으로 파악하고, 이에 기반해 학생이 해당 학습 주제를 효과적으로 학습할 수 있는 다양한 방법을 추천해줄 수 있어야 한다. 이를 위해서는 기술적 상상력과 실제 기술의 점진적 고도화가 필요하다. 이러한 학생 특성에 대한 종합적인 파악이 선행되어야만 '개별화'와 '다원화'에 기반한 학습이 그 효과를 최대로 발휘할 수 있다.

❷ 학생 참여 중심 수업을 지원하는 상호작용 촉진의 도구

현재 개발된 프로토타입 형태의 AI 디지털교과서와 기타 인공지능 기반 학습 플랫폼들은 주로 학생들이 자율적으로 학습하거나 학습을 보충하는 데에 중점을 두고 있다. 이러한 접근 방식은 사교육 환경에는 적합할 수 있지만, 공교육에서는 문제풀이 중심의 인공지능 도구가 궁극적인 해결책이 될 수 없다. 따라서, AI 디지털교과서와 인공지능 학습 플랫폼은 학생과 교사의 상호작용을 돕고, 평가 및 피드백을 실시간으로 지원해 주며, 다양한 콘텐츠를 생성할 수 있는 기능을 통해 수업 중에 개념 습득과 역량 함양이 이루어질 수 있도록 지원하는 방향성을 가져야 한다. 이러한 기능을 통해 AI 및 디지털 기반 학습 도구는 사교육뿐 아니라, 공교육에 어울리는 학생 참여 중심의 수업을 효과적으로 지원할 수 있게 될 것이다.

❸ 성취기준 달성을 위한 디지털 수업 설계 및 실행의 도구

AI 디지털교과서가 아직 완전한 형태로 등장하지는 않았다. 대략의 희미한 외형을 프로토타입의 형태로 간략히 보여주었을 뿐이다. 기술적으로 고도화해야 할 요소들이 다수 존재한다. 그렇다면 아직 기능적으로 다채롭거나 견고하지 못한 AI 디지털교과서 프로토타입과 AI 코스웨어의 사용법에 초점을 맞추기보다는 AI 디지털교과서의 핵심 기능을 구현해 줄 수 있는 생성형 인공지능 및 기타 에듀테크 도구들을 함께 활용하여 디지털 기반의 수업을 설계하고 실행하는 역량을 함양해보는 것이 현실적이다. 여기에서의 관건은 도구들의 연결을 얼마나 효율적으로 통합하여 학생들에게 제시할 수 있느냐에 달려있다. 즉, 접근할 수 있는 경로를 하나로 묶어서 제공할 수 있는 둥지(Nest) 형태의 에듀테크 플랫폼도 사용성의 측면에서 필요해진다.

교사가 새로운 기술을 수업에 단순히 적용하는 것만으로는 충분하지 않다. AI 및 디지털 도구를 활용한 수업의 의미와 가치를 이해하고, 이를 자신의 교육 철학과 방법론에 통합하는 것이 필요하다. 이를 위해서는 교사 스스로 AI 및 디지털 도구를 직접 사용해 보고, 수업에 활용하는 경험을 축적해나갈 필요가 있다. 교사는 AI 및 디지털 도구가 제공하는 다양한 기능과 콘텐츠를 직접 경험하고, 미리 학생들의 학습에 미치는 영향을 고민해야 한다. 이를 통해 교사는 AI 및 디지털 도구의 장단점을 파악하고, 우리 반 학생들의 성취기준 달성을 위한 효과적인 수업 노하우와 실천 역량을 함양할 수 있을 것이다.

❹ 깊이 있는 학습을 지원하는 AI 디지털교과서

AI 디지털교과서의 활용은 2022 개정 교육과정의 궁극적인 방향성과도 부합해야 한다.

먼저, 2022 개정 교육과정은 역량 함양의 교육을 지향하고 있다. 현대 사회는 지식이 폭발적으로 증가하고 있어, 단순히 지식을 습득하는 기존의 교육 방식은 한계를 드러내고 있다. 이제는 학생들이 새로운 상황과 맥락에서 다양한 문제를 해결할 수 있는 역량을 키우는 것이 중요하다. 하지만 지식 없이 역량만을 강조하는 것은 사상누각과 같을 수밖에 없다. 따라서 교사들은 지식 교육과 역량 교육을 긴밀하게 연결하여 학생들이 깊이 있는 학습을 할 수 있도록 노력해야 하며, AI 디지털교과서를 어느 지점에서 어떻게 활용할 것인가를 심도 있게 고민하여야 한다. AI 디지털교과서의 기능이 지식 교육을 넘어서 역량 교육을 효과적으로 지원할 수 있는 교육 장면에까지 미칠 수 있다면 금상첨화일 것이다.

다음으로, 2022 개정 교육과정은 개념 기반의 교육과정을 지향한다. 개념 기반 교육과정은 개념적 이해를 목표로 한 깊이 있는 학습을 강조한다. 학생들이 자기 결정력과 자기 주도성을 가지고 수업의 주인이 되는 탐구 중심의 수업을 통해 개념적 이해가 촉진될 수 있다고 보는 것이다. AI 디지털교과서는 학생들의 학습 데이터를 실시간으로 분석하여 각자의 수준과 필요에 맞는 학습 자료를 제공해 주며, 학생들이 자신에게 맞는 속도로 학습할 수 있어 개념을 깊이 이해할 수 있도록 지원해 줌으로써 학습의 질을 높일 수 있다. 또한 학생들이 스스로 학습 목표를 설정하고, 학습 진도를 관리하며, 피드백을 받을 수 있도록 지원하여 개념 기반 탐구학습에서 강조하는 자기주도적 학습 능력을 함양할 수 있도록 도울 수 있다. 이에 더하여 협력 기반의 학습 활동에서 중요한 팀워크의 경험, 상호 아이디어 공유, 협업적 문제 해결 능력을 키울 수 있도록 하는 탐구 과정 전반을 지원할 수 있어야 함을 염두에 둔다면 깊이 있는 학습을 지원하는 AI 디지털교과서와 2022 개정 교육과정이 상호보완적으로 작용하여 얻는 시너지 효과를 충분히 누릴 수 있을 것이다.

❺ 교사 역량 강화의 체계성 확보

교사의 AI 디지털교과서 활용 역량을 강화하기 위해서는 체계적인 연수 프로그램이 필요하다. 이러한 연수는 TPACK(Technological Pedagogical Content Knowledge)과 같은 모델[14]을 기반으로, 교과 내용 지식, 교수학적 지식, 테크놀로지 지식을 통합하는 방향으로 설계하여 교사 역량 강화의 체계성을 확보할 수 있다. 무엇보다 중요한 것은 교과 내용, 교수학, 테크놀로지 지식을 통합하여 AI 디지털교과서 활용 교육을 설계하고 실행하는 역량이다. 연수 프로그램은 교사들이 실제 수업 사례를 개발하고 공유하는 과정을 통해 TPACK의 통합을 경험하고 내면화할 수 있도록 지원할 수 있다.

교육부(2024)[15]는 교실 혁명을 위한 교원역량 체계를 개발하여 공유하였고, 이를 기반으로 교실 혁명 선도 교사 1기 연수를 수행하였다. 교사들이 디지털 도구와 AI 기술을 이해하고 활용할 수 있는 역량을 갖추도록 하는 기본 역량, 자신의 교과목에 AI 디지털교과서를 효과적으로 통합할 수 있는 역량을 개발하는 전문 역량, 교사들이 실제 수업에서 AI 디지털교과서를 활용하여 혁신적인 교육 방법을 실행할 수 있도록 지원하는 실천 역량 강화를 위한 체계적인 접근을 제공하였으며, 이를 실행하기 위해 이해, 활용, 성찰의 3단계로 연수

14 Mishra, P., & Koehler, M. J. (2006). Technological Pedagogical Content Knowledge: A Framework for Teacher Knowledge. Teachers College Record, 108(6), 1017-1054.

15 교육부(2024). 교사가 이끄는 교실혁명을 위한 디지털 기반 교육혁신 역량 강화 지원방안. 교육부, 12p.

프로그램을 설계, 운영하였다.

이처럼 역량 강화의 체계성을 확보하게 되면, 모든 교사들에게 공통의 기준과 목표를 제공해 줌으로써 일관된 방식으로 전문성을 개발할 수 있도록 도울 수 있다. 또한 단순한 일회성 연수가 아닌, 교사의 전 경력 주기에 걸친 지속적인 성장을 지원하며, 명확한 성장 경로 제시를 통해 교사들의 전문성 개발 동기를 부여해줄 수 있다.

앞으로도 시대·사회적 흐름 및 교사들의 요구 사항을 반영한 교원역량 체계 수정 및 갱신을 통해서 교사들 간의 역량 편차를 고려하면서도 실제적인 배움의 만족도가 높은 연수의 질을 담보하기 위해 노력해야 한다. 교원역량 체계가 기록된 문서 차원이 아니라 실제적인 역량 강화로 이어지기 위해서는 연수 강사 교원들의 실천 및 전달 역량과 연수를 운영하는 수행기관들의 운영 역량이 보다 내실 있게 다져져야 할 것임은 물론이다.

❻ 학교 내 디지털 전환을 위한 인프라 구축과 정책적 지원

AI 디지털교과서의 효과적인 적용을 위해서는 학교 내 디지털 전환을 위한 인프라 구축과 정책적 지원이 필수적이다. 학교는 AI 디지털교과서 활용에 필요한 하드웨어와 소프트웨어를 갖추어야 한다. 이는 단순히 컴퓨터나 태블릿 등의 기기 보급을 넘어, 고속 인터넷 환경, 클라우드 기반 학습 플랫폼, 데이터 저장 및 관리 시스템 등을 포함한다. 또한, 학교는 교사들이 AI 디지털교과서를 활용한 수업을 설계하고 실행할 수 있도록 충분한 시간과 공간을 제공해야 한다. 이와 더불어 교사들의 업무 부담을 줄이고, 교사의 연구 활동을 지원하는 제도적 장치가 마련되어야 한다.

교육 당국의 종합적인 지원 정책도 AI 디지털교과서의 성공적인 적용을 위해 중요하다. 교육부와 시·도교육청은 AI 디지털교과서의 개발과 보급을 위한 예산을 확보하고, 교육과정과의 연계성을 고려한 콘텐츠 설계를 지원할 필요가 있다. 나아가 교육 당국은 AI 디지털교과서의 효과적인 활용을 위한 연구와 실험을 지원하고, 우수 사례를 발굴하여 확산하는 노력을 기울여야 한다. 이를 위해 대학, 연구기관, 기업 등과의 협력 체계를 구축하고, 교사들의 자발적인 연구 모임과 학습공동체 활동을 장려해야 한다. 또한, AI 디지털교과서 활용 교육의 성과와 한계에 대한 실증적인 데이터를 수집하고 분석하여, 정책 수립과 개선에 반영하는 선순환의 구조를 만드는 것이 필요하다.

AI 디지털교과서가 교육 현장에 안정적으로 정착되고, 그 효과가 극대화되기 위해서는 학교와 교육 당국의 적극적인 지원과 체계적인 준비가 필요하다. 이를 위해서는 단기적인 성과에 급급하기보다는 장기적인 비전을 가지고, 교육의 본질적 가치를 훼손하지 않는 선에서 AI 기술을 교육에 접목하려는 노력이 절실하다. 학교와 교육 당국이 AI 디지털교과서의 잠재력과 한계를 균형 있게 인식하고, 교수·학습 과정에서의 교사와 학생의 주체성을 존중하는 가운데 디지털 전환을 추진해 나가는 자세가 필요하다.

❼ 교사를 중심으로 한 학교, 지역사회, 교육 당국 간의 협력

AI 디지털교과서의 성공적인 적용을 위해서는 교사, 학교, 지역사회, 교육 당국 간의 긴밀한 협력이 필수적이다. 이러한 협력은 AI 디지털교과서가 단순한 도구를 넘어 교육 혁신의 촉매제로 작용할 수 있도록 하는 데 핵심적인 역할을 한다.

학교는 교사들의 AI 디지털교과서 활용을 위한 물리적, 제도적 환경을 조성하는 데 주력해야 한다. 학교는 AI 디지털교과서 활용에 필요한 인프라를 구축하고, 교사들의 전문성 개발을 위한 여건을 제공해야 한다. 무엇보다 학교는 교사들이 자발적으로 AI 디지털교과서 활용 연구와 실천을 할 수 있도록 자율성을 보장하고, 이를 위한 시간과 자원을 지원해야 한다. 이를 통해 학교는 AI 디지털교과서 활용 디지털 교육의 사례를 축적하고, 그 교육적 가능성을 검증하는 실험의 장이 될 수 있다.

지역사회는 AI 디지털교과서 활용 교육을 위한 다양한 자원과 기회를 제공함으로써 학교 교육을 지원하고 보완하는 역할을 해야 한다. 지역의 대학, 연구기관, 기업, 문화예술 기관 등은 AI 디지털교과서와 연계된 각종 교육을 지원하기 위해 전문 인력, 기술, 콘텐츠 등을 학교에 제공할 수 있다. 또한, 지역사회는 학생들이 AI 디지털교과서를 활용하여 실제 문제를 해결하고, 지역사회에 기여할 수 있는 프로젝트와 활동을 기획하고 지원할 수 있다. 이를 통해 AI 디지털교과서 활용 교육은 학교 울타리를 넘어 지역사회와 연계된 살아있는 교육으로 발전할 수 있다.

교육 당국은 국가 수준에서 AI 디지털교과서 활용 교육을 위한 종합적인 정책을 수립하고, 이를 뒷받침할 수 있는 제도와 예산을 마련해야 한다. 무엇보다 교육 당국은 교사, 학교, 지역사회 간의 협력을 촉진하고 조정하는 역할을 해야 한다. 이를 위해 교육 당국은 AI 디지털교과서 활용 교육을 위한 협의체를 구성하고, 각 주체들 간의 소통과 협력을 지원하는 플랫폼을 운영할 수 있다. 이에 더하여 AI 디지털교과서 활용 교육의 우수 사례를 발굴하고 확산하는 한편, 지속적인 연구와 평가를 통해 AI 디지털교과서 활용 교육의 질을 관리하고 개선해 나갈 필요가 있다.

5 마치며

우리는 이제껏 AI 디지털교과서를 중심으로 한 디지털 교육 혁신의 가능성을 다각도로 살펴보았다. AI 디지털교과서는 교육의 혁신을 가져올 수 있는 잠재력을 가진 도구이지만, 이와 동시에 많은 한계점도 지니고 있다. 그렇기에 교실 혁명의 중심에는 기술이 아닌 교사가 있어야 함은 아무리 강조해도 지나침이 없다.

AI 디지털교과서는 교사를 지원하고 학생들에게 맞춤형 교육을 제공하는 데 도움을 줄 수 있지만, 교과의 지식, 기능, 가치 및 태도를 포함하는 핵심역량을 우선적으로 반영하여 AI 디지털교과서를 활용한 교수·학습 활동에 이를 구현하는 것은 교사의 주된 역할임을 결코 잊어서는 안 될 것이다.

AI 디지털교과서를 활용한 교육 혁신은 단순히 기술의 도입에 그쳐서는 안 된다. 교사는 AI 디지털교과서를 효과적으로 활용하여 학생들의 개별 요구에 맞는 교육을 제공하고, 학생들이 주도적으로 학습에 참여할 수 있도록 이끌어야 한다. 이를 위해서는 교사의 전문성 개발과 역량 강화가 필수적이며, 오픈소스의 문화를 탑재한 상향식의 교육 커뮤니티와 전문적 학습공동체를 통해 교사가 자발적으로 AI 디지털교과서의 활용 방안을 탐구하고 내재화하는 과정이 선행되어야 한다.

또한, AI 디지털교과서를 활용한 교육은 전통적 학문의 근본적이고 힘 있는 개념(Powerful concept)과 창조적 전이(Creative transfer)를 기반으로 해야 한다.[16] 이는 AI 디지털교과서가 단순히 지식을 전달하는 도구가 아니라, 학생들

16 J. Stern 외(2017). Tools for Teaching Conceptual Understanding, Secondary: Designing Lessons and Assessments for Deep Learning. Thousand Oaks, CA: Corwin Press.

이 깊이 있는 이해를 바탕으로 새로운 상황에 지식을 적용하고 창의적으로 문제를 해결할 수 있도록 돕는 역할을 해야 함을 의미한다. 이를 위해서는 미래 사회가 요구하는 역량을 함양하고, 학습자의 삶과 성장을 지원하는 맞춤형 교육을 지향하는 2022 개정 교육과정의 방향과 AI 디지털교과서의 활용이 긴밀히 연계되어야 한다. AI 디지털교과서는 이러한 교육과정의 비전을 실현하기 위한 핵심 도구로써, 학생 개개인의 능력과 수준에 맞는 맞춤형 학습을 지원하고, 교사의 수업 설계를 도울 수 있는 잠재력이 충분하다.

다시 한번 강조하지만, AI 디지털교과서는 교육 혁신의 촉매제로서 큰 잠재력을 가지고 있지만, 그 자체로는 불완전하며 교육적 의미를 찾기 어렵다. AI 디지털교과서의 진정한 가치는 교사 역할에 대한 전문성, 그리고 학생들의 상호작용이 활발한 주도적인 학습을 통해 실현될 수 있다. 따라서 AI 디지털교과서를 활용한 교육 혁신은 기술의 도입을 넘어, 교사의 역량 강화, 교육과정과의 연계, 그리고 학습자 중심의 교육 환경 조성, 학생의 깊이 있는 학습과 역량 함양에 중점을 두어야 한다. 이를 통해 우리는 모든 학습자가 창의적이고 비판적인 사고 능력을 갖춘 미래 인재로 성장할 수 있도록 돕는 지속 가능한 교육의 토대를 마련할 수 있을 것이다.

> "혁신을 위해서는 전통적 학문의 근본적이고 힘 있는 개념(Powerful concept)과 창조적 전이(Creative transfer)가 필요하다."
>
> J. Stern 외, 2017.

이 문구에서의 '창조적 전이'를 가능하게 하는 주체는 누가 뭐래도 바로 교사이다. 우리 교육에는 여전히 줄 세우기의 문화와 입시 위주의 평가가 굳건히 자리 잡고 있다. 이러한 현실 속에서 AI 디지털교과서와 학생 참여 중심 수업, 개념 기반 탐구 수업으로의 변화가 어떠한 의미를 갖는지 혼란스러운 교사들도 분명 있을 것이다. AI 디지털교과서라는 도구가 주는 참신함과 탁월성을 기대하기 이전에, 앞으로의 미래 교육을 위해 새로운 역할을 수행할 수 있는 전문 역량을 갖춘 교사들이 되도록 선제적으로 노력해 보는 것은 어떨까 한다. 지식 교육과 역량 교육이라는 이상과 현실의 상호보완이 이루어지는 교실 속 하이테크와 하이터치의 만남(Meet Up)이 디지털 교육 대전환의 시대, 교사가 만드는 교실 혁명의 불꽃(Spark)이 되리라 확신한다.

• 참고문헌

- 교육부(2022). 2022 개정 교육과정 총론. 교육부 고시.
- 김진관(2024). 교육동향 2024-01(통권34호) 생성형 인공지능 교육사례와 지속 가능한 발전 방향. 대전교육정책연구소.
- 나무위키(2023). 제임스 스톡데일. Retrieved March 31, 2024, from https://namu.wiki/w/제임스%20스톡데일?from=스톡데일%20패러독스#s-3
- 뉴시스(2022). '코로나 업무과중' 교사들 번아웃…80% "퇴직·휴직 고민". Retrieved from https://mobile.newsis.com/view.html?ar_id=NISX20220512_0001868300
- 박주용(2023). AI 디지털교과서 개발이 우려스러운 이유. 한겨레. Retrieved from https://www.hani.co.kr/arti/opinion/column/1097137.html
- 성기선(2024). 공영형 협약학교, 실패한 미국 차터스쿨을 본 받으려는가. 교육플러스. Retrieved from https://www.edpl.co.kr/news/articleView.html?idxno=9173
- 이동국, 이은상, 이봉규(2021). 인공지능(AI) 활용 교육을 위한 교사 역량 도출 연구. 충북교육정책연구소.
- 이주호, 정제영, 정영식(2021). AI 교육혁명. 시원북스.
- 유영식(2020). 수업 잘하는 교사는 루틴이 있다. 테크빌교육(즐거운학교).
- 주정흔(2022). 개별 맞춤형 인공지능(AI) 활용교육의 가능성과 과제. 서울특별시교육청교육연구정보원.
- 송길영(2023). 시대예보: 핵개인의 시대. 교보문고.
- 한국교육학술정보원(2023). 에듀테크 수업 활용 가이드북 (2023년 개정판). Retrieved from https://www.keris.or.kr/main/ad/pblcte/selectPblcteETCInfo.do?mi=1142&pblcteSeq=13710
- Bloom, B. S. (1984). The 2 sigma problem: The search for mhods of group instruction as effective as one-to-one tutoring. Educational researcher, 13(6), 4-16.
- Imed Bouchrika. (2024). Teacher Burnout Statistics for 2024. Retrieved

from https://research.com/education/teacher-burnout-challenges-in-k-12-and-higher-education

- iTalk2Learn consortium. (2015). Talk, Tutor, Explore, Learn: Intelligent Tutoring and Exploration for Robust Learning. Retrieved from https://www.italk2learn.com
- J. Stern 외. (2017). Tools for Teaching Conceptual Understanding, Secondary: Designing Lessons and Assessments for Deep Learning. Thousand Oaks, CA: Corwin Press.
- McLuhan, M. (1964). Understanding Media: The Extensions of Man. McGraw-Hill.
- Microsoft. (2024). Microsoft Reflect: A wellbeing app to support connection, expression, and learning. Retrieved from https://reflect.microsoft.com
- Mishra, P., Koehler, M. J. (2006). Technological Pedagogical Content Knowledge: A Framework for Teacher Knowledge. Teachers College Record, 108(6), 1017-1054.
- OECD. (2018). Learning Compass 2030. Retrieved from https://www.oecd.org/education/2030-project/teaching-and-learning/learning/learning-compass-2030/
- RAND Corporation. (2022). Teacher and Principal Stress Running at Twice the Rate of General Working Public, Hindering Pandemic Recovery. Retrieved from https://www.rand.org/news/press/2022.html
- Wikipedia. (2024). 무릿매. Retrieved March 31, 2024, from https://ko.wikipedia.org/wiki/%EB%AC%B4%EB%A6%BF%EB%A7%A4

저자약력

- **정제영**(이화여자대학교 교육학과 교수, 미래교육연구소장)
  서울대학교 교육학박사
  전) 이화여자대학교 기획처장, 호크마교양대학장
- **최정원**(상인천중학교 정보교사, 한국정보교사연합회 부회장)
  한국교원대학교 교육학박사
  한국정보교사연합회 부회장, 2022 개정 정보과교육과정 정책연구진,
  인천광역시교육청 4차산업혁명교육진흥위원, 디지털 역량 교육 위원,
  AI 디지털교과서 집필진, 시도교육청 AI 디지털교과서 연수 강사
  전) 한국컴퓨터교육학회 부회장
- **권순찬**(충암중학교 교사)
  성균관대학교 인공지능융합교육 석사
  교육부 GLOBAL LEAD 교사단, 교육부 교육과정 선도교원,
  서울특별시교육청 AI 에듀테크 교사단,
  AI교육 선도학교 운영, T.O.U.C.H. 교사단 연수운영
- **김진관**(대전장대초등학교 교사, T.R.I.P.O.D 수업 평가 연구회 회장 / AI 티처스쿨 대표)
  공주교육대학교 소프트웨어교육 석사
  2023 대한민국 정보교육상, 명탐정 준의 AI 파란노트 대표저자
  전) 대전교육정보원 대전AI교육지원체험센터 파견교사

- **유미**(남성중학교 교사)

  원광대학교 교육대학원 정보·컴퓨터 전공 석사

  AIEDAP마스터교원, 교육과정 선도교사, T.O.U.C.H교사단

- **이종혁**(하남고등학교 교사)

  테드 번역가, 테드엑스 대형이벤트 라이선시,

  터치교사단, 터치교사단 양성강사,

  고교학점제 공간재구조화 중앙 컨설턴트, 세계시민교육 중앙선도교사

- **전병제**(성문고등학교 수학교사)

  교실혁명 선도교사 및 교실혁명 선도교사 양성 연수 강사,

  터치교사단 1, 2기 연수 강사,

  고등 수학의 발견 수학(상), (하) 공저,

  경기 AIDT적용 실습 연수 기획연구단 실행위원,

  수학 AI코스웨어 활용 실증 및 자문단

- **황진명**(양서고등학교 교사)

  동국대학교 수학교육 학사

  T.O.U.C.H 1기 이수 & 2기 연수 강사, 교실혁명 연수 강사,

  23~24 디지털 기반 선도학교 & AI 교육선도학교 & 하이러닝 선도학교 운영

교사가 이끄는 교실혁명 : AI 디지털교과서 100% 활용하기(중등편)

초판발행 2024년 4월 30일
초판3쇄발행 2024년 12월 11일

지은이 정제영·최정원·권순찬·김진관
유미·이종혁·전병제·황진명

펴낸이 노현

편 집 배근하
기획/마케팅 이선경
표지디자인 권아린
제 작 고철민·김원표

펴낸곳 ㈜ 피와이메이트
서울특별시 금천구 가산디지털2로 53, 210호(가산동, 한라시그마밸리)
등록 2014. 2. 12. 제2018-000080호
전 화 02)733-6771
f a x 02)736-4818
e-mail pys@pybook.co.kr
homepage www.pybook.co.kr
ISBN 979-11-6519-960-9 (94370)
979-11-6519-958-6 (세트)

정 가 22,000원